21세기 한국의 미래 발전과 성장 동력 연구 총서 2

자유기업 경제하에서의 한국사회의 통합

21세기 한국의 미래 발전과 성장 동력 연구 총서 2

자유기업 경제하에서의 한국사회의 통합

펴낸곳 서울대학교출판문화원
펴낸이 오연천
지은이 곽금주 김대일 이봉주 임혜란 장덕진

초판 1쇄 인쇄 2010년 9월 25일
초판 1쇄 발행 2010년 9월 30일
출판등록 제15-3호

주소 서울 관악구 관악로 599 우편번호 151-742
대표전화 02-880-5252 **팩스** 02-888-4148
마케팅팀(주문상담) 02-889-4424, 02-880-7995
이메일 snubook@snu.ac.kr
홈페이지 www.snupress.com
영문홈페이지 eng.snupress.com

ISBN 978-89-521-1112-8 94300
세트 978-89-521-1040-4

이 연구는 (주)포스코경영연구소의 지원으로 이루어졌습니다.

21세기 한국의 미래 발전과 성장 동력 연구 총서 2

자유기업 경제하에서의 한국사회의 통합

곽금주·김대일·이봉주·임혜란·장덕진

서울대학교출판문화원

The Integration of Korean Society under a Free Enterprise Economy

Keum Ju Kwak, Dae Il Kim, Bong Joo Lee,
Hae Ran Lim, and Duk Jin Jang

Seoul National University Press

발간사

이 연구 시리즈는 '21세기 한국의 미래 발전과 성장 동력'이라는 주제 아래 학제 간 연구를 담고 있다. 한국은 20세기 산업화와 민주화의 모범 국가로, 그 역동적 이미지와 발전 가능성이라는 측면에서 세계적으로 이목을 집중시킨 바 있다. 비록 한국의 발전 모델이 만족스러운 것은 아닐지라도, 개발도상국에게 희망적 사례이자 벤치마킹의 대상으로 설정될 만큼 경이로운 업적을 이루었다는 데는 이론의 여지가 없다. 근대화의 기간을 단축하고, 21세기 사회 발전의 핵심이라고 할 지식 기반 경제의 물질적·제도적 인프라를 구축하는 데 남다른 열정과 성과를 보였다는 점에서도 그러하다. 그러나 선진국으로 진입하기에는 여전히 넘어야 할 난관이 많고, 극복해야 할 국내외적 제약과 도전들이 만만치 않다는 점도 잘 인식하고 있다.

이러한 견지에서 한국의 발전 경험을 돌아보고 그 장점과 단점을 점검하여 미래의 발전 역량을 모색해보는 것은 21세기 첫 10년을 경과한 이 시점에서 반드시 필요한 작업이라고 하겠다. 이 연구가 기획된 기본 취지도 바로 그것이다. 21세기 미래 발전과 성장 동력은 반드시 경제적 영역에서만 나오는 것이 아니라, 사회적·문화적 역량의 복합적 산물이자 정치 체제의 선진화 여부와도 직결된다. 과거의 부(富)가 하드웨어 중심이었다면, 미래의 부는 소프트웨어 또는 창의적·혁신적 지식과 상상력에서 발원할 것이다. 따라서 미래의 발전 방향과 성장 동력을 모색하는 작업에는 사회과학 안에 분화된 학제들 간의 긴밀한 협력 연구는 물론, 인문학과 사회과학, 자연과학과 공학 사이의 융합적 연구가 필수적이다.

'미래의 부'와 한국의 21세기 발전 모델을 통합적 관점에서 모색하고자 하는 이 연구는 우선 사회과학 안의 학제 간 연구를 지향하고자 한다. 학제 간 연구에는 두 가지 방법이 있다. 하나는 긴밀한 토론과 워크숍을 진행하면서 공동의 주제를 각 학문 영역에서 연구하는 방법이며, 다른 하나는 정치학과 경제학, 사회학과 인류학, 언론학과 지리학 등을 짝지어 공동 연구를 추진하는 방법이다. 이 책에서는 전자를 선택했다. 즉, 정규적인 워크숍과 토론회를 열어 공동 주제를 다각적인 관점에서 논의하고 조명하는 방식을 택한 것이다. 학제 간 연구에서 가장 기초적이라고 할 수 있는 이 방식을 통해, 우선 각 학문 영역에서 집적된 연구 업적을 기반으로 보다 진취적이고 실현 가능한 경로와 전략을 모색하는 것을 목표로 설정했다. 이 과정에서 인근 학문 분과의 접근 방식과 시각을 충분히 음미할 수 있는 여지가 생겨날 뿐만 아니라, 자신의 연구 영역을 객관적으로 바라볼 수 있는 시선이 형성되기를 기대했다. 이는 학제 간 연구의 이점이라고 할 만하다. 독자들이 이 책을 읽음으로써 사회과학도들이 제시하는 발전 모델과 전략들을 종합하는 하나의 통합 모델로 인식을 진전시킬 수 있기를 바라는 마음이다.

앞으로 5년 동안 연속적으로 추진될 이 연구는 포스코 이구택 전(前) 회장과 정준양 현(現) 회장 두 분의 정신적·물질적 지원에 힘입은 바 크다. 포스코의 성장사는 한국의 경제 기적을 상징할 만한 세계적인 사건인 만큼, 포스코를 이끌어온 두 분의 열정과 신념은 곧 이 연구가 지향하는 선진 한국의 정신적·물질적 동력과 맥을 같이한다고 하겠다. 이 자리를 빌려 심심한 감사의 말씀을 올린다. 그리고 이 연구에 임해준 서울대학교 사회과학대학의 교수 여러분들께도 감사의 말씀을 드린다. 이 연구 시리즈가 21세기 한국의 미래를 밝히는 이정표가 된다면 더 바랄 것이 없겠다.

서울대학교 사회과학대학
임 현 진

책을 내면서

이 책은 서울대학교 사회과학대학 교수들이 5년에 걸쳐 한국사회의 미래 발전 방향을 학제적으로 탐색하는 '21세기 한국의 미래 발전과 성장 동력' 연구의 2차년도 연구결과를 정리한 것이다. 이미 1차년도 연구주제인 '지속 가능한 한국 발전 모델과 성장 동력'은 2009년에 「연구총서1」로 출판된 바 있다. 2차년도 연구주제는 원래 '자유기업 경제와 한국사회의 통합'이었으나 연구가 진행되면서 자유기업 경제와 통합을 병렬적으로 개념화하기보다는 자유기업 경제의 조건하에서 사회통합을 논하는 것이 더 적절하다는 공감대가 이루어져 주제명을 '자유기업 경제하에서의 한국사회의 통합'으로 수정하였다.

한국은 발전의 두 축인 근대화와 산업화에서 뚜렷한 성과를 거두어왔다. 20세기에 주변국에서 중심국으로 발돋움하는 데에 성공한 국가는 한국이 거의 유일하다는 것이 세계 학계의 공통적인 진단이라고 보면, 한국의 발전상은 발전 도상국가와 후진국에게 매우 의미 있는 시사점을 던져주고 있다고 판단된다. 하지만, 최근 십수 년 동안, 특히 1990년 말의 외환위기 사태 이후 한국사회의 근본구조가 바뀌면서 사회적 불안감의 확산과 패배주의, 심지어는 미래에 대한 비관적 전망이 설득력을 얻어 가고 있는 것이 현실임도 부정할 수 없다. 이런 상황 인식을 바탕으로 한국이 이룬 업적과 성과, 성공과 실패의 명암을 사회과학적으로 진단하고, 미래의 발전방향을 모색하고 구체적인 대안들을 제시해볼 필요가 있다.

그동안 학계와 연구기관에서 이런 목적의 연구들을 다수 수행해왔으나, 이와는 다른 차원에서 독창적인 시각과 학제적인 방법론을 동원하여 발전의 쟁점을 논의하고 그에 따른 정책을 구상하는 노력이 필요하다. 그러한 취지로 시작된 '21세기 한국의 미래 발전과 성장 동력' 연구는 전체 연구의 총론적인 성격을 띤 '지속 가능한 한국 발전 모델과 성장 동력' 연구를 이미 연구총서1의 형태로 출판한 바 있다. 1차연도 저서가 5년 전체 연구의 총론적 성격을 띠고 있었다면 2차연도부터는 '지속 가능성'과 '성장 동력'에 초점을 맞춘 각론 성격의 세부과제 연구로 이어진다. 이 책에서 정리한 2차연도의 연구목표는 자유기업 경제로 대표되는 자본주의체제하에서 지속 가능한 발전을 위한 사회통합의 개념과 정책방안을 탐색하는 데 있다.

21세기 지식기반경제 시대에서 양극화의 문제는 지속 가능한 발전에 주요한 위기요인이다. 이 책에서는 양극화 문제에 대한 대응으로 제시되고 있는 사회통합(social integration)이 한국사회에서 어떻게 개념적으로 정립되고 적용될 수 있는지를 제시하고자 하였다. 이에 사회통합의 개념을 경제적·정치적·사회적·심리적·사회복지적인 차원에서 융합적으로 파악하기 위하여 각 분야의 서울대학교 사회과학대학의 교수들이 각 전공지식을 바탕으로 참여하여 한국의 사회통합 현황을 종합 점검하고, 지속 가능한 한국사회의 미래 발전과 성장 동력을 제시하였다.

이 연구에는 '자유기업 경제하에서의 한국사회의 통합'이라는 주제 아래 다섯 명의 교수가 참여하였다. 자유기업 경제와 사회통합의 순기능적 역동성을 모색하기 위해 사회의 질적 발전, 집단갈등, 대·중소기업, 아동기 인적자본, 교육이라는 다섯 개의 소주제를 선정했다. 이러한 소주제의 선정은 우선 사회통합은 사회의 질적 발전의 중요한 구성요소라는 대전제하에 사회통합의 문제를 우리 사회에서의 심리적 집단갈등의 구조와 정치경제 차원에서의 대기업과 중소기업 간의 양극화의 문제로 파악하고 정책적 대안을 모색할 수 있다고 보았기 때문이다. 또 21세기 자유기업 경제하에서의 지속 가능한 성장 동력은 결국 사회구성원의 인적자본이며 궁극적인 사회통합은 인적자본의 격차 해소에 기반한다고 보았기 때문에 아동기의 인적자본 형성과 교육을 다른 두 개의 소주제로 선정하였다. 연구의 다섯 개 소주제의 내용은 다음과 같다.

먼저 제1장「한국 사회의 질적 발전 현황」은 사회학과의 장덕진 교수가 연구한 내용을 담고 있다.

이 장에서는 한국사회의 질적 발전 현황을 파악하기 위해 사회의 질(social quality) 패러다임에 입각하여 국제 비교 연구결과를 토대로 한국사회의 질적 발전 현황을 제시했다. 사회의 질 패러다임을 이용한 발전 현황의 파악은 다음과 같은 몇 가지 장점이 있다. 첫째로, 그 명칭에서 분명히 드러나듯이 사회의 양적 발전이 아니라 질적 발전을 측정하고 이론화하려는 의도를 가장 분명하게 가지고 있다. 둘째로, 사회의 질적 발전 현황을 측정하는 가장 종합적인 지표다. 셋째로, 사회의 질 패러다임은 그 역사적 배경, 이론적 의도, 구체적 지표에 이르기까지 가장 명확하게 "사회적"인 차원에서 이루어진다. 넷째로, 사회의 질 패러다임은 한국과 아시아의 맥락에 가장 잘 적용될 수 있고, 실제 그러한 작업이 앞장서서 이루어지고 있는 영역이기도 하다. 그런 면에서 단순한 외국 이론의 수입에 그치는 것이 아니라 한국화한 이론을 개발하고 역수출할 수 있는 영역이기도 한 셈이다.

연구에서는 대표적인 사회의 질 변수 10개를 택하여 자료가 가용한 33개 국에 대해 각 사회의 질적 발전 현황을 유형화한 후 전체 사회의 질을 점수화하여 33개 국을 비교하고 각 조건적 요인별 현황의 파악을 통하여 한국사회의 질적 발전 수준을 파악했다. 이러한 비교연구는 한국사회의 질적 발전 수준이 경제적 수준에 비해 매우 부족한 상태임을 보여준다.

이에 이 장에서는 이러한 연구결과를 바탕으로 향후 단순한 양적 경제 수준 차원이 아닌 질적 발전 수준의 업그레이드가 한국이 확실한 선진국의 대열에 합류하기 위한 정책적 과제임을 강조했다. 지금까지는 먹고사는 문제를 해결하면 사회의 변화는 큰 무리없이 소득수준을 따라왔지만, 이제부터는 우리 사회도 분명한 철학을 가지고 과연 우리가 원하는 사회가 어떤 사회인지에 대한 큰 그림을 그리고 그 그림에 맞추어 정책적인 선택을 해나가야 한다는 명제를 제시했다.

제2장 「한국사회 이분법의 심리와 집단갈등」은 심리학과 곽금주 교수가 연구한 내용을 담고 있다.

이 장에서는 한국사회의 통합 현황과 과제를 심리와 집단갈등의 측면에서 파악한다. 현재 한국사회는 경제적 양극화를 넘어서 정치, 사회, 문화 등 다양한 부분에서 양극화를 경험하고 있다. 양극화는 인간들의 '범주화'하는 심리가 반영된 현상으로서, 좀 더 체계적이고 근본적인 해결책을 마련하기 위해서는 양극화 현상의 기저에 있는 인간의 심리를 분석하는 것이 필수적이다. 심리학적으로 양극화는 집단범주화에 따라서 내집단, 외집단으로 무리짓는 인간의 속성을 내포한다. 인간은 타인을 지각할 때 일반적으로 타인이 속한 범주를 지각하게 되고 이에 근거하여 대상과 관련한 판단을 하는 경향이 있다. 따라서 사람들이 어떻게 범주를 나누고 자신들의 범주를 형성하는지는 인간 사회를 이해하는 데 중요하다. 이러한 인간들의 범주화, 무리짓기, 내집단과 외집단, 고정관념과 편견 등의 심리적 특성들이 한국사회의 양극화 현상이 심화되는 데 영향을 끼쳤다고 할 수 있다.

이에 2장에서는 현재 한국사회에 만연한 양극화 현상을 이분법적 심리의 시각에서 분석했다. 먼저 양극화 현상과 관련하여 일반적으로 한국사회에 나타나는 범주화의 유형을 성별·지역·연령·빈부·인종·문화·교육·장애(비장애)로 파악하여 각각의 범주화 유형에 따라 그 안에서의 내집단, 외집단 형성의 심리를 분석하고 그에 따른 고정관념과 편견에 어떤 것들이 있는지 분석했다. 특히 기존 외국 연구뿐 아니라 한국에서 이루어진 연구들을 간략하게 설명하고 있다. 각 유형에 따른 심리 분석을 바탕으로 궁극적으로 양극화를 완화하기 위한 근본적인 대책을 탈범주화와 재범주화, 외집단에 대한 접촉 증가를 통한 편견의 해소, 감정이입, 자기통제, 아동기 교육 등의 심리학적 방법을 제시했다.

제3장 「한국 대·중소기업 양극화 현상의 정치경제」는 정치외교학부 임혜란 교수가 연구한 내용을 담고 있다.

이 장에서는 한국사회 양극화의 현상을 대기업과 중소기업 간의 격차로 살펴보고 그러한 양극화가 가지는 정치경제적 맥락을 살펴봤다. 한국 정부는 중소기업 육성을 위해 1980년 이후 더 적극적인 육성정책을 시작했으며, 1996년 산업자원부의 외청으로 중소기업청을 신설하여 체계적이고 효율적인 중소기업 지원체계를 구축하고자 했다. 그러나 위기 때마다 어려움을 겪는 곳은 여전히 중소기업이며 아직도 대기업-중소기업의 양극화가 얼마나 산업구조의 경제적 효율성의 차원에서 그리고 정치사회적 균형발전의 차원에서 큰 문제인지 잘 알 수 있다. 중소기업이 이와 같이 취약한 원인은 정부의 중소기업 육성정책이 부재했기 때문이라기보다는 중소기업 육성정책이 얼마나 그 의도한 바대로 실행되어왔느냐의 문제일 것이다.

이에 제3장에서는 1980년 이후 대·중소기업 양극화 현상의 추이를 실증 자료를 근거로 분석하고 그러한 현상에 대한 정부정책, 중소기업 이익단체의 역할, 하도급 거래의 구조 등의 정치경제적 설명을 제시했다. 분석의 결과는 한국 중소기업은 양적 증가의 발전과정을 보여주었지만 질적인 측면에서 보면 영세성, 낮은 채산성 등 사회구조적 문제를 반영해왔음을 보여준다. 민주화 이후 중소기업정책의 방향은 기존의 보호와 육성에서 자율과 경쟁이라는 모토로 변화되었으나, 공정한 경쟁을 위한 구조개혁 없이 중소기업을 무한경쟁으로 내몰음으로써 대기업과 중소기업의 양극화 현상은 보다 심화됐다. 이러한 분석결과에 따라 이 장에서는 대·중소기업 양극화를 방지하고 보다 균형적인 산업구조를 발전시키기 위해서는 정치경제적 측면의 분석에 따라 보다 실효성 있는 정책 시행과 대기업과 중소기업 간의 원인 상호협력의 인식 자체가 요청됨을 강조했다. 또한 정부 정책의 실효성에 긍정적인 영향을 미치기 위해서는 중소기업 이익집단의 내부적 단결과 외부와의 정치적 연계 강화가 중요하다는 점을 강조했다.

제4장 「아동기 인적자본 불평등의 사회경제적 요인」은 사회복지학과 이봉주 교수가 연구한 내용을 담고 있다.

이 장에서는 한국사회 통합의 과제로 인적자본(human capital) 형성에서 가장 중요한 시기인 아동기에 발생하는 인적자본 격차의 문제를 심층분석하고 그러한 격차를 해소하기 위한 정책 방향을 제시했다. 사회의 지속적인 발전을 위해서는 인적자본이 가장 중요한 성장 동력이다. 사회와 경제의 자생적 성장이 지속되기 위해서는 인적자본의 축적은 필수적이다. 21세기 지식경제사회에서 지속적인 발전을 위해서는 사회구성원의 인적자본에 대한 투자를 핵심가치로 하는 사회정책이 필수적이다. 그러한 사회정책은 각 생애주기마다 사회구성원이 처할 수 있는 위험요인에 대처할 수 있는 역량을 키우고 개인의 상향 발전을 도모하기 위한 선제적 사회투자와 제도 개선을 도모할 필요가 있다. 특히 아동기의 인적자본의 불평등은 성인이 되었을 때 생산성의 불평등으로 이어져 사회적 불평등을 야기하는 주요한 요인이다. 아동기 인적자본의 보다 균등한 발달은 사회통합을 통한 지속 가능한 발전의 필수적인 요소다.

이에 제4장에서는 아동기의 발달상태의 격차를 인적자본 이론으로 조명하고 우리나라 0-18세 아동들의 발달 상태의 격차에 영향을 미치는 요인들을 실증적으로 분석했다. 우리나라 아동발달의 상태를 인지·언어, 사회정서, 건강의 세 개의 영역으로 살펴보고 그러한 발달 상태에 영향을 미치는 요인을 사회경제적 특성, 가족 과정, 그리고 지역사회 사회자본으로 분석했다. 실증분석 결과는 아동의 사회경제적 특성, 가족 과정, 그리고 지역사회 사회적 자본은 아동의 발달 상태에 중요한 영향을 주고 있는 것으로 나타났다. 특히, 가구소득, 부모의 학력, 부모 효능감, 의사소통개방성, 지역사회환경은 아동의 발달에 중요한 영향 요인임이 밝혀졌다. 이러한 분석결과는 아동발달을 지원하기 위한 정책적인 접근의 고려에도 몇 가지 중요한 함의점을 준다. 우선, 첫째는 가구소득이 아동의 인지, 언어, 학업성취도에 미치는 일관적인 영향이다. 즉, 빈곤한 아동일수록 인지, 언어, 학업성취도가 다른 요인들을 통제한 후에도 낮은 것으로 나타난다는 결과는 빈곤아동가구에 대한 더 적극적인 인지발달, 언어발달, 학업성취도 제고의 대책이 필요하다는 것을 보여준다. 특히, 학령기의 학업성취도를 결정짓는 주요한 요인이 어린시기의 인지발달과 언어발달이라는 점에서 보면 어린시기의 조기개입적인 대책이 필요하다. 그런 점에서 보면 '빈곤의 대물림'을 방지하기 위한 위스타트, 드림스타트 등의 조기개입적, 예방적 대책의 확충이 무엇보다 필요하다. 두 번째는 아동의 발달을 지원하기 위해서는 소득지원정책만으로는 부족하다는 사실이다. 아동의 사회정서적 역량과 같은 영역은 오히려 가족 과정의 강화를 지원할 수 있는 정책과 프로그램이 필수적이다. 이 장의 연구를 통해서 나타난 결과는 아동의 인적자본 형성을 지원하기 위해서는 가정에 대한 지원이 필수적임을 잘 보여준다. 특히, 부모효능감, 애착 등을 높이기 위한 가정지원정책이 아동기의 인적자본의 격차를 해소하기 위해서는 필수적이다.

마지막으로 제5장 「교육 불균형 확대와 교육 성과의 저하」는 경제학부 김대일 교수가 연구한 내용을 담고 있다.

이 장은 우리나라 교육체제와 사회통합의 과제를 심층분석했다. 개인의 사회·경제적 이동성에 있어서 교육은 가장 일반적이면서도 중요한 수단이다. 교육을 통해 각 개인은, 성장 환경 등 자신의 선택과 무관하게 결정된 환경적 요인에 의해서가 아니라, 본인의 능력과 노력을 통해 자신의 가치를 구현할 수 있는 기회를 부여받는다. 따라서 교육은 한 국가경제의 성장 동력으로서의 역할뿐 아니라, 사회 복지를 구현하는 가장 강력한 제도적 요인이라고 할 수 있다.

이에 제5장에서는 우리나라 공교육의 양적, 질적 평가와, 사교육으로 인한 기회 형평성 문제를 실증적으로 분석하고, 현

교육체제의 문제점을 지적했다. 종합적인 차원에서 판단할 때, 현재 교육체제는 공교육 부실, 상대평가에 기준한 입시체제 하에서의 사교육 팽창, 가구소득에 따른 사교육 기회의 불평등이라는 연결고리를 통해, 소득 수준에 따라 학생들의 교육 기회 형평성이 심각하게 훼손되고 있어 사회 통합에 부정적 영향을 미칠 우려가 높을 뿐 아니라, 매우 높은 교육비 지출에도 불구하고 교육 성과 자체도 오히려 실질적으로는 하락하고 있음을 실증자료로 제시했다. 이러한 분석결과를 바탕으로 이 장은 우리나라 교육체제는, 일반적으로 교육이 지향하는 두 가지 목표, 즉, 성장 동력의 확충과 불평등도 해소에 충분히 기여하지 못하고 있는 것으로 평가되어, 교육체제에 대한 획기적인 개선이 요구되는 시점임을 강조했다. 이와 같은 관점에서 공교육의 성과 제고가 매우 중요한 당면 과제로 제시됐다. 공교육 정상화는 사교육을 통해 유발되는 불평등도, 비통합성을 해소하기 위해서뿐 아니라, 우리나라의 전반적인 교육 성과와 인재 양성의 효율성을 제고하기 위해서라도 매우 시급한 과제다.

이 책은 앞에서 밝혔듯이 5년 계획 연구사업인 '21세기 한국의 미래 발전과 성장 동력 연구'의 2차년도 연구성과를 정리한 것이다. 1차연도 총서가 연구의 시작을 알리는 총론적인 성격을 띠었다면 2차연도부터는 각 영역에 대한 각론 연구가 진행되고 최종적으로 5차연도에 종합적인 결론을 도출한다는 것이 전체 연구의 목표다. 그런 이유에서 이번 연구에서도 각 장별로 나름대로 소결론은 제시됐지만 종합적인 결론의 장은 쓰지 않기로 하였다. 종합적인 결론은 앞으로 각 영역의 연구가 진행된 후 다시 각론들을 통합하는 작업이 이루어질 5차연도 연구로 미루기로 하였다. 이 책에서 연구된 내용과 함께 앞으로 진행될 연구가 한국사회가 앞으로 지속 가능한 발전과 성장을 계속하기 위한 구제적인 정책 방향을 제시할 수 있기를 기대한다.

2010년 8월

이 봉 주

제2장

한국사회 이분법의 심리와 집단갈등

곽금주

제3장

한국 대·중소기업 양극화 현상의 정치경제

임혜란

제4장

아동기 인적자본 불평등의 사회경제적 요인

이봉주

제5장

교육 불균형 확대와 교육 성과의 저하

김대일

제1장

한국사회의 질적 발전 현황

장 덕 진

1. 서론

이 글은 한국사회의 질적 발전 현황을 파악하기 위해 사회의 질(social quality) 패러다임에 입각하여 국제 비교를 하는 것을 목적으로 한다. 그동안 사회과학에서 사회발전이란 다양한 방식으로 개념화되었지만, 대체로는 양적 발전, 더 구체적으로는 경제성장이 핵심적인 변수였음을 부인하기 어렵다(Rostow, 1991). 이러한 사정은 경제성장 못지않게 가치관 변동에 많은 관심을 쏟은 근대화 이론(Inglehart and Welzel, 2005) 등 일부를 제외하고는 거의 예외 없이 적용된다고 할 수 있다. 경제학적 발전 이론은 물론이고 그에 대한 비판적 입장에 섰던 종속이론이나 세계체제론도 결국은 인과관계의 논리만 다를 뿐 최종적으로 설명하고자 하는 변수는 대체로 경제성장이었고(Evans, 1979), 한국을 비롯한 동북아시아 국가들을 대상으로 많이 논의되었던 발전국가론도 강력한 국가의 리더십에 의해 경제성장이 어떻게 영향 받는가에 대한 이론이었다(Johnson, 1982). 그러나 최근 들어 경제성장 혹은 양적 발전 일변도의 연구가 과연 그 사회의 발전을 제대로 포착하고 있는지에 대한 반성과 더불어 대안적 변수를 찾으려는 시도들이 동시다발적으로 이루어지고 있다. 그 대표적인 슬로건은 “GDP를 넘어서(Beyond GDP)”이다.[1] 또한 프랑스의 사르코지 대통령이 취임한 이래 대안적 사

1) 2009년 10월 부산에서 열린 제3차 OECD 세계포럼 또한 이와 같은 취지에서 기획되었다. 한국 측 주관 기관인 통계청의 자료에 따르면 OECD 세계포럼의 의의는 “GDP에 근거한 경제중심의 발전개념을 뛰어넘어(Beyond GDP), 새로운 사회발전에 대한 개념을 정립하고, 발전을 측정할 수 있는 객관적 지표의 개발 및 이를 정책과 연계시켜야 할 필요성을 범세계적 차원에서 공유”하는 데 있다(통계청, 2009). 이 행사에는 130여 개국 180여 명의 국가정상, 국제기구 대표, 노벨상 수상자, 학자, 재계인사, 언론인 등이 발표하고 토론하였으며 총 참여인원은 1,500여 명이다.

회발전 개념을 찾기 위해 4명의 노벨상 수상자들을 모아 만든 스티글리츠 위원회(Stiglitz Commission)의 취지도 일맥상통한다(Stiglitz, Sen, and Fitoussi, 2009). 사회의 발전을 제대로 측정하기 위한 시도는 이밖에도 여러 나라에서 동시다발적으로 일어나고 있는 상황이다.

이 글은 그중에서도 유럽의 연구자들이 먼저 논의하기 시작한 사회의 질 패러다임(Beck, van der Maesen, Thomése, and Walker, 1997)을 적용하여 한국사회의 질적 발전 현황을 파악하고자 한다. 여러 경쟁하는 이론틀 중에서 사회의 질 패러다임을 택하는 것은 다음과 같은 몇 가지 장점 때문이다. 첫째로, 그 명칭에서 분명히 드러나듯이 사회의 양적 발전이 아니라 질적 발전을 측정하고 이론화하려는 의도를 가장 분명하게 나타내고 있다. 둘째로, 사회의 질적 발전 현황을 측정하는 가장 종합적인 지표다. 이에 반해 경쟁관계에 있는 다른 시도들은 환경이나 지속가능성 등 특정 주제에 한정하여 연구하는 경향이 강하다. 종합적인 것과 특정적인 것은 나름의 장단점이 있으나, 이 글에서 의도하는 바와 같이 기존의 경제성장 위주의 발전론에 대한 교정 작업으로서의 질적 발전을 측정하고자 한다면 종합적인 지표가 더 낫다고 판단된다. 셋째로, 사회의 질 패러다임은 그 역사적 배경, 이론적 의도, 구체적 지표에 이르기까지 가장 명확하게 "사회적"인 차원에서 이루어진다. 사회의 질 패러다임이 등장하게 된 역사적 배경은 유럽통합 이후 발생하는 여러 갈등적 요소를 법체계나 시장에 맡겨서는 해결되지 않는다는 고민에 있었고, 적어도 전 유럽을 포괄하는 "사회성(the social)" 혹은 "사회적 유럽(social Europe)"의 복원을 통해 이를 해결하려는 시도였다. 이론적으로도 삶의 질에 대한 관심이 비록 "질적인" 전환을 이루었음에도 여전히 개인의 차원에 머물러 있는 반면 사회의 질에 대한 관심은 삶의 질이 높은 개인들이 모인다 하더라도 그 사회 전체의 질은 여전히 낮을 수 있음을 인정한다. 이것은 다른 말로 제도에 대한 관심이라고도 할 수 있다. 넷째로, 사회의 질 패러다임은 한국과 아시아의 맥락에 가장 잘 적용될 수 있고, 실제 그러한 작업이 앞장서서 이루어지고 있는 영역이기도 하다.[2)] 그런 면에서 단순한 외국 이론의 수입에 그치는 것이 아니라 한국화한 이론을 개발하고 역수출할 수 있는 영역이기도 한 셈이다.

이 장의 내용은 다음과 같이 구성된다. 2절에서는 사회의 질을 구성하는 4개의 조건적 요인들(conditional factors)을 소개하고, 이를 측정하기 위해 유럽 학자들이 만든 95개 지표체계를 설명한다. 3절에서는 95개 지표체계 중 일부를 반영하는 10개의 변수를 택하여 자료가 가용한 33개 국가에 대해 각 사회의 질적 발전 현황을 유형화한다. 4절에서는 전체 사회의 질을 점수화하여 33개 국가를 비교하고 각 조건적 요인별 현황을 파악한다. 5절에서는 결론과 함께 분석결과가 한국사회의 통합에 대해 가지는 함의를 논의한다.

2) 한국은 2007년 12월 서울대 사회발전연구소가 한국연구재단 지원 중점연구소로 선정되면서 사회의 질 연구에 뛰어들었다. 그후 빠른 속도로 국제 학계와의 간격을 좁혀나가고 국제공동연구에서의 리더십을 발휘한 결과, 최근에는 한국이 실질적으로 사회의 질 관련 국제공동연구를 주도하기 시작했다는 평가가 나오고 있다(셰필드 대학 앨런 워커 교수의 기조연설. 2009년 7월 세계복지정책학회). 또한 한국이 중심이 되어 구축한 아시아 사회의 질 네트워크(Asian Social Quality Network)에는 영국, 네덜란드 등 기존 유럽의 연구자들은 물론이고 타이완, 홍콩, 중국, 오스트레일리아, 타이, 일본 학자들이 참여하여 아시아 사회의 질 비교연구를 진행하고 있다. 그 첫 번째 구체적인 성과로서 2009년에는 6개국 8개 연구팀이 참여하여 사회의 질 관련 공동 서베이를 진행하고 있으며, 이 자료에 대한 분석결과는 2009년 12월 타이 방콕에서 열린 제3회 국제 사회의 질 컨퍼런스를 통해 공유되었다.

2. 사회의 질 패러다임: 조건적 요인들

사회의 질 패러다임은 네 개의 조건적 요인과 그에 따른 일련의 지표체계로 구성된다. 조건적 요인은 〈그림 1-1〉에 요약되어 있는데, 각각을 설명하면 다음과 같다. 그림에서 위로 가면 사회수준의 발전을 나타내고 아래로 가면 개인수준의 발전을 나타낸다. 또한 왼쪽으로 가면 사회의 체계 혹은 제도 차원을 나타내고 오른쪽으로 가면 생활세계 차원을 나타낸다. 이 네 개의 축이 교차하는 지점에서 사회적 응집성(social cohesion), 사회경제적 안전성(socio-economic security), 사회적 포용성(social inclusion), 사회적 역능성(social empowerment)이라는 네 개의 조건적 요인들이 발생한다. 사회의 질에 대한 가장 표준적인 정의는 다음과 같다.

> 사람들이 스스로의 복리(well-being)와 개인의 잠재력을 향상시키는 조건 하에서 자신이 속한 공동체의 사회적·경제적·문화적 삶에 참여할 수 있는 정도(Beck et al., 1997)

예를 들어 생활세계와 사회적 수준의 발전이 교차하는 지점에서 사회적 응집성이라는 조건적 요인이 발생하는데, 이것은 신뢰수준, 그 사회에서 통용되는 규범과 가치, 자원적 결사체에 대한 참여, 그리고 그 사회의 구성원으로서의 사회적 정체성 등의 형태로 나타나게 된다. 사회수준의 발전과 체계 혹은 제도가 교차하는 지점에서는 사회경제적 안전성의 문제가 대두된다. 즉 그 사회가 거시적이고 제도적인 차원에서 사회의 구성원들을 보호할 수 있는 재정자원, 주거나 환경조건, 건강과 보건에 대한 투자, 노동시장의 환경, 교육 시스템을 얼마나 잘 갖추고 있는지의 문제다. 체계 혹은 제도 차원의 발전과 개인수준의 발전이 교차하는 지점에서는 사회적 포용성의 조건이 발생한다. 개인들이 정당한 시민권을 행사하고, 적극적으로 노동시장에 접근할 수 있으며, 공적이고 사적인 서비스를 얼마나 잘 누리고 있느냐, 그리고 그것이 소수집단에게까지 얼마나 잘 확산되어 있는가가 그 사회의 포용성을 말해준다. 끝으로 생활세계와 개인수준의 발전이 교차하는 지점에서 발생하는 조건적 요인이 사회적 역능성이다. 사람들이 자신의 공동체에 적극적으로 참여할 수 있는 지식과 정보의 제공, 노동시장에서 혼자 방치된 것이 아니라 조직화된 이해를 대표할 수 있는 능력 등이 이에 해당한다.

이러한 조건들이 충족될 때 비로소 앞에서 제시한 사회의 질 정의에서 보듯이 사람들이 자신이 속한 공동체의 제반 사회적 삶의 영역에 적극적으로 참여하면서 자신의 복리를 증진시킬 수 있는 사회적 기반이 마련된다고 할 수 있을 것이다. 이 4개의 조건적 요인들에서 어떤 특징을 보이느냐에 따라 우리는 각각의 사회를 이분법적으로 구분할 수 있을 것이다. 사회적 응집성의 정도에 따라 신뢰사회와 불신사회로,

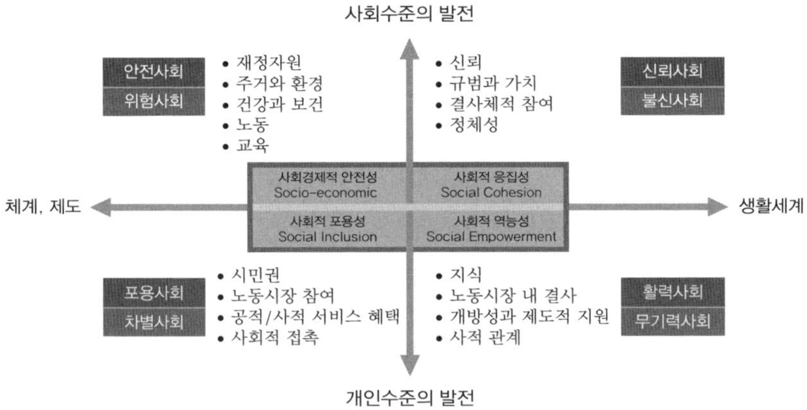

〈그림 1-1〉 사회의 질 연구를 위한 조건적 요인들

사회경제적 안전성의 정도에 따라 안전사회와 위험사회로, 사회적 포용성의 정도에 따라 포용사회와 차별사회로, 그리고 사회적 역능성의 정도에 따라 활력사회와 무기력 사회로 구분하는 것이 그것이다.

3. 사회의 질 발전 현황: 33개 국가의 비교분석

앞서 소개한 사회의 질 이론틀에 따라 전 세계 국가들의 질적 발전이 각각 어떤 식으로 유형화될 수 있는지를 파악하는 것이 이 절의 목적이다. 그러나 대부분의 국가에 대해 표준적인 통계자료들이 매년 생산되는 경제통계와는 달리 사회의 질적 발전에 대한 국제적 관심은 최근에야 시작되었기 때문에 표준적인 통계는 아직까지 나오지 않고 있다. 이에 따라 자료의 가용성이 낮은 편이고 국제 비교 연구도 전무한 상황이다. 이러한 사정을 고려하여 유럽에서 만들어진 95개 지표 중 각 영역별로 대체로 일치하는 자료를 찾을 수 있는 변수들을 설명한 것이 〈표 1-1〉이다.

〈표 1-1〉에서 왼쪽 열에 있는 것들이 실제로 이 절의 분석에 사용할 변수들의 목록이고, 오른쪽 열에는 이에 상응하는 사회의 질 지표들이 나열되어 있어서 독자들이 변수의 적절성 여부를 판단할 수 있도록 했다. 왼쪽 열의 변수 이름 다음에는 괄호 속에 자료의 출처를 표시했고, 오른쪽 열의 지표 이름 다음에는 괄호 속에 지표번호를 표시해두었다. 굵은 글씨로 표시된 10개의 변수는 집락분석에 사용된 것들이고, 이탤릭체로 표시된 6개의 변수는 앞선 분석의 신뢰성을 확인하기 위해 추가분석을 할 때 투입된 것들이다. 나머지 변수들은 분석에 사용할 경우 결측값으로 처리되는 국가의 수가 너무 많아서 사용할 수 없었다.

〈그림 1-2〉는 굵은 글씨로 표시된 10개의 변수를 사용한 위계적

〈표 1-1〉 사회의 질 지표 중 자료가 가용한 항목들과 변수 목록

사회경제적 안전성: 변수	사회경제적 안전성: 지표
1. **가계의 경제적 상황에 대한 만족도(WVS)**	1. 충분한 소득(#1); 주거안정성(#4, #5)
2. 위생시설을 갖춘 인구의 비율(UNDP, 2004)	2. 기초시설(물, 위생, 에너지)을 갖추지 못한 인구의 비율(#7)
3. *1인당 이산화탄소 배출량(World Bank 2003)*	3. 평균 이상의 오염(물, 공기, 소음)지역에 사는 인구의 비율(#9)
	4. 인구 1만 명당 의사 수(#11)
4. 인구 10만 명당 의사 수(Norris 1993)	5. 고용안정성과 근로조건(#15-21)
5. **노동자 권리 척도(CIRI 2007)**	6. 의무교육을 마치지 못하고 학교를 떠나는 학생의 비율(#22)
6. *1-2-3차 교육기관 취학률(UNDP 2004)*	
사회적 응집성: 변수	**사회적 응집성: 지표**
1. **일반신뢰(WVS)**	1. 대부분의 사람들을 신뢰하는 정도(#25)
2. 기관신뢰 척도(WVS 2000)	2. 특정신뢰(#26)
3. **가족, 친구, 여가, 정치의 전반적 중요성(WVS로부터 계산한 평균값)**	3. 가족, 친구, 여가, 정치, 부모에 대한 존경, 자녀에 대한 의무의 전반적 중요성(#28)
4. 자원조직 가입 총수(WVS 2000)	4. 정치, 자원, 공익, 스포츠 조직 가입 총 수(#38)
5. 관용성(WVS로부터 계산한 평균값)	5. 타인의 정체성, 신념, 행동과 라이프 스타일 선호에 대한 관용성(#32)
6. 정부책임성 척도(WVS)	6. 국가 및 유럽 상징에 대한 동일시(#42)
7. **국가 자부심(WVS)**	7. 국가 자부심(#41)
사회적 포용성: 변수	**사회적 포용성: 지표**
1. *1990년대 투표율(IDEA)*	1. 투표권을 가지고 실제로 행사하는 사람들의 비율(#46)
2. **여성의 경제적 권한 척도(CIRI 2007)**	2. 남성 임금 대비 여성 임금(#48)
3. *양성 역능성 척도 2005(UNDP 2007)*	3. 의회, 기업이사회, 재단이사회에 선출 혹은 임명된 여성의 수(#52)
4. *건강재정지출 2001(UNDP 2004)*	4. 공공 의료보험을 실제로 사용하는 인구의 비율(#55)

사회적 역능성: 변수	사회적 역능성: 지표
1. *성인(15세 이상) 문해율(UNDP 2007)*	1. 문자와 숫자를 해독하는 인구의 비율(#73)
2. **언론자유 2005(국경없는 기자회)**	2. 자유언론의 접근가능성(#74)
3. 1만 명당 인터넷 사용자 2005(World Bank 2008)	3. 인터넷 접근성(#75)
4. **노조조직률 1995(ILO)**	4. 노조조직률(#78), 단체협상이 적용되는 노동자의 비율(#79)
5. **정치적 권리 척도 2007(Freedom House 2008)**	5. consultation과 직접민주주의 절차의 존재 여부 (referrenda)(#85)
6. 1998 GDP의 공공사회지출 비율(OECD)	6. 자발적 비영리 시민단체에 배정되는 예산(#88), 문화활동에 배정되는 예산(#90), 장애인 예산(#93)
7. 정치체제 민주성 2000(Norris)	7. 지난 12개월간 전체 집회와 시위 중 금지된 것의 비율(#89)

주: WVS: World Values Survey

UNDP: United Nations Development Programme

CIRI: Cingranelli-Richards (CIRI) Human Rights Data Project http://ciri.binghamton.edu/

Norris: Norris, Pippa. Democracy Crossnational Data Release 3.0 http://www.hks.harvard.edu/fs/pnorris/Data/Data.htm

IDEA: International Institute for Democracy and Electoral Assistance http://www.idea.int/vt/

ILO: International Labor Organization www.ilo.org

집락분석 결과를 보여주고, 〈표 1-2〉는 집락분석 결과에 근거한 유형 분류와 각 유형별 소속 국가 명단을 보여준다. 집락분석 결과는 크게 보아 세 가지, 세분하면 여섯 가지 유형이 있음을 보여준다.

세 가지 유형은 각각 1. 북미·유럽형, 2. 아시아·남미·동유럽형, 3. 사회주의·아프리카형이고, 여섯 가지 유형은 각각 북미·유럽형 내부에 1-1) 북미·유럽형, 1-2) 스칸디나비아형, 아시아·남미·동유럽형 내부에 2-1) 혼합형, 2-2) 아시아·남미형, 사회주의·아프리카형 내부에 3-1) 사회주의형, 3-2) 아프리카형이다. 유형화의 내용을 보면 대체로 상식적으로 납득할 수 있는 국가들이 함께 묶이기는 했으

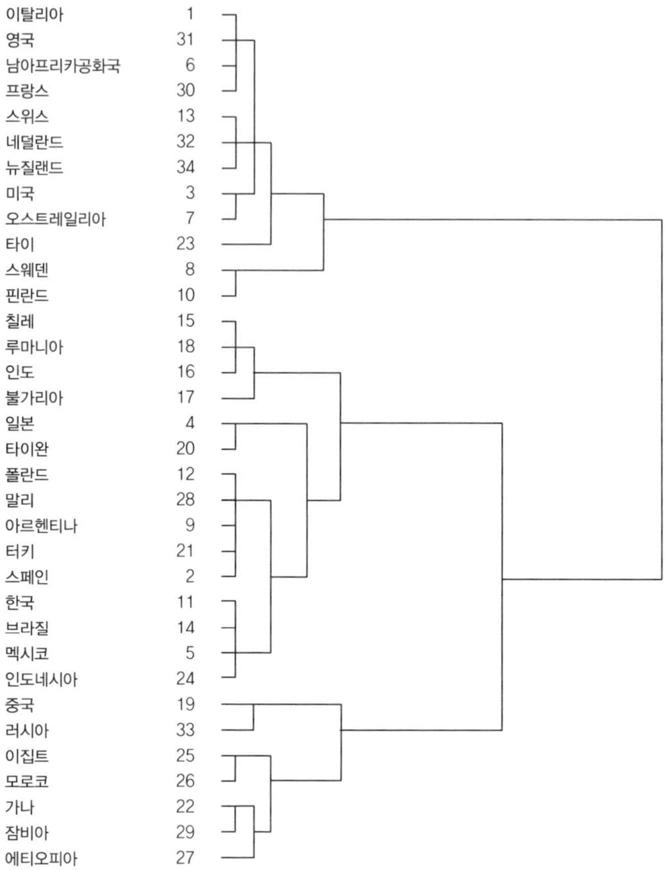

〈그림 1-2〉 10개 변수를 사용한 사회의 질 집락분석 결과

나, 원래 유럽에서 만들어진 95개 지표 중에서 10개만을 사용했기 때문에 변수의 선택에 따라 유형화가 크게 바뀌지 않을 것인지 확인해 보는 과정이 필요하다.

〈표 1-3〉은 앞에서 사용한 10개의 변수에 〈표 1-1〉에 이탤릭체로 표시된 6개의 변수를 추가하여 다시 유형화한 결과를 보여준다. 이번에도 대분류는 세 유형으로 나뉘는데, 북미·유럽형은 변화가 없고,

〈표 1-2〉 10개 변수를 사용한 사회의 질 유형과 소속 국가

대분류	소분류	국가명
북미·유럽형	북미·유럽형	이탈리아, 영국, 남아프리카공화국, 프랑스, 스위스, 네덜란드, 뉴질랜드, 미국, 오스트레일리아, 타이
	스칸디나비아형	스웨덴, 핀란드
아시아·남미·동유럽형	혼합형	칠레, 루마니아, 인도, 불가리아
	아시아·남미형	일본, 타이완, 폴란드, 말리, 아르헨티나, 터키, 스페인, 한국, 브라질, 멕시코, 인도네시아
사회주의·아프리카형	사회주의형	중국, 러시아
	아프리카형	이집트, 모로코, 가나, 잠비아, 에티오피아

기존의 아시아·남미·동유럽형에 지중해 국가들이 일부 포함되었으며, 사회주의·아프리카형에서는 중국과 러시아가 루마니아와 함께 두 번째 대분류 유형에 속함으로써 아프리카형이 별도의 대분류 유형으로 남게 되었다는 차이가 있다.

변수 사용에 따른 이러한 변화를 일목요연하게 정리한 것이 〈표 1-4〉다. 진하게 표시한 대각선(diagonal)에 속하는 국가들은 변수 사용

〈표 1-3〉 16개 변수를 사용한 사회의 질 유형과 소속 국가

대분류	소분류	국가명
북미·유럽형	북미·유럽형	영국, 네덜란드, 뉴질랜드, 프랑스, 스위스, 일본, 폴란드, 미국, 오스트레일리아
	스칸디나비아형	스웨덴, 핀란드
아시아·남미·지중해·동유럽형	아시아·남미·지중해형	스페인, 아르헨티나, 이탈리아, 한국, 브라질, 멕시코, 터키, 타이
	사회주의형	칠레, 루마니아, 불가리아, 러시아
아프리카형	아프리카형	이집트, 모로코, 에티오피아

〈표 1-4〉 변수 사용에 따른 유형 분류와 소속 국가의 변화

		16개 변수 사용시 유형 구분					
		북미·유럽	스칸디나비아	아시아·남미	사회주의	아프리카	결측국가
10개 변수 사용시 유형 구분	북미·유럽	영국, 프랑스, 스위스, 네덜란드, 뉴질랜드, 미국, 오스트레일리아		이탈리아, 타이			남아프리카공화국
	스칸디나비아		스웨덴, 핀란드				
	아시아·남미	일본, 폴란드		아르헨티나, 터키, 스페인, 한국, 브라질, 멕시코			타이완, 말리, 인도네시아
	사회주의				러시아		중국
	아프리카					이집트, 모로코, 에티오피아	가나, 잠비아
	혼합				칠레, 루마니아, 불가리아		인도

에 무관하게 같은 유형에 속하는 나라들로서, 16개 변수를 사용할 때 결측 국가가 되는 인도를 제외하면 19개 국가가 여기에 속한다. 반면 16개 변수를 사용하면 결측값으로 인해 남아프리카공화국 등 8개 국가를 분석에서 잃어버리게 된다. 반면 일본, 폴란드, 이탈리아, 타이, 칠레, 루마니아, 불가리아 등 7개 국가는 16개 변수를 사용하면 소속

된 유형이 달라지게 된다. 따라서 10개 변수를 사용하는 것과 16개 변수를 사용하는 것의 장단점을 비교해볼 필요가 있는데, 변화의 내용을 보면 16개 변수를 사용했을 때 비록 7개 국가의 소속 유형이 달라지기는 하지만 그 변화의 내용이 급격하지는 않다. 반면 그 대가로 잃어버리게 되는 국가의 수는 8개다. 특히 중국과 같이 관심이 높은 대상이거나 타이완과 같이 한국과 종종 비교되어온 사례를 결측으로 인해 잃어버리는 것은 아쉬운 부분이다. 이러한 득실을 함께 고려할 때 10개 변수를 투입했을 때의 유형과 16개의 변수를 투입했을 때의 유형을 상호보완하여 다음과 같은 유형 구분을 사용하고자 한다.

〈표 1-5〉에 제시된 유형 구분은 16개 변수 투입시의 유형을 가급적 받아들이되 우리의 주요 관심대상인 사례들을 결측으로 잃어버리지 않도록 한다는 두 가지의 원칙을 따르고 있다. 각 유형의 이름은 지역의 이름을 따서 붙였지만, 일본이나 폴란드가 북미·유럽형에 속한다든가 아프리카 국가인 말리가 아시아·남미·지중해형에 속하는 등 지역적 구분과 정확히 일치하지는 않는다. 이는 당연한 현상으로서, 만약 그것이 정확히 일치한다면 단순히 지역 구분을 사용하면 될 것이지 굳이 집락분석을 해야 할 필요가 없기 때문이다.

〈표 1-5〉 최종적인 사회의 질 유형 구분과 소속 국가

유형	소속 국가
스칸디나비아형	스웨덴, 핀란드
북미·유럽형	스위스, 뉴질랜드, 네덜란드, 오스트레일리아, 영국, 미국, 남아프리카공화국, 프랑스, 일본, 폴란드
아시아·남미·지중해형	한국, 타이, 터키, 인도네시아, 타이완, 아르헨티나, 멕시코, 브라질, 이탈리아, 스페인, 말리
사회주의형	러시아, 중국, 루마니아, 불가리아, 칠레
아프리카형	에티오피아, 가나, 이집트, 잠비아, 모로코

이 최종적인 유형 구분에 따르면 전 세계의 사회의 질은 크게 보아 다섯 가지 유형으로 나뉜다. 한국은 아시아·남미·지중해형에 속하는데, 이탈리아나 스페인 등 일부 국가를 제외하고는 대체로 우리보다 경제성장 수준이 낮은 나라들과 함께 묶이는 것을 볼 수 있다. 이것은 한국사회의 질적인 발전 수준이 경제성장 수준을 따라잡지 못하고 있다는 뜻으로서, 대부분의 한국인이 일상생활에서 느끼고 있는 것과 크게 다르지 않을 것이다. 그렇다면 한국은 사회의 질을 기준으로 할 때 어느 정도 수준에 와있는 것일까. 이 질문에 대한 대답을 다음 절에서 시도하기로 한다.

4. 사회의 질에 따른 국가별 순위

사회의 질이란 기본적으로 기존의 경제발전 위주의 지표에 근거해 사회의 발전 정도를 측정하는 편협한 사고방식에서 벗어나는 것을 목표로 한다. 그런 의미에서 서열화 그 자체보다는 유형을 먼저 파악해서 각 유형별로 어떤 질적인 차이가 있는지를 탐구하는 것이 선행되어야 한다. 3절에서 그러한 작업이 일부나마 이루어졌기 때문에 이제는 서열화를 통해 세계 여러 나라의 사회의 질을 점수화하고 한국이 그중에서 어느 위치에 와있는지를 파악하기로 하자.

서열화를 위해서는 분석에 사용된 여러 변수를 통합하여 하나의 복합지수(composite index)로 만드는 작업이 필요하다. 가장 간단한 방법은 모든 변수가 사회의 질에 같은 정도의 영향을 미친다는 가정 하에 변수값들을 표준화하여 더하는 방법이다. 같은 정도의 영향이라는 가정에 만족하지 못한다면 AHP 등 전문가 조사법을 활용하여 변수별로 가중치를 부여하는 방법이 가능하다. 보다 귀납적인 접근으로는 관련

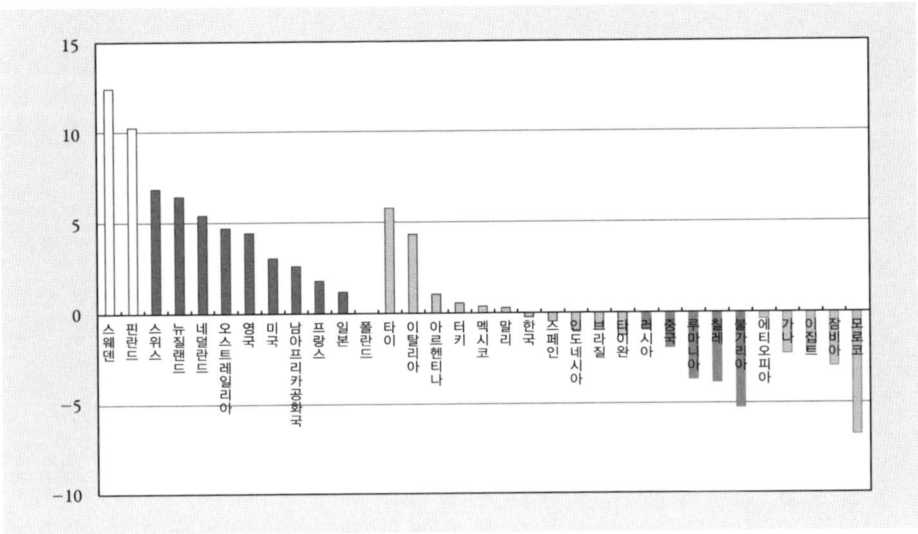

〈그림 1-3〉 사회의 질 국제 비교: 유형별 총점 순위

된 변수들을 모두 투입하여 주성분 분석(principal component analysis)이나 요인분석(factor analysis) 등을 하는 방법이 있을 것이다. 이 방법들 중 앞에서 뒤로 갈수록 점점 더 복잡한 방법이라는 측면이 있는가 하면, 다른 한편으로는 먼저 언급된 방법들은 이론적이고 연역적인 접근을 더 중시하고 뒤에 언급된 방법들은 경험적이고 귀납적인 결과를 더 중시한다는 차이도 있다. 이 글에서 시도하는 사회의 질의 서열화는 처음으로 시도되는 시론적 성격을 가지기도 하려니와 무엇보다 사회의 질이라는 새로운 이론적 접근에 입각해서 봤을 때 한국사회의 질적 발전 현황을 파악하려는 목적이 강하므로 첫 번째 접근방법을 택하기로 한다.

〈그림 1-3〉은 이처럼 표준화된 점수의 총합으로 나타낸 사회의 질 국제 비교와 순위를 보여준다. 표준화된 점수이기 때문에 평균은

0이 되고 0보다 크면 평균 이상의 질적 발전 수준을, 그리고 0보다 작으면 평균 이하의 질적 발전 수준을 보여준다고 할 수 있다. 국가들은 총점 순위에 따라 배열한 것이 아니라 평균적으로 총점이 높은 유형을 먼저 배열하고 각 유형 내부에서 다시 총점이 낮은 국가순으로 배열하였다. 그림에서 보듯이 전반적으로 사회의 질이 가장 높은 유형은 스칸디나비아형이다. 스웨덴이 세계에서 가장 높은 사회의 질을 나타내고 핀란드가 그 뒤를 바짝 좇는다. 다음은 북미·유럽형으로 스위스, 뉴질랜드 등이 선두에 있고 미국은 이 유형 안에서는 상대적으로 낮은 편에 속한다. 각각 아시아와 동구권 국가이면서 이 유형에 편입된 일본과 폴란드는 이 유형에서 가장 낮은 사회의 질을 보인다. 세 번째로 높은 유형은 아시아·남미·지중해형이다. 눈에 띄는 것은 타이의 사회의 질이 대단히 높다는 점이다. 행복지수나 삶의 질 지수와 같은 대안적 지수체계에서 경제성장 수준이 낮은 나라들이 높은 순위를 기록하는 일들이 종종 있는데, 사회의 질 총점의 경우 타이가 이와 같은 경우에 속하는 셈이다. 이러한 사례들은 경제성장과 질적 발전이 꼭 일치하는 것은 아니라는 점을 말해준다. 아쉽게도 한국은 이 유형에서도 중간 정도에 속하고, 전체적으로도 평균보다 약간 낮은 정도의 사회의 질을 보여주고 있다. 순위로는 33개 국 중에 한국사회의 질적 발전 수준은 19위에 해당한다. 아시아·남미·지중해형 다음으로는 사회주의형과 아프리카형이 그 뒤를 따르고 있다.

〈그림 1-4〉에서 〈그림 1-7〉은 사회의 질 이론틀의 네 영역별로 구분하여 국가별 순위를 다시 표시한 것이다. 사회경제적 안전성의 경우 대체적인 순위는 비슷하지만 스위스 등 일부 북미·유럽형 국가들이 스칸디나비아형을 앞서고 있고, 한국은 순위에서 더 뒤로 밀려서 아시아·남미·지중해형 국가들 중에서 밑에서 두 번째를 차지하고 있다. 즉 전체적인 한국사회의 질적 발전수준에 비해 사회경제적 안전성

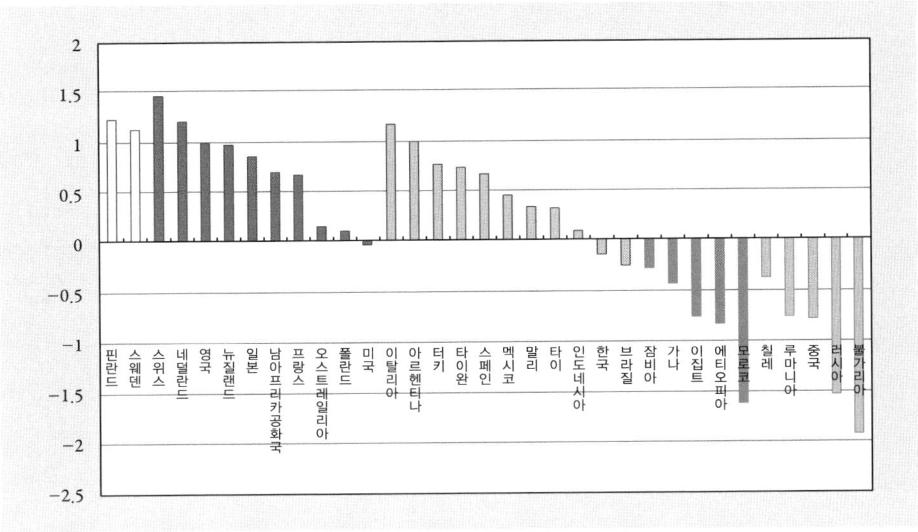

〈그림 1-4〉 사회경제적 안전성의 국제 비교

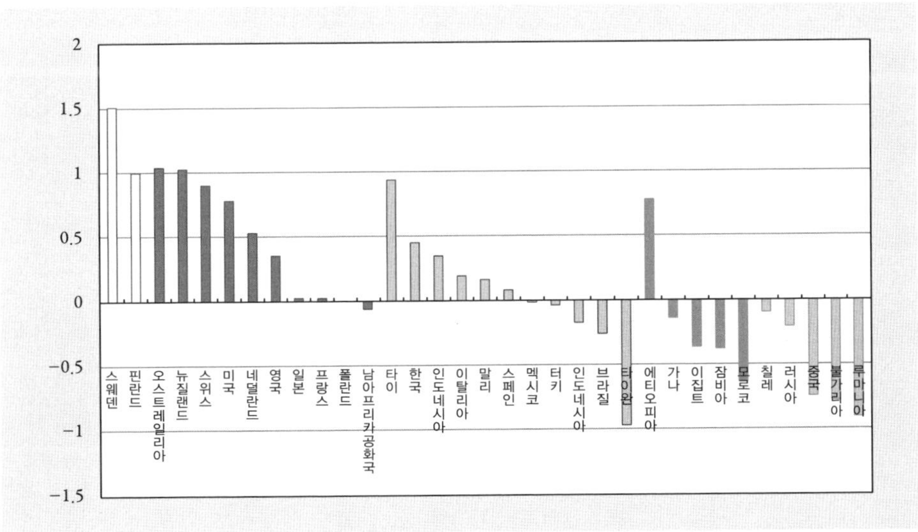

〈그림 1-5〉 사회통합의 국제 비교

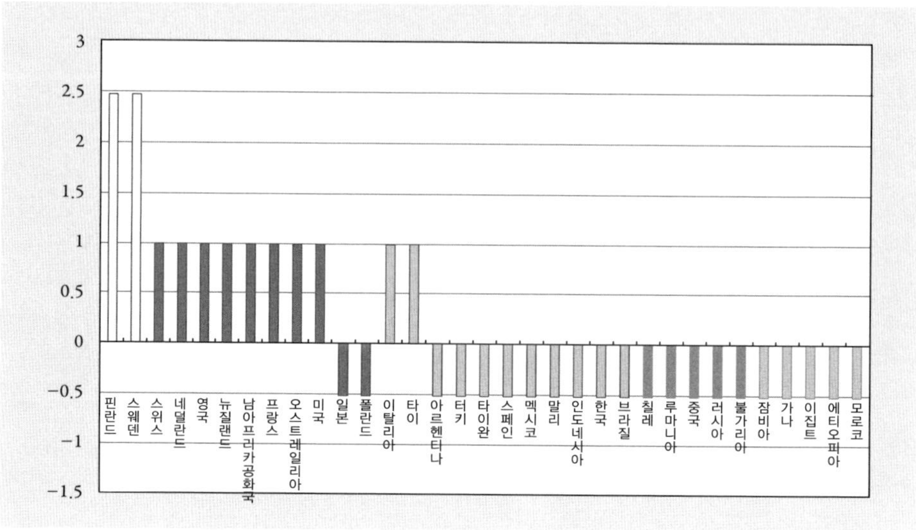

〈그림 1-6〉 사회적 포용성의 국제 비교

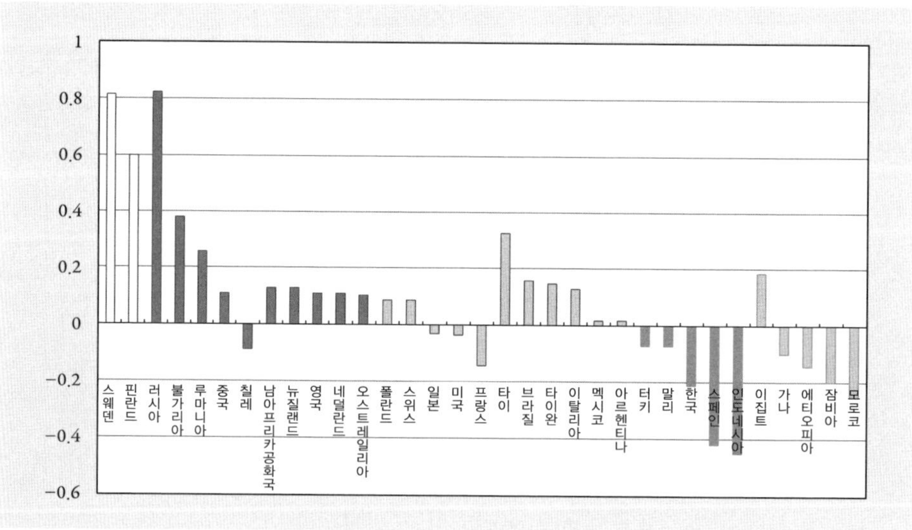

〈그림 1-7〉 사회적 역능성의 국제 비교

은 특히 덜 발전된 분야라는 점을 보여준다. 반면 한국은 사회통합 수준에 있어서는 타이에 이어 동일 유형 내에서 두 번째로 높은 순위를 보여주고 있다. 사회적 포용성은 사용할 수 있는 변수 자체의 제약으로 몇 개의 값으로만 나뉘기 때문에 미세한 차이를 보기 어렵지만 한국은 가장 낮은 축에 속해 있다. 사회적 역능성에 있어서도 한국은 동일 유형 내부에서 밑에서 세 번째에 위치해서 상당히 낮은 편에 속한다. 이 결과는 최근 한국에서 사회통합이 핵심적인 화두가 되고 있음에도 다른 영역이 미비한 것에 비하면 그나마 통합수준이 높다는 뜻이다. 즉 주어진 다른 조건들이 워낙 미비한 상태임에도 지금까지 그럭저럭 사회통합 수준을 지켜왔지만, 객관적인 조건을 감안하면 조만간 사회통합 수준은 더 낮아질 가능성을 시사하는 것이기도 하다. 사회적 역능성과 관련하여 또 한 가지 주목할 것은 사회주의형 국가들이 북미·유럽형을 제치고 두 번째로 역능성이 높은 유형으로 부상했다는 점이다. 역능성을 측정하기 위해 투입된 변수들은 대체로 국제기구들에서 객관적으로 평가한 자료들인데도 불구하고 이들 국가들이 역능성에 있어서 이처럼 높은 성과를 기록하고 있는 원인이 무엇인지는 추후 더 상세한 연구가 필요할 것이다.

5. 경제성장과 사회의 질

앞에서 논의한 바와 같이 사회의 질 패러다임의 출발점 자체가 경제성장만으로는 진정한 사회발전을 측정할 수 없다는 문제의식과 맞닿아 있으므로, 경제성장과 사회의 질 사이의 관계가 경험적으로 어떻게 나타나는지를 살펴보는 것도 중요한 과제가 될 것이다. 이 관계를 파악하기 위해서는 여러 변수에 대한 통제가 필요하겠으나, 아직은

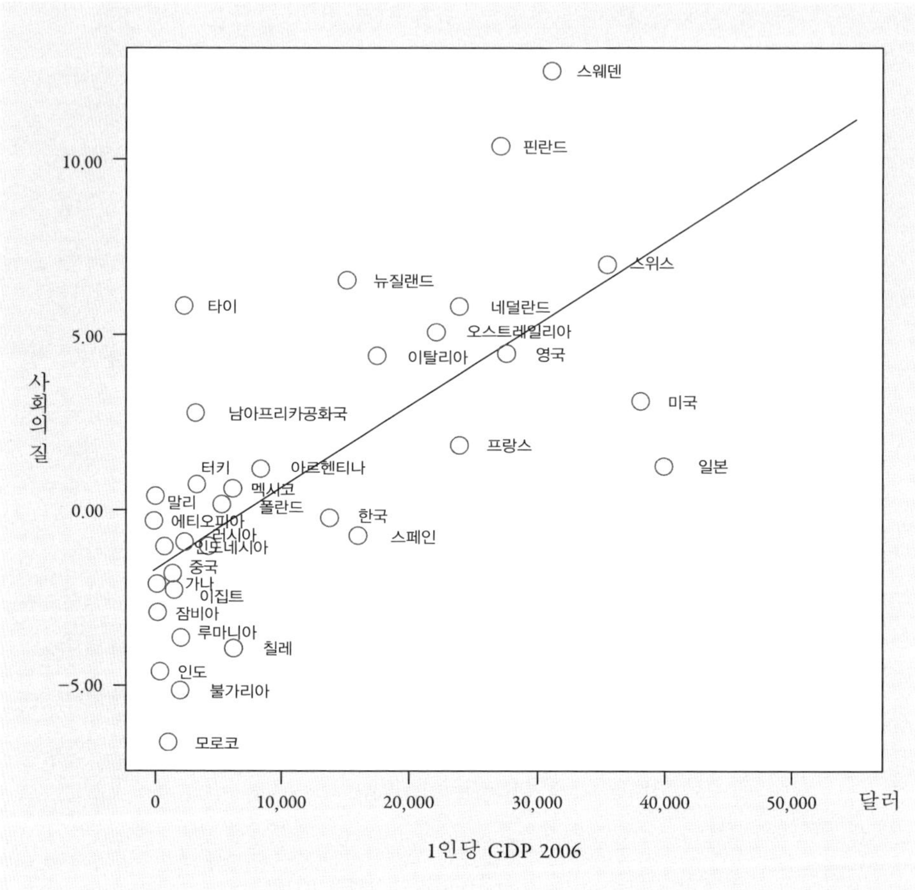

〈그림 1-8〉 GDP와 사회의 질 사이의 관계

사회의 질을 양화하여 측정하는 것조차 새로운 시도이므로 일단은 두 변수 사이의 직접적인 관계에 초점을 맞추어보기로 하자.

〈그림 1-8〉은 2006년 1인당 GDP를 독립변수로 하여 앞에서 측정한 각 사회의 질 총점을 예측한 단순회귀분석 결과다(R^2=.42). GDP에 근거해서 사회의 질 분산의 42%를 설명할 수 있다는 것은 몇 가지

상반된 해석을 가능하게 한다. 하나는 42%가 매우 높다고 해석하는 것이다. 실제로 사회과학 분석 모델에서 독립변수가 여러 개인 경우에도 분산의 40% 이상을 설명하는 경우가 그리 많지 않음을 감안하면 이러한 결과는 적어도 기술적인 의미에서는 높다고 할 수 있다. 만약 이러한 해석이 옳다면 사회의 발전을 측정하기 위해 GDP 이외의 대안적 지표를 찾으려고 하는 노력은 불필요한 것이 된다. 이미 GDP가 대안적 지표를 잘 예측한다면 굳이 복잡한 대안지표를 찾을 이유가 없기 때문이다. 다른 하나는 42%가 낮다고 해석하는 것이다. 실제로 설명되는 분산보다 설명되지 않는 분산이 더 크기 때문에 이 부분을 설명할 대안이 필요하다는 것도 충분히 타당한 근거가 있는 주장이 된다. 세 번째의 해석은 높고 낮고를 떠나서 그 관계가 안정적이지 않다고 보는 것이다.

〈그림 1-8〉을 보면 이 관계가 안정적이지 않을 것임을 시사하는 몇 가지 근거가 드러난다. 첫째로, 전체적으로는 마치 선형관계인 것처럼 보이지만, 자세히 보면 GDP가 매우 낮은(예를 들어 5천 달러 이하) 국가들의 경우 GDP와 무관하게 사회의 질의 분산이 매우 크다. 국민소득은 큰 차이가 없음에도 불구하고 모로코나 불가리아 등은 -5점 이하의 극단적으로 낮은 사회의 질을 나타내고, 타이 등의 경우에는 +5점을 넘는 사회의 질을 나타낸다. 즉 GDP가 아주 낮은 상태라면 국민소득과 사회의 질 사이에는 거의 아무런 관계도 없다는 뜻이다.

둘째로, 대략 국민소득 5천 달러선을 넘어서면 그 이후에는 GDP가 늘어남에 따라 분산도 커지는 이분산성(heteroskadasticity)이 강하게 관찰된다. 예를 들어 국민소득 2만 달러 근처인 한국과 이탈리아, 혹은 뉴질랜드와의 사회의 질 차이는 합산된 표준화 점수 기준으로 1-5점 정도에 머무르지만 국민소득 4만 달러 근처인 일본, 미국, 스웨덴의 차이는 이보다 훨씬 큰 10-12점을 나타낸다. 이것은 GDP가 일정 수준을 넘어서게 되면 그때부터 각 국가들이 어떤 행동(정책)을 취하느냐에 따라 사회의 질에 있어서 큰 편차를 가져올 수 있음을 의미한다. 따라서 사회의 질의 차이를 가져오는 일종의 경로(trajectory) 같은 것이 존재하는 것이 아니냐는 추측을 하게 한다.

셋째로, 이러한 경로의 존재와 관련하여, 지역적인 집락도 분명하게 관찰된다. 예를 들어 GDP 2만 달러 이상의 국가들 중에서 앵글로 아메리칸 모델을 따라가고 있는 나라들은 회귀선 아래에 분포하면서 상대적으로 낮은 사회의 질을 나타내고, 노르딕 모델을 따라가고 있는 국가들은 회귀선 위에 분포하면서 상대적으로 높은 사회의 질을 나타내고 있다.

넷째로, 독립변수와 종속변수를 바꾸어서 생각할 수 있다. 즉 GDP가 높기 때문에 사회의 질이 높아지는 것이 아니라 사회의 질을 높이지 않고는 GDP를 높이기 어렵다는 증거로 〈그림 1-8〉을 해석할 수 있다. 예를 들어 사회의 질을 구성하는 한 하위영역인 사회통합을 예로 들면, 신뢰수준이 낮은 사회에서는 거래비용이 높아지기 때문에 거래가 활성화되기 어렵거나 낮은 신뢰를 대체할 수 있는 제도를 이용하는 비용을 지불해야 하므로 경제성장에도 방해를 받을 수밖에 없게 된다. 이러한 논리의 연장선에서 보면 독립변수와 종속변수를 바꾸어 생각할 수 있다는 주장도 상당한 설득력을 얻게 되는 것이다.

실제로 〈표 1-6〉은 GDP를 포함하여 하나씩의 독립변수를 추가한 세 개의 중다회귀분석 결과를 보여준다. 부패인식지수는 사회의 질을 측정하는 영역 중에서 사회통합 영역과 관련된 것이고, 공공사회지출은 사회경제적 안전성과 관련되어 있으며, 자기표현적 가치관(self-expression values)은 사회적 역능성과 관련되어 있다. 이 중에서 자기표현적 가치관에 대해서는 약간의 설명이 필요한데, 이는 잉글하트와 베이커가 세계가치관조사(World Values Survey)에 참여한 60여 개 국가에

〈표 1-6〉 GDP를 포함한 중다회귀분석 결과

변수	표준화 회귀계수	t	통계적 유의도
GDP	.297	1.243	.223
부패인식지수	.456	1.908	.066
R^2=.526			
GDP	.167	.669	.519
공공사회지출	.577	2.308	.044
R^2=.402			
GDP	.247	1.522	.138
자기표현적 가치관	.597	3.684	.001
R^2=.634			

대한 자료를 요인분석하여 얻어낸 두 개의 요인 중 하나다. 두 개의 요인이란 각각 전통적-세속적 합리성(traditional-secular rationality)과 생존적-자기표현적 가치관(survival-self-expression value)인데, 경제성장과 함께 대체로 세속적 합리성과 자기표현적 가치관이 늘어나지만 경제성장의 초기단계에서는 세속적 합리성이 먼저 증가하고 일정 수준 이상의 경제성장이 이루어지면 자기표현적 가치관이 증가하는 것을 볼 수 있다(Inglehart and Baker, 2000).

〈표 1-6〉에서 보듯이 이 각각의 변수들을 함께 투입하여 회귀분석을 해보면 GDP의 영향력은 즉시 사라지는 것을 볼 수 있다. 이 변수들은 사회의 질의 각 영역과 개념적으로 밀접히 관련되지만 이 논문에서 사용한 사회의 질 총점을 계산하는 데에 투입되지 않았기 때문에 자동상관 문제는 존재하지 않는다. 서로를 신뢰할 수 있는 사회, 특히 게임의 규칙을 만드는 정부나 대기업 등과 같은 주요 기관들이 부패하지 않고 신뢰받는 사회에서는 사회통합의 수준이 높아지고 이것의 효과는 GDP의 효과를 능가하여 사회의 질을 높이는 것으로 나

타난다.

또한 GDP 대비 공공사회지출의 수준이 높은 나라는 설사 시장에서 실패한다 하더라도 곧바로 낙오자가 되는 것이 아니라 충분한 사회적 안전망 덕분에 다시 그 사회의 일원으로서 재기의 기회를 가지게 되므로 사회의 질을 높이는 데에 크게 기여한다. 이것은 다른 말로 에스핑-앤더슨의 구분처럼 탈상품화(decommodified)된 사회에서 살 수 있다는 것을 의미하기도 한다(Esping-Andersen, 1990). 자신의 생존을 전적으로 노동시장에서의 성과에만 의지해야 하는 사회가 아니라 설사 노동시장에서 약간의 실패를 경험하더라도 인간으로서의 존엄성을 잃지 않을 수 있는 사회야말로 사회의 질이 높다고 할 수 있는 것이다. 자기표현적 가치관은 자신이 살고 있는 사회에 적극적으로 참여하여 마음껏 발언한다는 것을 의미한다. 언론의 자유와 집회결사의 자유가 보장되고 자신의 소득이나 성별이나 지위에 관계없이 자신이 표현하고 싶은 것을 표현할 수 있는 사회는 사회의 질이 높다고 할 수 있다. 전체적으로 보면, 사회의 질을 높이기 위해 어느 정도의 경제성장이 필요한 것은 사실이지만 일단 일정 수준의 경제성장을 이루고 나면 그 사회가 어떤 정도의 사회의 질을 가지게 되느냐는 것은 상당한 정도로 정책적 혹은 사회적 선택이 가능하다고 판단된다.

6. 결론과 함의

지금까지 사회의 질 패러다임에 입각하여 각 나라의 사회의 질을 측정할 수 있는 도구를 제안하였다. 그에 따라 사회의 질 유형을 분류하고, 사회의 질 점수 도출과 서열화를 하였으며, 사회의 질에 영향을 미치는 변수들이 무엇인지를 찾아보았다. 결과를 요약하면 다음과 같다.

첫째로, 가용한 자료에 근거하여 사회의 질을 측정하고 유형화해보면 대체로 다섯 가지 유형으로 나눌 수 있는 것으로 나타났다. 이것은 각각 북미·유럽형, 스칸디나비아형, 아시아·남미·지중해형, 사회주의형, 아프리카형을 말한다.

둘째로, 전반적인 사회의 질은 스칸디나비아형이 가장 높고, 그 다음부터 북미·유럽형, 아시아·남미·지중해형, 사회주의형, 아프리카형의 순서로 낮아진다. 한국은 중간 유형인 아시아·남미·지중해형에 속하며 개별 순위로는 비교대상인 33개 국 중 19위를 차지하였고 총점도 전체 평균보다 약간 낮은 편이어서 한국의 사회의 질은 개선의 여지가 많다고 할 수 있다.

셋째로, 사회의 질을 구성하는 각 영역별로 나누어서 유형별 분포를 보면, 총점에서 끝에서 두 번째를 차지하는 사회주의형 국가들은 사회경제적 안전성이나 사회통합에 있어서는 아프리카형보다 낮은 모습을 보인다. 반면 사회적 역능성에 있어서 이들 국가는 매우 높은 점수를 보이는데, 이 부문에서 이렇게 점수가 높은 이유가 무엇인지는 추후 더 상세한 연구가 필요할 것이다.

한 가지 가능성은 노조조직률이 높게 나타날 수 있는데, 이들 국가의 노조는 대개가 황색 노조(yellow union)라고 불리는 어용노조인 경우가 많기 때문에 향후 이러한 부분을 구분할 수 있는 더 섬세한 자료코딩이 필요할 것이다. 이런 점들을 고려하면 사회주의형 국가들의 사회의 질은 분석결과에 나타난 것보다 실제로는 더 낮을 가능성을 배제할 수 없다. 갈수록 세계경제의 성장엔진이 되어가고 있는 중국이 GDP 성장과는 별개로 이처럼 커다란 사회의 질적 문제를 안고 있다는 사실은 시간의 흐름과 함께 중국의 국내 정치적 문제뿐 아니라 국제적 성장의 문제로 비화하게 될 가능성도 생각해야 할 것이다.

넷째로, 사회의 질의 각 영역별로 한국의 위치를 보면, 한국은 대부분 매우 낮은 점수를 기록하면서 그나마 사회통합 영역이 상대적으로 높은 것을 볼 수 있다. 최근 대통령이 사회통합이 최우선 국정과제라고 여러 차례 언급할 정도로 사회통합 문제가 심각한 한국에서, 그나마 사회통합 영역이 다른 영역에 비해 높은 점수를 보인다는 점은 한국사회의 질적 발전 현황이 심각한 상태에 봉착해 있음을 보여주는 것과 다름없다.

다섯째로, GDP와 사회의 질은 적어도 통계적으로는 매우 밀접한 관계를 보여준다. 그러나 여기에는 다양한 해석의 가능성이 함께 존재한다. 경제성장으로 사회의 질이 높아질 수도 있지만, 그 반대로 사회의 질을 제고함이 없이는 더는 경제성장이 불가능하다는 뜻으로 해석할 수도 있기 때문이다. 더구나 사회의 질의 각 영역과 관련된 변수들을 추가하여 다시 분석해보면 GDP의 영향력은 사라진다.

그렇다면 이러한 분석결과들은 어떠한 함의를 갖는 것일까. 이 논문의 출발점이 된 문제의식으로 다시 돌아가보면 그 답은 비교적 분명하다. 최초의 문제의식은 과연 진정한 의미의 사회발전을 무엇으로 측정할 것인가 하는 점이었다. 기존의 발전론 문헌에서 '발전'은 대부분 경제성장으로 측정되었다고 해도 과언이 아니다. 그러나 최근 여러 나라 다수 학자들의 동시다발적인 시도에서 드러나듯이 GDP가 더는 사회의 발전을 제대로 측정하지 못한다는 반성이 대두되고 있고, 사회의 질 패러다임은 그러한 대안적 시도의 하나로 파악될 수 있다. 우리는 과거에 비해 훨씬 잘사는 나라가 되었지만, 사회의 질적 발전은 그러한 성장에 걸맞지 않다는 것이 솔직한 평가다. 분석결과는 다음 몇 가지를 제안하는 것처럼 보인다.

첫째로, 한국사회의 질적 발전 수준이 경제적 수준에 비해 매우 부족한 상태이고, 향후 경제성장 못지않게 혹은 그보다 더 중요한 과제로서 질적 발전 수준의 업그레이드를 목표로 삼아야 한다는 점을 분명히 해야 한다는 점이다. 둘째로, 한국은 국민소득 2만 달러 고지에서 오르락 내리락 하면서 10년 이상의 세월을 보냈는데, 이 고지를 넘어서고 제2의 도약을 이루어 확실한 선진국의 대열에 합류하기 위해서는 사회의 질 제고가 반드시 선행되거나 병행되어야 한다는 점이다. 어느 것이 원인이고 결과인지 확정하기 어려우나, 적어도 선진국으로 분류할 수 있는 나라 중에서 한국 수준의 사회의 질을 가진 나라는 존재하지 않았다는 사실이 이 점을 분명히 말해준다. 셋째로, 한국은 이제 어느 경로로 갈 것인지를 결정해야 할 시점이라는 것이다. 분석결과는 현재 한국의 국민소득 수준에서부터 정책적 선택에 따라 사회의 질적 수준이 크게 달라지고, 그것은 소득수준이 높아짐에 따라 그 진폭도 점점 커진다는 것을 보여준다. 지금까지는 먹고사는 문제를 해결하면 사회의 모습은 대체로 큰 변화 없이 소득수준을 따라왔지만, 이제부터는 우리도 분명한 철학을 가지고 과연 우리가 원하는 사회가 어떤 사회인지 큰 그림을 그리고 그 그림에 맞추어 정책적인 선택들을 해나가야 할 시점이다.

통계청, 2009. www.oecdworldforum2009.org

Beck, W., van der Maesen, Laurent J. G., Thomése, F., and Walker, A.(eds.), 1997, *Social Quality: A Vision for Europe*, Kluwer Law International.

Esping-Andersen, G., 1990, *The Three Worlds of Welfare Capitalism,* Princeton: Princeton University Press.

Evans, Peter B., 1979, *Dependent Development: The Alliance of Multinational, State, and Local Capital in Brazil,* Princeton University Press.

Inglehart, R. and Baker, W., 2000, "Modernization, cultural change, and the persistence of traditional values," *American Sociological Review,* 65: 19–51.

Inglehart, R. and Welzel, C., 2005, *Modernization, Cultural Change and Democracy: The Human Development Sequence,* Cambridge University Press.

Johnson, C., 1982, *MITI and the Japanese Miracle: The Growth of Industrial Policy, 1925–1975,* Stanford University Press.

Rostow, W. W., 1991, *The Stages of Economic Growth: A Non-Communist Manifesto,* Cambridge University Press.

Stiglitz, J., Sen, J. and Fitoussi, J.–P., 2009, *Report by the Commission on the Measurement of Economic Performance and Social Progress.* available at www.stiglitz-sen-fitoussi.fr

제2장

한국사회 이분법의 심리와 집단갈등

곽 금 주

1. 서론

지난 1997년 IMF 경제 위기 이후 최근, 한국사회는 또 한 번의 경제 위기에 봉착하였다. 외환 위기, 금융 위기, 실물경제 위기 등을 경험하면서 서민 대다수가 지난 IMF 경제 위기 때보다 더 극심한 고통을 호소하고 있다. 국제통화기금(IMF)은 2009년 우리나라 경제성장률을 선진국, 신흥국을 포함한 주요 20개국(G20) 중 가장 낮은 마이너스 4%로 전망했다(〈그림 2-1〉). 또한, 2008년과 2009년을 비교하면 취업자 수가 급격히 감소했으며, 실업자의 수도 증가하여 실로 1997년에 버금가는 경제 위기가 닥쳤음을 실감할 수 있다.

최근의 이런 경제 위기가 미칠 파급력은 그 어느 때보다 클 것이라 예상되면서 지난 IMF 위기 때부터 축적되어온 한국사회의 여러 문제점이 불거져나오고 있다. 특히, 한국사회에 만연한 양극화와 사회적 불평등의 문제는 한국사회의 통합을 저해한다는 측면에서 문제점으로 지적되고 있다. 동아일보와 서울대 사회발전연구소가 공동 기획한 〈국민의식조사: IMF 10년, 한국사회 어떻게 변했나〉에서는 2007년 9월 11일~10월 1일 전국 만 19세 이상 성인 남녀 1,005명을 대상으로

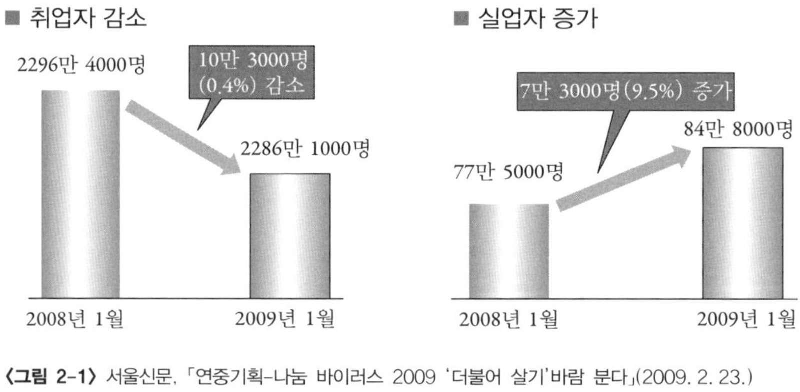

〈그림 2-1〉 서울신문, 「연중기획-나눔 바이러스 2009 '더불어 살기'바람 분다」(2009. 2. 23.)

한 면접조사와 1998년 사회발전연구소가 실시한 〈현대 한국인의 의식과 관행 조사〉 등 8건의 기존 조사를 비교 분석하였다. 이 조사에 따르면 외환 위기 이후 소득, 자산, 직업안정성, 가족 유대의 감소로 한국인들의 불안감이 크게 늘어난 것으로 나타났다. 불안이 구조화되면서 돈을 중시하는 물질주의적 가치가 팽배해 10년 전에 비해 성공의 조건으로 돈과 학벌을 꼽는 경우도 급증했다. 또한 외환 위기가 자산이 증가한 소수와 자산이 감소한 다수로 나뉘는 양극화의 분기점이 됐음을 보여주는 지표도 뚜렷하게 나타났다. 이처럼 국민들이 느끼는 갈등과 위기감은 한국사회의 양극화와 사회적 불평등의 정도를 반증한다고 할 수 있다.

이러한 사회 분위기에서 사회문제의 근본적인 해결을 위해 사회통합을 이루려는 바람은 더욱 커지고 있다. 이는 한 설문조사에서도 알 수 있는데, EBS와 한국사회여론연구소가 특별기획에서 국민 1000명에 대한 설문조사를 실시하였다. 이 조사에 따르면, 사회 통합을 위한 조건으로 '사회문화적 배타심과 편견 해소(35.5%)'가 최우선 과제로 꼽혔다(세계일보 2008. 1. 3.). 사람들이 생각하는 사회적 통합을 위한 가장 효과적인 방법은 사회적 편견을 해소하는 것에 있다는 것으로 해석할 수 있다.

물론, 국민들은 빈부 격차에 따른 경제적 측면에서의 양극화를 가장 절실하게 경험하고 있다. 그러나 현재 한국사회는 경제적 양극화를 넘어서 정치·사회·문화 등 다양한 부분에서 양극화를 경험하고 있다. 앞서 언급한 EBS의 여론조사에서도 국민들은 우리 사회의 가장 심각한 문제로 '빈부 갈등'(58.3%)을 꼽은 것으로 드러났다. 그럼에도 불구하고 많은 사람들이 사회 통합을 위한 방법으로 '사회 문화적 배타심과 편견 해소'라고 응답한 것은 한국사회의 갈등을 해결하기 위해 단순히 경제정책을 수정하고 시행해서만은 불가능하다는 것을 시사한다. 따라서 한국사회 양극화의 근본 원인을 진단하고 분석하여 이에 따른 대책을 마련하는 일이 무엇보다 시급하다. 그렇다면 한국사회의 양극화를 조장하는 근본적인 원인은 무엇일까?

이를 위해서는 한국사회의 이분법의 심리를 살펴볼 필요가 있다. 양극화는 인간들이 '내편'과 '네편' 등으로 '범주화'하는 심리가 반영된 현상으로서, 좀 더 체계적이고 근본적인 해결책을 마련하기 위해서는 양극화 현상의 기저에 있는 인간의 심리를 분석하는 것이 필수적이다. 심리학적으로 양극화에 내포된 인간의 이분법의 심리는 집단범주화에 따라 내집단, 외집단으로 무리짓는 인간의 속성에 근거한다. 일반적으로 인간은 타인을 지각할 때 개개인을 개별적으로 지각하기보다는 그가 속한 범주를 지각하게 된다. 그가 속한 집단, 사회, 국가 등의 지각에 근거하여 타인을 판단하고 행동하는 경향이 있다. 왜냐하면 자신이 속한 인종·종교·국가·성별·지역·연령 등과 같은 사회적 범주들은 결국 자신을 표현하는 수단이 되는 동시에 타인을 판단하는 기준이 되기 때문이다. 따라서 사람들이 어떻게 범주를 나누고 자신들의 범주를 형성하는지는 인간 사회를 이해하는 데 중요하다. 특히, 자신이 어느 집단에 소속되어 있느냐는 자신에 대한 정의를 내릴 때나 자존심에 대한 지각을 할 때 무엇보다 중요하다. 사람들은 타인에게 자신을 더 긍정적으로 보이려 하고, 자존감을 높이려고 하며, 자신들이 속한 사회적 범주나 내집단을 호의적으로 보려는 심리가 있다. 이러한 심리는 필연적으로 외집단을 폄하하거나 외집단과 관련된 편견을 형성하는 행동으로 이어지기도 한다.

이러한 인간의 이분법적 범주화, 무리짓기, 내집단과 외집단, 편견 등의 심리적 특성들은 대부분의 문화에 보편적으로 일어난다고 할 수 있다. 물론 한국사회의 양극화 현상이 심화되는 데도 영향을 끼쳤다고 할 수 있다. 따라서 본 연구에서는 앞서 언급한 문제의식과 심리학적 내용을 토대로 현재 한국사회의 이분법적 심리를 분석해보고자 한다. 즉 편견과 집단갈등에 대한 심리학적 이론을 소개하고 양극화 현상과 관련하여 일반적으로 한국사회에 나타나는 범주화의 유형—성별·지역·연령·빈부·인종·장애/비장애—과 관련한 특성을 설명할 것이다. 각각의 범주화 유형에 따라 그 안에서의 내집단, 외집단 형성의 심리를 분석하고 그에 따른 고정관념과 편견에 어떤 것들이 있는지 그리고 양극화를 해소하기 위한 근본적인 대책은 무엇인지에 대하여 제시해보고자 한다.

2. 편견과 집단갈등

인간의 이분법적 사고는 편견과 밀접한 관련이 있다. 자신이 속하지 않은 집단에 대하여 주로 편견이 형성되고 집단적 갈등이 커지게 되며, 이는 '너'와 '나'로 나누는 이분법적인 사고의 근원이 된다. 편견은 집단과 그 구성원들에 대한 부당하거나 부정적인 태도를 가리킨다. 편견은 태도의 3요소, 즉 신념적 측면, 감정적 측면, 행동적 측면을 포함한다. 흔히 편견의 신념적 측면은 고정관념으로 어떤 집단이나 구성원의 특성에 대한 인지적인 신념을 가리킨다. 예를 들어, 충청도인은 느리다는 생각이나 경상도인은 무뚝뚝하다는 생각 등이 그것이다. 편견의 감정적 측면은 어떤 집단이나 구성원들에 대한 부정적이거나 적대적인 감정을 지칭한다. 즉, 어떤 집단이나 구성원에 대해 부정적인 평가가 들어 있다는 점에서 고정관념과 구별된다. 경상도인은 무뚝뚝하다는 것과 경상도인이 무뚝뚝해서 싫다는 것은 다른 의미로 해석된다. 물론 Stallybrass(1977)는 고정관념을 "많은 수의 사람을 포함하는 인간, 기관, 공유되는 사건 등에 대해 과–단순화시킨 정신적 이미지”라고 하였으며, 고정관념은 “필수적이지는 않지만 일반적으로 편견을 동반한다”고 했다. 다수의 사람들이 고정관념과 편견을 구분하지 않고 사용하는 이유도 이처럼 대체로 고정관념과 편견이 함께 나타나기 때문이다. 마지막으로 편견의 행동적 측면은 차별의 형태로 나타난다. 차별은 편견에 기초하여, 해당되는 집단이나 구성원에게 불이익을 끼치는 행동을 뜻한다. 쉬운 예로 백인의 흑인에 대한 인종차별을 들 수 있다.

편견은 이처럼 세 가지 요소를 포함하고 있다. 집단 간 갈등은 대체로 이 세 측면에 영향을 받으며 형성된다. 편견은 인간이 사건이나 상황을 지각하고 해석하고 평가하는 일종의 도식으로서 작용하는데, 갈등 상황에서도 마찬가지로 작용한다. 편견이 갈등의 발생 원인이 되기도 하고, 그 갈등을 해결하는 과정에서도 편견이 개입될 수 있다. 또한 갈등이 해소된 이후에도 그 과정에서 생긴 새로운 편견이 이후의 생각과 행동에 영향을 미칠 수 있다. 이처럼 집단 간 갈등에 미치는 편견의 심리적 영향력이 크기 때문에 집단 간 갈등을 진단하고 해결하는데 반드시 고려해야 할 요소가 바로 이 편견의 영역이 될 수 있다.

3. 집단갈등의 원인

집단 간 갈등이 발생하게 되는 원인을 설명하기 위해 다양한 방향에서 접근하고 있다. 심리적인 설명을 거부하는 이론이 있는가 하면, 앞서 잠시 언급했듯이 편견과 같이 집단 갈등이 인간이 지닌 심리적 특성 때문에 초래된다는 가정 하에 설명하는 이론들도 있다. 이 이론들에 대해서 알아보자.

1) 현실적 집단갈등이론

현실적 집단갈등이론은 전자에 해당하는 이론이다. 이 이론에 따르면 집단 갈등은 양립될 수 없는 목표를 가지고 있다는 것과 한정된 자원에 대한 경쟁이라는 측면에서 합리적이라고 가정한다(Levine & Campbell, 1972). 즉 집단 간 갈등은 두 집단 사이에 가시적인 이익이 존재하여 이를 분배할 때나, 각 집단의 목표가 상충될 때 발생한다는 것이다. 한정된 자원을 두고 경쟁하는 상황에서 각 집단은 일종의 위협을 감지한다. 외집단이 이득을 더 많이 취해 상대적으로 내집단의 이득이 감소될 수 있다는 위협을 느끼게 되는 것이다. 이에 따라 외집단에 대한 적대감은 커지게 된다. 실제 그러한 위협이 존재했을 때는 물론이거니와, 실제적인 위협이 아닌 단순히 그러한 위협의 지각만으로도 외집단에 대한 적대감이 형성될 수도 있다.

예를 들어, 백인의 흑인에 대한 인종차별의 경우가 이를 반영한다. 백인 중 일부는 흑인이 자신들의 일자리를 나누어 갖기 때문에 위협이 된다고 생각한다. 백인 하층 계급의 구직을 방해하기 때문에 흑인에 대한 적대감이 생긴다는 것이다. 하지만 실제로 직업을 두고 경쟁하는 것은 어느 인종이든 간에 발생할 수 있다. 문제는 이러한 직업 경쟁 상황을 인종의 문제로 해석하여 지각한다는 것이다. 즉, 직업경쟁의 실질적인 위협을 '인종'이라는 범주에 귀인하여 해석하는 것이다. 이는 이러한 위협을 지각하는 것만으로도 인종 간 갈등으로 확대될 수 있다는 것을 보여준다. 특히, 경쟁의 대상인 자원의 가치가 클수록 상대에 대한 적대감이 커질 수 있다. 이러한 적대감은 결국 집단 간 갈등을 촉발시키고 갈등 상황을 지속시키는 역할을 한다.

또한 실제적인 위협은 내집단의 연대를 초래한다. 즉, 부정적으로 연관되어 있는 외집단의 존재가 내집단의 결속을 강화한다는 것이다.

앞서 들었던 직업 경쟁의 예를 들어 설명하면, 일자리를 경쟁하는 상황에서 흑인은 외집단으로 간주되며, 자신이 속한 백인의 집단인 내집단은 이러한 외집단에 대항하고자 한다. 그리고 좀 더 효과적인 대항을 위해서 자신들이 속한 집단의 구성원들과 흑인에 대한 생각을 공유하고, 이러한 경쟁 때문에 발생되는 손실을 함께 지각함으로써 공동의 목표를 만들게 된다. 이러한 과정을 통해서 내집단의 결속은 더욱 공고해질 수 있는 것이다. 즉, '공공의 적'을 상정함으로써 이에 대항하는 공동의 목표가 형성되고 이는 곧 내집단이 응집하는 계기를 마련한다.

이처럼 실제적인 이익을 두고 경쟁해야 하는 상황이 발생하거나, 그러한 상황이 벌어질 것이라고 착각하는 경우에 집단갈등이 첨예해진다. 현재 우리나라에서 벌어지고 있는 사회 문제의 상당 부분을 이 현실적 갈등 이론으로 설명할 수 있지만, 서로가 실질적인 이익을 나누어 가지지 않는 상황에서도 발생하는 집단 간 갈등은 설명할 수 없다. 또한 이익을 나누는 상황이 사라진 이후에도 타 집단에 대한 계속되는 적대감이나 차별행동 또한 설명할 수 없다. 따라서 인간의 심리적 특성에 주목하여 이러한 현상을 해석할 필요가 있다.

2) 사회적 범주화

(1) 사회정체성이론

사회적 범주화에 따른 내집단 편애 현상을 설명하기에 앞서 사회정체성이론(social identity theory; Tajfel, 1982)을 이해하는 것이 필요하다. 왜냐하면 범주화에 따른 내집단 편애 현상은 긍정적인 사회정체감(social identity)을 갖고자 하는 인간의 욕구에서 비롯되기 때문이다. 여기서 말하는 사회정체감이란 우리가 흔히 말하는 개인의 자기정체감

(ego identity)과는 다른 의미다. 개인적 차원의 정체감은 자신이 누구인지, 어떤 사람인지에 대해 자신의 개인적 속성에 근거하여 형성된다. 예를 들어, '나는 부지런한 사람이다', 또는 '나는 실패를 이겨낼 수 있다' 등과 같은 정체감은 자신의 고유한 특성이나 능력을 반영하고 있다. 반면에, 사회정체감은 자신이 속한 집단의 구성원으로서 자기가 갖고 있는 정체감이라고 할 수 있다. 즉, "사회적 정체감은 사회적 집단의 가치나 정서적인 중요성, 구성원에 대한 지식에서 오는 개인적인 자기개념의 일부다"(Tajfel, 1982). 사람들은 누구나 많든 적든 각기의 집단에 소속되어 있다. 앞서 언급했듯이 인간은 무엇이든 범주화하고, 그에 따라 지각하는 경향이 있기 때문이다. 자신도 타인과 마찬가지로 여러 범주에 의식하든 의식하지 못하든 소속되어 있다. 그리고 이 집단의 범주 기준이 자신의 기억과 사고, 판단에 영향을 주고 있다. 따라서 자신을 정의하고 정체감을 형성하는 데 집단의 특징이나 가치 등을 받아들이게 된다. 특히, 사람들은 긍정적인 사회정체감을 갖기 위해서 자신이 속한 내집단을 외집단에 비해 높이려고 하는 경향이 있다. 이는 곧 내집단을 편애하고 상대적으로 외집단을 폄하하는 현상을 초래한다.

(2) 사회적 범주화와 내집단 편애

집단갈등은 인간의 심리적 특성으로 인해 초래된다는 이론 중 하나가 사회적 범주화 이론이다. 이 이론에 따르면, 인간은 타인을 남자와 여자, 흑인과 백인 등 다양하게 범주화해서 지각하는 경향이 있다. 인간은 이러한 범주화를 바탕으로 관련 정보를 처리하거나 판단하게 된다. 물론 범주화는 각 범주에 대해 갖고 있는 사전 지식을 활용하여 정보 처리 속도를 단축하고, 정신적 과정을 한층 더 단순하게 함으로써 인지적인 절약을 할 수 있다는 장점이 있다. 하지만 개인을 판단할 때 그 개인이 속한 범주에 대한 고정관념을 중요시한다는 점에서 판단을 왜곡할 수 있다는 가능성도 배제할 수 없다. 특히, '우리'와 '그들', 즉 내집단과 외집단으로 범주화하는 경우에는 이러한 왜곡이 더 현저하다. 내외집단으로 범주화하게 되면 내집단 구성원을 외집단에 비해 호의적으로 평가하고 대우하는 내집단 편파가 일어나기 때문이다. 내집단 편파(ingroup bias)나 내집단 편애(ingroup favoritism)는 자기가 속한 집단을 자기가 속하지 않은 집단, 즉 외집단보다 더 선호하거나 호의적으로 보는 경향을 말한다. 예를 들어, Perdue, Dovidio, Gurtman와 Tyler(1990)의 연구에서는 내집단이나 외집단의 지위를 나타내는 단어(우리들 또는 그들)의 사용이 무의식적으로 내집단 편애를 영속케 한다는 가정을 증명하였다. 아무 의미 없는 음절을 내집단을 나타내는 말(우리)과 외집단을 나타내는 말(그들)과 짝짓게 한 후 각 짝지은 낱말의 선호를 평가하였다. 그 결과 아무 의미 없는 음절임에도 내집단을 나타내는 말(우리)과 짝지었을 때가 외집단을 나타내는 말(그들)과 짝지었을 때보다 더 좋게 평가하였다.

자문화 중심주의(ethnocentrism)라는 용어가 만들어진 이래로, 사회과학자들은 내집단들이 외집단을 평가절하로 이끄는 조건에 대하여 생각해왔다(Rabbie & Horwitz, 1969). 앞서 언급했듯이 내집단과 외집단이 처해 있는 상황이 경쟁적인 상황이기 때문에 이러한 내집단 편애가 발생한다는 기존의 설명이 설득력이 있었다. 그러나 꼭 경쟁적인 상황이 아니더라도, 단지 범주화하는 것만으로도 내집단 편애가 발생한다는 연구들이 이루어졌다(Billing & Tajfel, 1973; Locksley, Ortiz, & Hepburn, 1980; Tajfel, Billing, Bundy, & Flament, 1971). 이러한 연구들은 주로 최소집단 상황을 설정해서, 즉 실제로는 아무런 상호 작용이 없는 상황이고 그저 명목상으로만 집단을 구분하는 상황을 설정해서, 내집단 편애와 외집단 차별을 살펴보았다.

Tajfel, Billing, Bundy, 그리고 Flament(1971)는 외집단에 대해 차별적인 행동을 결정하는 사전의 적대감도 존재하지 않는 상황에서도 내집단 범주화가 일어난다는 것을 밝혀냈다. 점 추정 과제를 통해 과대추정 집단과 과소추정 집단으로 범주화하는데 자신이 이 두 집단 중에서 어느 집단에 속해 있는지 정보를 제공받게 된다. 그런 후, 실제 돈을 어떻게 할당할건지 측정한 결과 차별적인 내집단 행동이 나타났다. 자신이 두 집단 중 어느 한 집단에 속한다는 단순한 정보만으로도 자기가 속한 집단의 사람들에게는 더욱 많은 돈을 할당하는 내집단과 외집단을 차별하는 행동을 보인 것이다. Billig과 Tajfel(1973)의 연구에서는 실제 유사성에 대한 정보가 전혀 없이 사회적 범주화가 내집단 선호에 미치는 영향을 증명하였는데, 유사성 역시 내집단 선호에 영향을 미치긴 하지만 사회적 범주화보다는 덜 영향을 미쳤다.

Locksley, Ortiz와 Hepburn(1980)에서도 역시 임의로 결정된 사회적 범주화가 최소 집단 차별 효과를 이끌어내는 데 충분할 것이라는 가정을 증명하였다. 박스에서 표를 집어내서 무선적으로 두 집단에 할당하여 파이와 감마 집단으로 범주화한 후 칩을 내집단과 외집단 구성원들에게 각각 할당하도록 하였다. 그 결과 내집단에게 유의미하게 더 많은 칩을 할당하였다. 이러한 사회적 범주화는 인간의 인지 과정에까지 영향을 미친다. Howard와 Rothbart(1980)은 내집단과 외집단 구성원들과 관련된 행동을 기억하는 것이 사회적 범주화에 따라 어떻게 달라지는지 실험하였다. 대학생들을 대상으로 Tajfel(1970)이 개발한 점 갯수 분류를 통해 과대추정 집단과 과소추정 집단을 나누었다. 그 결과 외집단에 대한 부정적인 정보가 내집단에 대한 부정적인 정보보다 더 잘 기억되었다. 즉, 정보를 기억하는 과정에서도 내집단과 외집단이라는 범주화가 영향을 미쳐 기억의 편파를 초래하는 것이다. 내집단은 긍정적 정보가, 외집단은 부정적 정보가 더 잘 기억된다.

이처럼 인간은 범주화에 의하여 내집단과 외집단으로 구분하고, 이를 바탕으로 외집단에 대한 차별과 내집단에 대한 편애를 보인다. 그리고 이러한 내·외집단을 나누는 기준을 어떠한 경쟁 상황이나 이해관계가 얽혀있는 상황에서뿐만 아니라 아무런 적대감도 형성될 수 없는 임의의 상황에서도 편견과 갈등이 발생할 수 있다. 하물며 실제 이해관계가 얽혀있는 경우, 예를 들어 외국인 노동자들과 국내의 일자리를 나눠 가져야 하는 상황이라고 인식하고 있는 사람들에게 '우리'와 '그들'의 이분법적인 사고는 더욱 견고해질 수밖에 없다.

(3) 고정관념에 따른 인지: 확신편파

이분법적인 사고와 집단 간 갈등은 인간이 인지적으로 고정관념에 근거하여 기억하고 판단하기 때문에 발생할 수 있다. 고정관념은 고정관념화된 집단이 실제 물리적으로 관계되었을 때 자동적으로 활성화되고(Brewer, 1988; Devine, 1989), 성격적 특성에 대해 범주화하는 행동(Carlston & Skowronski, 1994; Winter & Uleman, 1984)과 행위자의 성격을 기질에 귀인하도록 만드는 것(Gilbert, 1989; Gilbert, Pelham, & Krull, 1988)은 모두 어느 정도의 범위에서 자동적으로 나타난다. 이러한 결과들은 인간이 무의식적으로 인지적 노력을 덜 기울이려는 경향이 있다는 것이다. 즉 사람들은 어떤 범주에 대해 갖고 있는 기존의 지식인 고정관념에 의하여 대상인물에 대한 정보를 단순화하고, 그에 따라 정보를 빠르게 처리한다. 따라서 일일이 새로운 상황이나 인물에 대한 정보를 입력하여 처리할 필요 없이, 기존의 지식을 바탕으로 적은 노력과 시간을 들여 판단하고 해석할 수 있게 되는 것이다. 하지만 이러한 고정관념에 따른 인지 과정은 종종 오류를 초래한다. 고정관념이 정보처리 과정을 효율적으로 이끌기는 하지만, 고정관념에 합치되는 정보에 선택적으로 주의를 기울이게 되거나, 고정관념과 일치되는 정보를 더 기억하게 하는 인지적 오류를 일으키는 것이다. 결과적으로는 고정관념을 확인하는 식으로 대상인물의 행동을 해석하기까지 한다. 즉, 자신이 갖고 있는 고정관념을 반복적으로 재확인시켜주고 지속시켜줄 수 있도록 대상인물의 행동을 왜곡할 수 있다는 것이다. 이러한 고정관념이 인간의 인지 과정에 미치는 영향은 여러 연구를 통해 증명된다.

인간은 자신이 갖고 있는 고정관념에 따라 정보처리를 하는 경향이 있다. Cohen(1981)은 고정관념이 많은 경우 고정관념 일치 정보를 비일치 정보보다 더 잘 기억한다는 것을 증명하였다. 한 여자의 가정환경과 남편과의 대화 등을 보여주는 비디오 테이프 내용을 참여자들에게 보여준 후, 그들이 이 내용을 얼마나 기억하는지를 평가하였다. 한 집단의 참여자들에게는 이 여자의 직업을 도서관 사서(여자, 남자 모두 가지는 직업이므로 고정관념 비일치 정보)라고 알려주었고, 다른 집단의 참여자들에게는 웨이트리스(여자의 직업이라는 고정관념 일치 정보)라고 알려주었다. 그 결과 직업 고정관념과 일치하는 정보를 그렇지 않은 정보보다 더 잘 기억하였다. 이러한 결과는 정보를 처리하는 인지적 과정에 있어서도 고정관념이 영향을 끼친다는 사실을 보여준다.

하지만 최근에는 인간이 궁극적으로 행동을 결정하는 것은 의식적으로 이루어진다고 한다. 예를 들어, Devine(1989)은 편견의 모델을 두 단계로 나누었는데, 한 단계는 대상인물에 의해 고정관념이 자동적으로 활성화되는 것이고, 반면에 다른 단계는 개인의 내재된 가치에 따른 의식적인 선택이 중요하다는 것이다. Fiske(1989)는 인간이 "어려운 선택을 할 수 있으며(make the hard choice)", 만약 충분히 그렇게 행동하도록 동기화됐다면 행동에 있어서 고정관념적 영향을 극복할 수 있다고 보았다. 즉, 인간의 판단과 결정은 자동적인 고정관념에 의해서 이루어지는 것이 아니라, 인간이 능동적으로 선택할 수 있다는 것이다. 이는 고정관념을 해소하기 위해 인간의 의식적 노력과 충분한 동기화가 필요함을 시사한다.

4. 범주집단 유형에 따른 갈등

한국사회에도 다른 나라와 마찬가지로 다양한 집단이 존재한다. 작게는 같은 학교 출신들의 모임인 동창회에서부터 크게는 영남과 호남이라는 지역에 따른 잠재적 집단 등이 있다. 대개 사람들은 집단을 실존하는 하나의 실체로서 인식하며, 인간은 대체로 이러한 다양한 집단에 중복적으로 소속되어 있다. 이를 통해 집단을 단순히 개개인의 모임이 아닌 특별한 특성을 가지는 하나의 실체로 인정한다는 것과, 이러한 사실 때문에 하나의 집단적 정체성만으로 한 인간의 정체성을 설명할 수 없다는 것을 알 수 있다. 따라서 우리 사회의 통합을 저해하는 집단적 갈등을 해결하기 위해서는 우리 사회에 존재하는 다양한 집단적 범주의 특성을 알아봐야 한다.

1) 지역

한국사회에서는 특히 '지역'이라는 범주에 따라 갈등이 발생하는 경우가 많다. 많은 사회문제가 논의될 때 흔히 '지역주의', '지연' 등의 용어가 빈번히 사용되는 것만 보아도 알 수 있다. 특히, 호남 사람들에 대한 거부감이나 부정적인 또는 적대적인 인식이 대표적이다. 서구 사회에서 인종이나 종교에 따른 집단갈등이 많은 것에 비하여 한국사회에서는 '지역'에 따른 집단갈등이 정치·사회·경제·문화 등 다양한 분야에 영향을 미친다. 예를 들어, 선거에서 투표권을 행사할 때도 '지역'이라는 범주가 고려되어 같은 지역 출신의 후보자들에게 투표하는 사람들이 많다. 때로는 지역에 따른 이런 범주화를 통해 후보자들의 선출 여부를 미리 가늠할 수 있을 정도다. 이처럼 '지역'을 기준으로 한 집단 간 갈등은 한국사회의 통합을 저해하는 요소 중 하나로 생각할 수 있다.

지역주의에 대한 심리학적 관심은 1987년 대선과 1989년 총선을 거치면서 지역감정 문제가 사회문제로 대두됨에 따라 본격적으로 나타났다. 주로 지역 간 고정관념과 편견, 집단의식의 형성 등에 입각한 지역주의에 대한 연구가 진행되었다(김희식, 2003). 이러한 연구들은 지역주의를 현대사의 역사적 산물로 보는 견해에서 한걸음 더 나아가 인간의 보편적인 심리적 특성을 고려하여 지역주의에 따른 사회문제를 분석했다.

그 예로 김범준(2002)은 대학생을 대상으로 지역감정이나 편견이 발생하는 한 원인이 내외집단으로 범주화하는 사회적 범주화에 있다는 것을 검증하였다. 내외집단으로 구분하기 위해 출신지역을 이용하였다. 자신의 출신지역 사람들, 즉 내집단 정보에 대한 기억과 귀인 그리고 평가가 외집단과는 다르게 편파적으로 일어났다. 김범준(2002)의 연구가 인지적 측면에서 지역 편견을 다룬 데 반해 김혜숙(2001)은 지역 편견에 미치는 감정적 측면까지 고려하였다. 먼저 집단범주에 근거한 편견적 판단이 나타나는지를 살펴보고 이러한 편견적 판단이 집단범주에 대한 신념에 의해서 영향을 받는지 혹은 감정에 의해 보다 영향을 받는지를 알아보았다. 그 결과 지역에 따른 편견적 판단(즉, 영남인과 호남인을 충청인보다 더 주장적이라고 판단)이 나타났고, 이러한 편견적 판단은 지역집단에 대한 호감도보다 신념이 더 잘 예언하는 것으로 나타났다. 지역민 간의 호오 태도를 측정한 김진국(1977)의 연구는 지역 간 편견의 감정적 측면을 보여준다. 그는 25개의 특성기술 개념에

〈표 2-1〉 백점 척도로 환산한 각 지역민 상호간의 호오도

평가대상집단 / 피험자집단	서울 사람	충청도 사람	전라도 사람	경상도 사람
서울 출신	59.3	56.0	48.8	60.4
충청도 출신	57.0	58.9	45.6	66.0
전라도 출신	53.1	55.8	61.5	58.3
경상도 출신	56.7	59.0	49.8	66.7
전 피험자	56.5	57.4	51.4	62.8

자료: 김진국(1977).

따른 호오도를 조사한 후 이 개념이 서울, 충청도, 전라도, 경상도 사람을 묘사하는 단어로 얼마나 적절한지 5점 척도상에서 평정하도록 하였다(반응점수에 특성기술 개념의 호오도를 곱한 다음 이를 25개 개념에 걸쳐 더하는 방식). 그 결과는 〈표 2-1〉과 같다.

그 결과, 내집단을 높이 평가하는 경향이 드러났으며, 중간(50점) 이하의 부정적 평가는 모두 전라도 사람에 대한 외집단의 평가에서 나타났다. 또한 내외집단의 평가의 차이에 있어서 전라도 사람의 경우 내집단과 외집단의 평가가 크게 다른 것으로 나타났다.

지역주의의 인지적·감정적 측면뿐만 아니라 지역감정이 행동으로 표출되는 경우도 살펴볼 필요가 있다. 대부분의 지역감정은 타 지역 사람들에 대한 차별적 행동으로 나타난다. 취업, 결혼, 거래 등 다양한 사회적 맥락 속에서 출신지역에 따라 사회적 차별을 받는 경우가 있다. 이는 사회적 상호작용을 제한하려는 행동의도, 즉 사회적 거리감(social distance)을 측정한 연구들을 통해 확인할 수 있다. 고흥화·김현섭(1976)은 많은 사람이 결혼상대, 친구, 동업자, 세를 주는 것, 정착 등에 있어서 전라도 사람을 택하지 않겠다고 응답하여, 실제 전라도 사람에 대한 사회적 거리감을 증명하였다. 이명진(2001)은 각 지역 출

〈표 2-2〉 지역별 결혼선호도

	서울	경기	강원	충청	전라	경상	제주
서울	100.00	86.61	72.46	75.23	73.13	69.46	41.72
경기	88.56	100.00	72.88	72.78	67.74	65.31	38.04
강원	75.21	73.03	100.00	70.34	68.21	60.54	33.74
충청	68.18	71.19	74.58	100.00	61.08	60.85	34.97
전라	47.90	40.73	38.56	39.91	100.00	41.42	21.47
경상	55.27	57.25	61.02	54.89	52.01	100.00	31.90
제주	55.15	56.33	55.93	53.06	56.14	58.81	100.00

주: 가로 : 평가대상/세로: 평가주체
자기 출신지에 대한 결혼선호도를 100으로 했을 때, 각각의 지역에 대한 평가점수
자료: 이명진(2001).

신별 결혼선호도를 통해서도 지역에 따른 사회적 거리감을 연구하였다. 그 결과는 〈표 2-2〉와 같다.

여기서 보듯이, 이미 오래전부터 전라도 출신자들에 대한 편견이 가장 심한 것을 알 수 있다. 자기 지역을 100% 찬성한다고 했을 때 전라도 출신자들에 대해서는 절반 이하의 찬성 비율을 보였다. 반면, 전라도 출신자들이 가장 편견이 적은 것으로 드러났다. 가장 적대감이 심할 것으로 믿어지는 경상도 출신자들에 대해서도 전라도 출신자들은 52% 정도의 찬성률을 보였다. 이런 지역 편견은 최근 연구(김범준, 2002; 김혜숙, 2001)에서도 여전히 나타났다.

2) 인종

한국사회에서 인종에 따른 집단 간 갈등은 미국과 같은 서구 사회보다 덜 심각하였다. 옛부터 다양한 인종이 섞여 사는 미국과 같은 사회에서는 백인과 다른 인종, 특히 흑인 간의 갈등이 첨예했다. 역사

적으로 흑인에 대한 백인의 차별이 현재까지 영향을 미쳐 백인의 흑인에 대한 편견, 흑인의 백인에 대한 적대감 등이 지속되고 있다. 이에 따라 인종 간 갈등과 편견에 대한 연구는 주로 백인과 흑인 사이에서 일어나는 갈등과 그 갈등이 일어나게 된 심리적 기제를 밝히고자 하였다. 특히, 흑인에 대한 편견은 실제적인 위협에 따른 현실갈등이론(realistic group conflict theory)보다는 심리적인 요소가 더 크게 작용한다는 사회문화적 이론(sociocultural theory)에 바탕을 둔 연구들이 더 활발하였다. 예를 들어, Kinder와 Sears(1981)에 따르면 투표행동과 같은 실제 정치적 행동에서의 인종주의 역시, 실질적 위협보다는 심리적인 요소가 작용한다는 사회문화적 이론에 근거한다. 사회문화적 이론에 바탕을 둔 상징적 인종주의(symbolic racism)는 인종주의가 흑인에 대한 추상적이고, 도덕적인 분개, 성인기 이전의 사회화 과정을 통해 형성됨을 강조한다. 또한, 인종 편견의 원인을 '집단지위인식(group position sense)'으로 보는 연구도 있다(Blumer, 1958). 이 연구에 따르면 기본적으로 인종 편견은 한 인종 집단이 다른 인종 집단에 대하여 갖는 일련의 감정에 기초한다기보다는 집단지위인식에 의한 것이다. 따라서 집단지위인식 자체가 하나의 원인이다. 집단 대 집단과 관계가 있는 것이고 개인 대 개인의 지위와는 관계가 없다. 그래서 우세 인종 집단에서는 낮은 신분을 가진 개인일지라도 엘리트와 같은 집단지위인식을 가지고 있어서 외집단이 하위 인종 집단의 구성원이 아무리 뛰어나고 교양이 있더라도 그들은 열세하고 이질적이라는 편견을 가지고 있다.

이처럼 인종 편견이 발생하는 심리학적 원인에 대한 연구와 더불어, 인종 편견을 가지고 있는 사람들의 특성에 대한 연구도 진행되었다. 예를 들어, Maykovich(1975)는 흑인에 대한 편견이 있는 사람들의 교육 정도, 사는 지역, 성향 등을 검증하였다.

근래에 들어 한국사회에서도 인종에 따른 갈등이 서서히 일어나

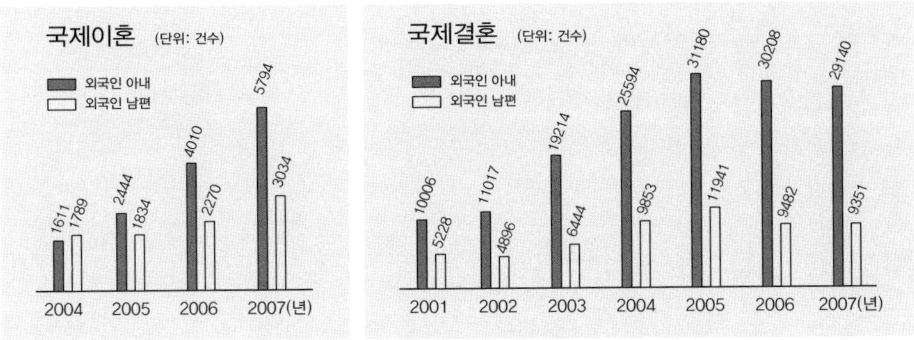

〈그림 2-2〉 위클리조선, 「다문화사회-눈물로 끝난 외국인 신부들의 '코리안 드림'」(2009. 3. 23.)

고 있으며 이와 관련된 연구들이 진행되었다. 그 배경에는 1990년대 이후 본격적으로 여러 목적(일자리, 결혼 등)에 따른 이민자들의 증가가 있다. 통계청에 따르면 2007년 현재 국제혼인 건수는 약 4만 건, 전체의 11%에 해당한다. 대략 9쌍 중 1쌍은 국제커플인 셈이다. 이는 2000년보다 3배 이상 증가한 수치다. 특히 혼기를 놓친 농어촌 총각의 경우 외국인 신부와 결혼한 경우는 40%에 이를 만큼 국제결혼이 흔해졌다(〈그림 2-2〉).

이와 같이 한국도 다양한 인종이 공존하는 사회로 변화되면서, 한국인과 다른 인종들 사이에 발생하는 갈등이 점차 사회 문제화되고 있다. 특히, 국제결혼에 따른 다문화가정의 자녀 양육 문제가 대두되고 있다. 2008년 초·중·고교생 가운데 국제결혼 가정의 자녀는 1만 8,778명으로 전년(1만 3,445명)보다 39.7% 늘었다. 초등학생이 1년 사이 1만 1,444명에서 1만 5,804명으로 38.1% 증가했다(〈그림 2-3〉).

특히 다문화가정의 실태와 증가 추세를 보면, 단일민족으로 구성되었던 한국사회도 이제 다문화사회로 변화하고 있음을 알 수 있다. 통계청 자료에 따르면 우리나라의 국제결혼 건수는 1994년에서 2006

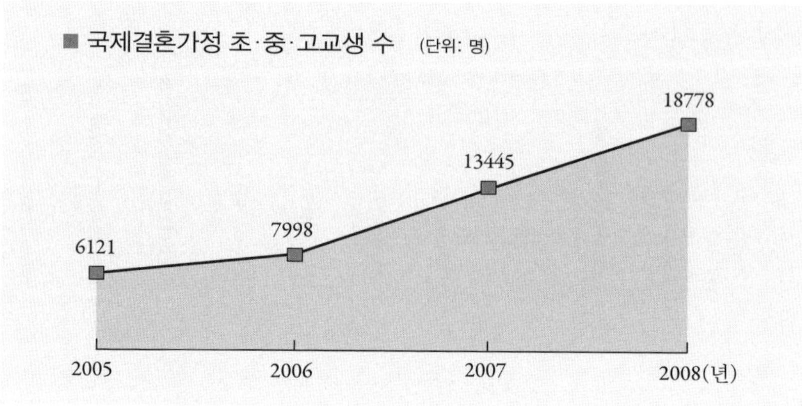

〈그림 2-3〉 세계일보, 「다문화-초중고생 40% 증가」(2009. 5. 4.)

년 사이에 6배 이상 증가하였고 국제결혼 가정 자녀는 2007년 75.3%가 증가하는 등 국제결혼에 따른 다문화가정이 해마다 증가하고 있다. 전통적으로 한국인이 외국인과 결혼을 하는 경우는 한국인 여성과 외국인 남성의 경우가 많았다. 하지만 최근의 국제결혼의 추세는 외국인 여성과 한국인 남성의 결혼 수치가 미약하지만 증가율을 보이고 있다는 점이다. 국제결혼이 급증하면서 외국에서 이주한 이주노동자와 외국인 신부에 대한 사회적 관심도도 증가하였는데, 외국에서 유입된 여성을 지칭하는 차별적인 언어나 그들에 대한 다소 공격적인 내용의 기사가 매스컴을 중심으로 퍼지면서 사회적인 반향을 일으키기도 했다.

이에 따라 최근에 다문화가정 자녀들에 대한 심리학적 연구들이 활발히 진행되고 있다. 국제결혼 이주여성 자녀와 일반 아동의 심리사회적 적응에 대한 신지혜(2008)의 연구에 따르면, 차별의 원인에 대한 지각에 있어서 일반 아동과 이주여성 자녀의 아동 간에 차이가 나타났다. 차별 받는 이유에 대해서 일반 아동은 '자신의 나이, 키와 몸무게, 성별' 때문이었으나 이주여성 자녀의 경우는 자신이 '한국인이 아니라서'라는 응답이 많았다는 것이다. 물론, 최근 청소년 대상의 한 연구에서는, 외국인에 대한 편견이 완화되었음을 알 수 있다. 예를 들어, 이하령(2007)은 청소년을 대상으로 인종에 대한 편견을 세분화하여 그 양상에 따른 관계를 밝히고 이런 편견의 인지적 측면과 감정적 측면이 행동적 편견 형성 과정에 어떠한 영향을 미치는지를 조사하였다.

먼저 인지적 측면에서 우리나라 고등학생들은 동양인에 대해서는 긍정적인 고정관념을 백인, 흑인, 아랍인에 대해서는 중립적인 고정관념을 보였다. 동양인에 대한 긍정적 고정관념을 보이는 것은 앞서 언급한 집단범주화 이론으로 설명이 가능한데 내집단(자신이 속한 집단)에 대해서는 '우리'라는 긍정적 자아정체감을 획득하고 유지하기 위해 긍정적 고정관념을 높이려고 하기 때문이다. 또한 동양인, 백인, 아랍인, 흑인에 대해 긍정, 부정적인 고정관념이 다르게 나타나는 것은 고등학생들이 그들 나름대로 인종집단에 대해 범주화를 시킨 후 그 특징들을 미리 적용해놓은 것으로 볼 수 있다. 인종에 대한 감정적 측면을 살펴보면, 동양인은 매우 긍정적, 백인은 긍정적, 흑인은 중립적, 아랍인은 부정적으로 보았다. 특히, 흑인과 아랍인은 우수하고 합리적인 이미지를 가지고 있긴 하지만 곁에 두고 싶지 않다는 일종의 양가감정적 인종주의가 나타났다.

인종에 대한 편견의 행동적 측면에서 사회적 거리감에 있어서는, 일반적인 사회적 거리감은 동양인, 백인, 흑인, 아랍인 순이었고, 동양인과 백인은 사회적 거리감이 좁고 긍정적으로 나타났으며, 흑인과 아랍인은 중립적으로 나타났다. 또한 인지, 감정, 행동적 편견의 관계에 있어서 고정관념과 감정은 서로 상관관계가 있었다. 즉, 긍정적 고정관념이 높을수록 긍정적 감정도 높게 나타났다. 또한 긍정적 정서가 높아질수록 의사결정에 긍정적인 영향을 끼쳤다(이하령, 2007). 최근의 연구에서는 탈편견적 메시지를 담은 다문화교육 프로그램을 통해 초등학생들의 인종에 대한 편견이 완화될 수 있음을 증명하였다(노경란·방희정, 2009).

따라서 역사상 단일 민족임을 자랑했던 한국사회의 이런 외국인과의 결혼, 그리고 그 자녀들의 성장은 당분간 그들에 대한 편견과 갈등을 초래할 것으로 예상된다. 따라서 이들에 대한 실태 파악을 위한 연구들이 요구되고 이를 기초로 하는 대책이나 정책이 마련되어야 할 것이다.

(1) 한국 다문화가정의 아동 발달

다문화사회에서 성인들의 적응도 중요하지만 성장기 아동의 발달이 이후 이들이 성장해서 이 사회에 살아가는 데 중요하다고 할 수 있다. 따라서 미래의 편견이나 갈등을 줄이기 위해서는 현재 다문화가정의 아동 발달이 일반 아동과 차이가 있는지가 파악되어야 하며 이에 근거한 대책이 있어야 할 것이다. 한국의 다문화가정에 대한 관심이 증대하면서 많은 연구가 진행되고 있다. 그러나 대부분 국제결혼 이주여성에 관한 것이고, 그 아이들의 발달적 차원이나 외국인 어머니와의 상호작용을 다루는 경우는 극히 적다(김근영·곽금주·배소영, 2009).

배소영·곽금주·김근영(2009)의 최근 연구에 따르면, 이민 여성에 대한 추세는 한국을 포함한 많은 국가에서 발견되는 추세지만 다문화가정을 이루는 과정에서 한국만의 독특한 측면이 있다. 일본이나 타이완의 경우 '취업' 등의 경제적 목적으로 외국에서 유입된 여성이 그곳에서 만난 현지인과 결혼하는 사례가 많다. 반면 한국의 이주결혼의 경우 정부가 농어촌 성비 해소를 목적으로 지원을 시작하여(Freeman, 2005) 대체로 농어촌 지역을 중심으로 단기간에 만난 남녀가 부부를 이루는 경우가 많다. 따라서 한국의 경우 언어 차이에서 비롯된 문제가 다른 국가에 비해 더 두드러지게 나타날 수 있다. 실제로 국제결혼

이주여성들은 그들의 자녀관계에 있어 의사소통에 많은 어려움을 호소하였다(강석광, 2007). 또한 부부와 자녀 간의 의사소통의 양과 질이 이주여성의 적응과 만족도에 큰 영향을 주는 변인 중의 하나로 밝혀지고 있다(이진숙, 2007; 정윤정, 2007).

심리심층평가를 통해 어머니와 아동의 일반적인 심리적 특성에 관한 연구(Kwak, 2009; 곽금주, 2008; 배소영·곽금주·김근영, 2009)에 따르면 다문화가정의 어머니들은 더 우울하고, 비관적이며, 자녀에 대한 스트레스가 더 높았고, 자녀양육 태도에 있어서 더 통제적인 것으로 나타났다. 다문화가정 아동들은 사회적 적응과 문제행동에서 더 많은 내재화된 문제행동과 외현화된 문제행동을 보였고, 다문화보다 비다문화가정의 아동들에게서 자기개념 중 인지적 능력에 대한 자기개념이 더 높게 나타났다. 다문화가정 부모-자녀 상호작용의 질적 특성을 살펴본 상호작용 과제에서는, 비다문화가정의 엄마-자녀의 상호작용 점수가 다문화가정 집단보다 더 높은 것으로 나타났다. 다문화가정 어머니의 특성과 아동의 특성 간 관련성을 살펴본 연구에서는 엄마의 우울, 자녀 기질과 관련한 스트레스, 엄마의 통제감, 부모의 양육 태도 등이 아동의 문제행동과 자기개념, 상호작용 과제 수행 등과 상관이 있는 것으로 나타났다. 이와 같이 현재 한국사회에서 다문화가정의 아동이 일반 아동과의 발달이 차이가 있고 더 낮은 발달 수준을 보이고 있음이 확인되었다. 이는 이후 우리 사회에 편견과 갈등을 일으킬 여지를 만들게 될 것으로 생각된다.

다문화가정에서 태어난 아동의 언어와 관련된 문제도 그들의 어머니의 경우와 크게 다르지 않다. 다문화가정의 아동 역시 언어적인 면에서 어려움을 겪는 것으로 나타나는데, 초등학교 교사들은 일상적인 대화에는 큰 문제가 없으나 비맥락적 언어(decontextualized language) 사용에 있어서는 어려움을 겪는 것으로 보고하고 있다. 또한, 다문화가정의 자녀들은 학습에 요구되는 한글 능력이 어머니가 사용하는 한글 수준을 넘어서게 되는 초등학교 고학년 이후에 언어관련 학습에 있어서 문제가 될 수 있다고 보고하고 있다(오성배, 2005).

다문화가정의 자녀는 국어능력이 취약한 원어민 사용 부모를 대신하여 이들의 도우미로 작용하는 언어중재자(language broker) 역할을 하기도 한다(Buriel, Love, & De Ment, 2006; Weisskirch, 2007). 언어중재자로서의 긍정적인 측면으로는 높은 수준의 언어중재 능력은 높은 자기효능감과 정적인 관련성이 있고(Buriel et al., 1998) 학교에서의 성적도 더 높은 편이라는 것이다(Doner, Orellana & Li-Grining, 2007). 하지만 언어중재자의 역할을 하는 다문화가정 아동의 경우 어린 나이에 부모를 대신하여 학교 관련 서류작성이나 심지어 법률 관련 작업을 하는 등 성인에게 요구되는 다양한 책임이 주어지는 경향이 있기 때문에, 이런 점에서 일반 또래아동에 비해 더 큰 스트레스 요인에 노출되고 있음도 밝혀지고 있다(Buriel, Love, & De Ment, 2006; Weisskirch, 2007).

언어적인 문제 외에도 국제결혼을 통해 태어난 아동에게서 사회적응과 관련된 문제들을 볼 수 있다. 다문화가정 자녀의 경우 학교생활적응도가 학년이 높을수록 하락한다는 연구보고가 있으며(정현영, 2007), 국제결혼 가정의 자녀 10명 중 2명 정도가 왕따를 경험한 것으로 보고되었다. 다문화가정 자녀들은 엄마가 외국인이라는 이유로, 의사소통이 원활하지 않다는 이유로, 또는 아무런 이유 없이 본인의 의사와는 무관하게 결정된 요인으로 왕따를 당하는 비율이 70.7%에 이른다(설동훈 등, 2005). 이와 같은 결과는 이미 아동들 사이에서 외국인에 대한 편견과 갈등이 일어나고 있음을 의미한다. 따라서 어린 아동기 때부터 다문화사회로 갈 준비를 시킬 필요가 있다. 이제 앞으로 한국사회는 더는 단일민족 국가가 아니다. 저출산으로 이민도 받아들이게 될 것이고 이런 외국인 여성에 의한 다문화가정이 급증할 것이다.

이에 대한 대비가 필요하다.

3) 빈부

사실상 우리사회의 양극화는 빈부의 차이가 극심해지면서 나타난 현상이다. 따라서 양극화 문제는 경제적인 측면에서 다루는 경우가 일반적이다. 주로 양극화를 해소하기 위해 빈부의 격차를 줄이는 방안을 제시하지만 양극화 문제는 쉽사리 해결되지 않는다. 빈부의 차이뿐만 아니라 이러한 문제를 더욱 고착시키는 기제가 작용하고 있기 때문이다. 인간의 심리적 기제가 바로 그것이다. 인간은 앞서 언급했듯이 상황이나 사건을 판단하는 데 인지적인 노력을 덜 기울이고자 한다. 그에 따라 무엇인가를 판단할 때 범주에 따른 고정관념을 이용하는 경향이 있다. 이는 '빈자'와 '부자'라는 범주에서도 적용된다. 예를 들어, 낯선 사람의 사진을 빈자, 부자, 보통사람으로 무작위로 범주화하여 낯선 사람에 대한 인상과 특질에 대하여 평정하도록 한 결과(다른 경제적인 정보는 제시되지 않았다), 부자는 더욱 긍정적인 특질에서 높은 점수를 받았다(Orpen, 1991; Skafte, 1989). 이와 비슷하게 Darley와 Gross(1983)는 빈부에 따른 확인편파를 증명하였다. 대학생들에게 초등학교 4학년 여학생에 관한 비디오 테이프를 보여주고 그녀의 학구적 능력과 전반적 특질 등에 대해서 평가하도록 하였다. 이때 반은 그 여학생을 낮은 수준의 수입을 갖는 지역의 사람으로 묘사된 비디오 테이프를 보았고(negative expectancy), 반은 그 여학생을 중산층의 대도시 사람으로 묘사된 비디오 테이프를 보았다(positive expectancy). 그 결과 긍정적 기대 집단이 아이의 능력을 더 높게 평가했을 뿐만 아니라, 시험난이도도 더 높게 평가하여 자신들이 갖고 있는 긍정적 기대에 부합하게 상황을 해석하는 것으로 나타났다. 이처럼 경제적 수준에 대한 정보가(실제 사실이 아니라 단순히 외관에 의해 파악되는 정보라 할지라도) 인간의 판단과 해석에 영향을 미친다. 따라서 이러한 판단은 빈자에 대한 부정적인 인식을 고착시키고 빈자와 부자 사이의 인식의 거리를 더 멀게 만드는 것이다.

신념적 측면뿐만 아니라 태도적 측면에서도 빈부에 대한 인간의 이분법적 사고가 나타난다. 예를 들어, Cozzarelli, Wilkinson과 Tagler(2001)의 연구에서 중산층보다 가난한 사람들에 대해 유의미하게 부정적인 측면의 태도가 높았고, 긍정적인 측면의 태도가 낮았다. 또한 가난의 귀인에 있어서도 외적 혹은 문화적 원인보다 내적 원인에 더 많이 귀인하였다. 즉, 빈자에 대한 태도가 부정적인 경향이 있을 뿐만 아니라, 가난의 원인도 환경이나 문화와 같은 외부적인 요인이 아닌 인간 개인이 갖고 있는 능력이나 속성과 같은 내부적인 요인에서 찾는다는 것이다. 이러한 태도는 가난을 당연한 것으로 받아들이도록 하고 가난한 사람들에 대한 차별을 정당화하는 데 영향을 끼친다.

이러한 가난한 사람에 대한 잘못된 신념과 태도는 곧 차별의 형태로 이어진다. Lott(2002)에 따르면, 가난하지 않은 사람들의 일부분이 가난한 사람들에게 하는 주요한 차별적 반응으로 "거리두기(distancing)"가 있다. 미국에서 가난한 사람들의 지배적 이미지에는 그들의 성격에 대한 부정적 믿음, 그들의 행위에 대한 부정적 기대감, 가난이 그들 자신의 실패에서 기인했다고 탓하는 것 등이 들어 있다. 또한 중산층 사람들은 가난이라는 주제에 대해서 무시로 대응하는 경향이 있었다. 이러한 결과들은 모두 인지적 거리두기(cognitive distancing)로 설명될 수 있다. 인지적 거리두기는 결국 실제적 차별 행동으로 나타나는데, 가난한 사람과 그렇지 않은 사람은 각기 다른 가게에서 쇼핑을 하고, 다른 거리를 다니고, 다른 식당에서 식사를 하며 또 그들의 아이들은 각기 다른 학교에 다닌다(Berrick, 1995). 심지어 대중매체에서조차도 가난한 사람들은 존재하지 않거나 성격이나 도덕성이 모자란

제3자로 그려진다(Bullock, Wyche, & Williams, 2001). Kirby(1999)는 대학생들에게 그들 집 근처에 집 구매를 고려하고 있었던 잠재적 이웃들에 대한 태도와 행동을 관찰하였다. 잠재적 이웃들은 수입이 다른 것으로 묘사되었는데, 공공 지원을 받은 것으로 묘사된 사람들은 "상속 수입을 갖고 있는 사람들과 수입을 스스로 버는 사람보다 더 나쁘게 평가되었을 뿐만 아니라 집 구매에 대한 반대를 받았다." 이처럼 실생활에서 가난한 사람에 대한 차별적 행동은 공공연히 행해지고 있다. 이러한 차별적 행동은 가난을 고착시키고 빈부 양극화를 더욱 심화시킨다는 데 문제가 크다. 예를 들어, Riemer(1997)는 시의 복지 지원 명단에서 제외되었고 노인요양시설에서 간호보조원으로 일자리를 갖게 되었던 여성들을 연구하였다. 그 결과 "그들의 간호 관리자에 의해 무시당하고 비난을 받았으며, 그들의 지식과 경험은 낮은 것으로 보고되었고, 그들의 제안은 받아들여지지 않았고, 그들의 행위는 계속 감시를 받아야 했다." 이전에 시의 복지 지원을 받았을 뿐인데도 차별적 행동은 그 이후에도 계속 나타났고, 이는 가난한 사람이라는 인식이 계속해서 그 인물의 이후 삶에도 영향을 준다는 것이다.

(1) 빈곤과 아동발달

이런 빈곤은 성인뿐 아니라 아동발달에도 중요한 영향을 미친다. 빈곤은 아동에게 사회적·경제적·문화적·심리적 문제로 복합적인 영향을 미친다. 가정의 소득수준 자체가 아동에게 직접적인 악영향을 미치는 것은 아니지만, 빈곤가정의 열악한 생활환경, 경제적 궁핍, 문화적 소외, 심리적 박탈 등과 같은 문제는 부모의 심리상태에 직접적인 영향을 미쳐 바람직하지 않은 방법으로 아동을 양육하게 하고 아동발달에 부정적인 영향을 미치게 한다(서유경, 2002; Conger et al., 1992). 저소득층 가정은 빈곤으로 인한 경제적 압력으로 가정내의 스트레스가 높아지게 된다. 어머니의 스트레스에 관한 연구에 따르면, 스트레스를 많이 느끼는 어머니들은 상대적으로 자신을 무기력하게 느끼고 더 강압적인 훈육방식을 나타냈다. 또한, 자녀의 행동에 대해 신체적인 벌을 더 많이 사용하였고 그들의 자녀들과 관계맺기를 거부하였으며, 아이들에 대해 적대적인 태도를 가지는 경향이 있었다(Bugental, Olster, & Martorell, 2002; Gershoff et al., 2007).

현실적으로 빈곤환경에 처한 저소득층 부모는 아동에게 경제적·시간적으로 투자하는 데 한계가 있다. 발달적으로 아동 초기 시기에 양육의 질적 수준은 아동발달에 영향을 미치는데, 취학 전 아동에게 질 높은 자극을 적절하게 제공하는 것은 아동의 사회정서 발달과 언어능력을 더욱 강화시킬 수 있고(NICHD Early Child Care Research Network, 1997, 1998; Ramey & Ramey, 1998), 부모의 반응적이고 민감한 양육 태도는 아동의 인지발달 능력을 촉진하는 데 필요한 중요한 조건들이다(Ramey, Yeates, & Short, 1984; Wasik, Ramey, Bryant & Sparling, 1990). 이러한 발달적 측면을 고려해보았을 때, 빈곤에 따른 부모의 부적절한 양육태도는 이후 아동의 공격성, 학업성취, 문제행동과 같은 부적응행동으로 이어지는 결과를 초래할 수 있으므로(Guerra, Huesmann, Tolan, Van Acker & Eron, 1995) 빈곤으로 인한 부모의 심리상태는 아동에게까지 부정적인 영향을 줄 수 있다.

곽금주·김정미·유제민(2007)과 곽금주·유제민·김정미(2007) 연구에서는 한국에서의 빈곤이 아동발달에 주는 영향을 살펴보았는데, 우리나라에서 빈곤 환경은 부모의 양육 스트레스 변화에 영향을 미쳐 빈곤한 가정환경에 있는 아동 발달에 위험요인으로 작용하였다. 특히 여아에게서 그 영향이 더 컸다. 물리적 환경 수준은 여아의 경우 언어발달에 영향이 있었으며, 남아의 경우 부모의 반응성 자극이 아동발달에 대한 위험요인으로 작용하는 것으로 나타났다. 만 3세 아동 중 205

명 빈곤집단 아동과 241명 비빈곤집단 아동을 대상으로 한 이 연구에서 빈곤으로 인한 부모양육 스트레스는 아동발달에 부정적 영향을 주었고, 가정환경 자극은 부모의 양육 태도와 상호작용이 있으며, 아동발달에 직접적인 영향이 있는 것으로 나타났다.

부모의 경제적 수준은 부모의 심리적 상태에 영향을 미쳐 아동과의 온화한 상호작용과 부모의 양육 태도에 부정적 영향을 주며, 궁극적으로 아동의 문제행동과 인지 등 발달 수준에 영향을 미치게 되는 순환적 관계가 형성된다. 결국 이러한 빈곤은 어린 아동기 때부터 발달에 위험요인으로 작용하면서 이들에 대한 사회적 차별이 만들어질 수 있다. 따라서 이를 위한 적극적인 사회적 정책이 있어야 할 것이다.

4) 성별

사회통합을 방해하는 요소로서 성별에 따른 고정관념과 차별행동으로 발생하는 갈등을 들 수 있다. 한국사회는 급격한 사회·경제적 발전과 더불어 교육 기회가 확대되면서 성별에 대한 기존의 가치관과 의식에 변화가 일어났다. 특히 여성의 주체적인 삶이 강조되면서 여성에 대한 사회의 차별적인 편견에 대한 문제가 더욱 심각하게 제기되었고, 이러한 성별에 따른 편견을 없애고 남성과 여성의 대립구조를 해체하려는 노력들이 나타났다. 특히 성 고정관념과 관련하여 심리학적 연구들이 진행되었는데, 여기서 성 고정관념이란 "일반적으로 남자와 여자의 인간적인 특징에 대한 믿음의 구조화된 집합들"로 정의한다(Ashmore & Del Boca, 1979). Ashmore와 Del Boca(1979)의 연구에 따르면 성 고정관념이란 어떤 특성을 가지고 있는 사람은 다른 특성들도 함께 가지고 있다고 인식한다는 암묵적 성격이론(implicit personality theory)

에 바탕을 두고 있다. 고정관념은 사회적 범주를 개인적인 속성과 연결하는 구조화된 일련의 추론관계이며, 따라서 성 고정관념은 개인적인 속성들을 사회적 범주, 여성과 남성에 연결하는 구조화된 일련의 추론관계라고 할 수 있다(Hays, 1958). 이러한 성 고정관념과 관련하여 김혜숙과 박수미(2006)는 성차별의 지각과 그에 영향을 미치는 요인을 살펴보았다. 그 결과 우리 사회에서 성차별의 심각성과 성별 지위의 부당성은 여성들, 젊은이들, 높은 학력의 사람들, 높은 소득의 사람들과 대도시와 중소도시 거주자와 수도권 사람들에게서 높게 지각되었다(〈표 2-3〉).

이 연구에서 여성지위 정당성이 여성에 대한 차별성을 어떻게 지각하는지 알아본 결과 성 지위 정당성이 낮을수록 여성에 대한 차별이 높다고 지각하였고, 이러한 경향은 여성에게서 뚜렷이 나타났다(〈그림 2-4〉).

뿐만 아니라, 직접적 성차별 경험지각인 상대적 박탈감을 여성이

〈표 2-3〉 인구학적 변인별 성 지위와 학별 지위 정당성과 안정성 평가 평균(표준편차)

	여성 차별 심각성	성 지위 정당성	성 지위 안정성	학별 차별 심각성	학별 지위 정당성	학별 지위 안정성
성별(N)						
남(988)	3.03(1.16)**	2.92(.74)**	2.83(.81)	4.11(.82)*	2.36(.87)**	2.94(.72)
여(1012)	3.43(.96)	2.69(.82)	2.79(.89)	4.02(.84)	2.45(.86)	2.96(.68)
전체	3.23(1.08)	2.80(.79)	2.81(.86)	4.07(.83)	2.40(.87)	2.95(.70)
학력(N)						
중졸 이하(368)	3.00(1.09)**	3.03(.75)**	3.01(.83)**	3.87(.85)**	2.77(.83)**	3.08(.61)**
고졸(815)	3.21(1.12)	2.83(.81)	2.83(.89)	4.11(.82)	2.36(.86)	2.90(.70)
대재 이상(817)	3.36(1.01)	2.68(.77)	2.70(.82)	4.12(.82)	2.28(.84)	2.93(.72)
전체	3.23(1.08)	2.80(.79)	2.81(.86)	4.07(.83)	2.40(.87)	2.95(.70)

	여성 차별 심각성	성 지위 정당성	성 지위 안정성	학벌 차별 심각성	학벌 지위 정당성	학벌 지위 안정성
연령(N)						
20대(465)	3.32(1.07)**	2.68(.78)**	2.75(.84)**	4.11(.84)**	2.31(.82)**	2.92(.70)**
30대(504)	3.34(1.09)	2.73(.82)	2.75(.86)	4.17(.75)	2.26(.84)	2.90(.77)
40대(448)	3.26(1.03)	2.76(.79)	2.76(.86)	4.10(.84)	2.35(.85)	2.94(.68)
50대 이상(583)	3.05(1.10)	2.99(.75)	2.95(.84)	3.92(.87)	2.64(.88)	3.03(.64)
전체	3.23(1.08)	2.80(.79)	2.81(.86)	4.07(.83)	2.40(.87)	2.95(.70)
가구소득(N)						
100만원 미만(186)	3.11(1.19)**	2.94(.80)**	2.92(.89)	3.90(.89)**	2.58(.90)*	2.96(.69)
100-200만원(477)	3.08(1.23)	2.91(.78)	2.84(.89)	4.02(.84)	2.39(.86)	2.99(.74)
200-300만원(642)	3.28(1.00)	2.82(.80)	2.85(.81)	4.07(.83)	2.41(.88)	2.95(.74)
300-400만원(393)	3.27(1.01)	2.67(.76)	2.75(.86)	4.11(.82)	2.37(.84)	2.93(.65)
400만원 이상(288)	3.40(.98)	2.67(.79)	2.71(.84)	4.20(.77)	2.34(.85)	2.92(.73)
전체	3.23(1.08)	2.80(.79)	2.81(.86)	4.07(.83)	2.40(.87)	2.95(.70)
거주지 규모(N)						
대도시(972)	3.29(1.12)**	2.78(.77)*	2.82(.83)**	4.07(.84)*	2.46(.85)**	2.98(.68)
중소도시(815)	3.24(1.03)	2.80(.79)	2.76(.86)	4.10(.82)	2.31(.83)	2.91(.70)
군지역(213)	2.99(1.06)	2.93(.86)	2.97(.95)	3.94(.81)	2.49(1.00)	2.97(.76)
전체	3.23(1.08)	2.80(.86)	2.81(.86)	4.07(.83)	2.40(.87)	2.95(.70)
조사대상지역(N)						
서울·경기·인천(952)	3.41(.95)**	2.68(.78)**	2.70(.78)**	4.14(.82)**	2.30(.82)**	2.91(.69)**
대전·충남·충북(204)	2.78(1.22)	3.10(.85)	3.18(1.02)	3.96(.82)	2.60(1.00)	2.89(.81)
광주·전주·전남·전북(223)	3.03(1.26)	2.93(.74)	2.85(.90)	4.03(.86)	2.26(.85)	2.93(.70)
부산·대구·경북·경남(557)	3.17(1.08)	2.85(.76)	2.83(.84)	3.97(.85)	2.57(.87)	3.03(.66)
전체	3.23(1.08)	2.80(.79)	2.81(.85)	4.07(.84)	2.40(.87)	2.95(.70)

주: * $p<.05$, ** $p<.01$

자료: 김혜숙·박수미(2006).

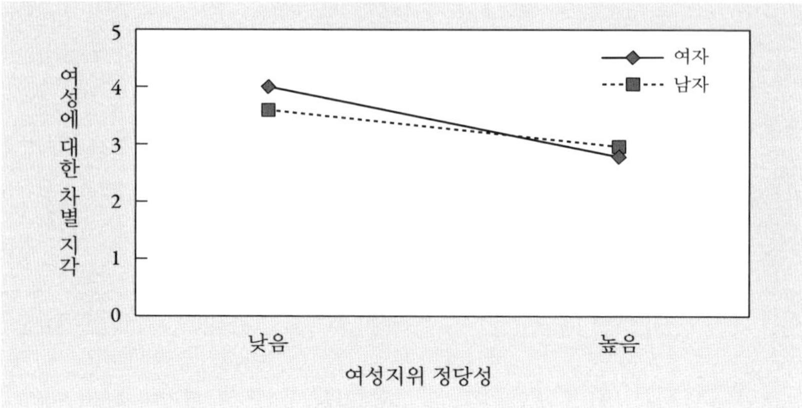

자료: 김혜숙·박수미(2006).

〈그림 2-4〉 성별에 따른 여성지위 정당성과 여성차별 심각성 지각

더 크게 지각하였는데 〈그림 2-5〉에서 보면, 여성이 자신의 낮은 지위가 부당하다고 느낄수록 더욱 더 상대적 박탈감을 경험하는 것으로 나타났다(〈그림 2-5〉).

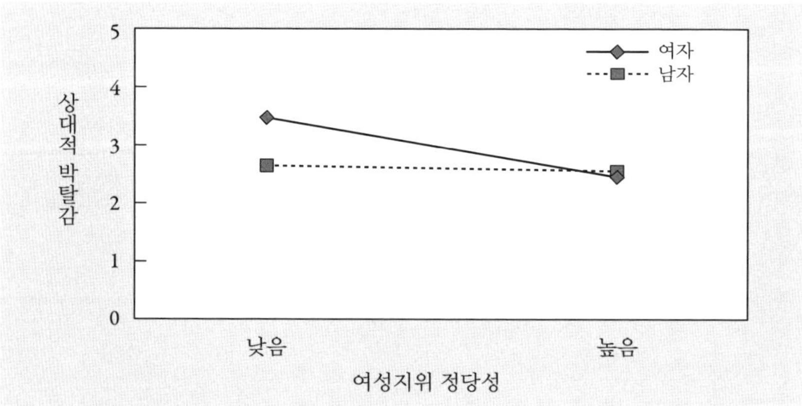

자료: 김혜숙·박수미(2006).

〈그림 2-5〉 성별에 따른 여성지위 정당성과 상대적 박탈감

〈표 2-4〉 성 고정관념에 영향을 미치는 인구학적·사회경제적 변수들

요소	N	총 평균으로부터의 편차	
		총 편차(Eta)	순 편차(Beta)
전체 평균=3.41	2,699		
성별		(.29)	(.41)**
남자	1,391	.16	.22
여자	1,308	−.17	−.23
연령별		(.41)	(.27)**
20−29세	575	−.36	−.21
30−39세	781	−.08	−.07
40−49세	701	.13	.07
50세 이상	642	.27	.20
교육수준별		(.18)	(.19)**
고졸 이하	974	.13	.14
전문대 이상	1,725	−.07	−.09
직업별		(.34)	(.17)**
전문직	422	−.19	−.14
행정 관리직	303	.28	.02
사무직	475	.03	−.01
판매 서비스직	366	.17	.04
생산직	47	.20	−.01
농업	71	.19	−.02
대학생	267	−.38	−.14
가정주부	748	−.01	.11
종교별		(.10)	(.05)*
천주교	388	−.08	−.03
기독교	911	−.03	.02
없음	984	.01	−.02
불교	416	.12	.04

요소	N	총 평균으로부터의 편차	
		총 편차(Eta)	순 편차(Beta)
혼인 상태별		(.31)	(.04)
미혼	631	-.13	.14
기혼	2,068	.09	.01
성장 지역별		(.10)	(.04)
대도시	1,788	-.03	-.01
중소도시	460	-.00	-.01
읍/면	451	.12	.05

자료: 김은영(1991).

김은영(1991)의 연구에서는, 여자보다는 남자가 연령이 낮은 사람보다는 연령이 높을수록, 교육수준이 높은 사람보다는 교육수준이 낮을수록 성 고정관념적 태도를 보이는 것으로 나타났다. 즉, 성별·연령·교육수준·직업·종교 등이 개별독립변수로써 성 고정관념에 영향을 미치는 것으로 드러났고, 성별·연령·교육수준의 순으로 성 고정관념에 대한 설명력이 높았다(〈표 2-4〉).

5) 장애

한국갤럽조사연구소에서 발행한 『한국 장애인과 일반인의 의식』(2001.4.)에 따르면, 비장애인의 53.8%는 장애인 문제 해결을 위해 가장 먼저 해야 할 일로 '장애인에 대한 편견을 버려야 한다'를 우선적으로 꼽았다(장애인먼저실천운동본부, 2008).

장애인 사회통합에 영향을 미치는 요인들에 대해 알아본 결과(변소현, 1997), 인구 사회학적 특성과 사회통합이 관련이 있었다. 즉 소득, 연령, 종교 유무에 따른 편견이 나타났다. 종교를 가진 집단이 종교를 갖지 않은 집단보다 사회통합의 수준이 높은 것으로 나타났고, 연령이 낮은 집단의 사회통합 수준이 상대적으로 높게 나타났다. 또 소득이 높은 집단일수록 사회통합 점수가 높았다. 그리고 사회통합에 영향을 미치는 요인은 장애등급이나 장애의 정도가 아니라 일상생활에 대한 능력인 것으로 나타났다. 장애인은 부정적인 차별 경험보다는 긍정적인 사회적 지지에 의해 더 영향을 받고, 특히 가족 이외의 친구나 기타 사회적 인물에 의한 정서적 지지에 의해 사회통합이 이루어질 수 있다. 또 자존감이 높을수록 생산 활동과 사회참여가 두드러지게 높아진다는 점에서 사회통합에 가장 궁극적인 효과를 가져오는 것은 바로 자존감이라는 것을 알 수 있다. 장애가 문제라는 식으로 지각하는 경향이 낮을수록 사회통합의 정도가 높게 나타났다. 따라서 장애가 우리 사회에 문제가 되거나 사람들 간 관계에서 문제의 요소라는 의식을 빨리 지워야 사회통합을 기대할 수 있다.

김정애(1999)는 다음과 같은 차별이 우리 사회에 존재한다고 지적한다. 첫째, 가족성장 과정에서의 차별이 있다. 부모가 다른 형제들과 차별적으로 양육했거나, 의사결정 과정에서 배제 혹은 무시를 경험한다. 가족행사에 참여하기보다 고립된 생활을 하는 것이 일반적이다. 장애로 인해 부모의 관심이 장애자녀에게 쏠리는 경우, 다른 형제들로부터 오히려 질투와 시기를 받기도 한다. 뿐만 아니라 일방적으로 다른 가족들의 스트레스 해소, 화풀이의 대상이 되기도 한다.

둘째, 교육과 관련된 차별이 있다. 일반적으로 교육기회에 접근하는 것을 기대하기 어렵고, 교육을 받은 경우라도 고등교육까지 마치는 것은 사실 어려움이 따른다. 교육과정 중에 장애에 대한 부정적이고 미성숙한 사회의 인식으로 인해 중도 포기하게 되는 경우가 많다. 특히 통학하는 과정과 편의시설과 관련하여 물리적인 접근은 교육과정에서 가장 직접적으로 부딪히는 문제다. 이 외에도 학교 친구들과의 관계, 다른 사람의 전적인 도움 없이 학교생활이 불가능한 부담감이 교육을 계속하는 데 장애요인이다.

셋째, 일할 권리로서 취업에 관한 차별이 있다. 연구 대상자 대부분은 직업을 갖고 있지 않았고 직업이 있는 경우도 노점상, 옷수선과 같은 비정규직의 불안정한 직종에 종사한다. 결혼 전에 직업을 가져본 적이 있는 경우에 대부분이 일용직, 과외, 피아노 레슨 등의 비정규직에 종사했던 것으로 나타난다. 직업훈련기회에서도 여성장애인들의 차별을 확인할 수 있다. 남성장애인에 대한 우선적인 기회부여 등에서 차별을 경험한다.

마지막으로 결혼과 관련된 차별이 있다. 결혼성립 과정의 어려움을 겪게 되는데 여성의 역할로 인식되는 자녀양육, 남성가족성원들에 대한 보조 역할 등의 전통적 여성의 역할을 수행해내기 어려울 것이라는 시댁식구의 추측으로 반대를 경험하는 경우가 많다. 친정 쪽에서의 반대는 역시 전통적인 여성 역할 수행이 어려울 것이라는 생각에서 도중에 버림받을 것에 대한 두려움이 가장 컸다. 비장애인 남편과 결혼한 경우 장애에 대한 충분한 이해가 바탕이 되지 못한 데서 오는 갈등이 존재한다. 비장애인 남편과 사는 여성장애인이 느끼는 자격지심과 같은 부정적인 감정요인도 어려움의 원인이다. 자녀의 임신, 출산, 양육, 가사 등 물리적, 심리, 정서적으로 심각한 어려움을 경험한다. 출산과 조기 양육 과정에서도 물리적인 어려움이 있고, 자녀가 학령기에 가까워지며 자신의 장애로 인해 아이에게 미칠 수 있는 부정적인 영향들에 대한 걱정이 증폭된다(김정애, 1999).

정신장애인에 대한 우리 사회의 편견에 대한 김정남과 서미경(2004)의 연구에 따르면 남성보다 여성이 정신장애인에 대한 위험성이 있다는 편견을 더 많이 가지고 있었다. 또 나이에 따른 차이가 있어서 나이가 많을수록 장애인이 위험하고 회복불가능한 사람들이라는 편견이 더 많았고 그들의 능력에 대한 신뢰가 더 낮았다. 그리고 경제 수준에 따른 차이는 없었으나 교육수준에 있어서는 교육수준이 높을수록 정신장애인이 식별가능성 없는 사람들이라는 편견이 약한 것으로 나타났다. 이러한 장애인에 대한 편견행동 중 가장 많이 행하는 행동은 언어사용이었는데 장애인을 빗대어 하는 욕이나 빈정거림이었다. 이는 특히 부모, 주변사람, 친구들의 부정적 태도로부터 간접적으로 영향을 받는 경우가 많았다.

이와 같은 정신장애인에 대한 편견의 원인을 미국의 철학자이자 심리학자인 William James의 평등문제에 대한 대립 원인에 기초해서 설명할 수 있다(김정열, 2000). 그 첫번째는 사실에 있어서의 대립으로 장신장애인 개개인의 특성에 대한 정보를 알지 못하기 때문에 차별이 일어난다는 것이다. 따라서 정신장애인에 대한 과학적이고 사실에 근거한 정보를 알려주어야 한다. 둘째는 언어상의 대립으로 정신장애인의 경우 비상식이라고 여겨지는 언어나 무의미한 단어만을 반복 나열하는 경우가 있는데 이러한 원인으로 일반인과의 대화가 어려워 차별이 일어난다. 따라서 정신장애인이 가지고 있는 언어상의 특징을 일반인이 이해하려는 노력이 필요하다. 마지막으로 태도상의 대립이다. 정신 장애인에 대한 막연한 정보는 감성적인 행동양식(무의식적인 반응이 부정적으로 나타나는 경우)을 보이며 차별을 나타낸다. 따라서 시설, 지원 고용을 통한 직업재활, 독립생활 프로그램 등을 통해 정신장애인에 대한 긍정적인 정보를 가지고 지속적인 접촉을 해야 한다(김정열, 2000). 이와 같은 정신장애인 편견 극복을 위해서는 사회통합이 요구된다. 즉 사회와의 분리를 조장하는 대규모 시설보다는 중간단계 시설을 통해 장신장애인의 물리적 통합을 꾀한다. 또 정신장애인에 대한 인식개선 사업 활성화도 필요한데, 그 하나로 매스컴의 역할이 중요하다고 할 수 있다.

5. 결론과 대책

이와 같이 우리나라의 양극화 현상은 여러 측면에서 중요한 사회 문제로 대두되었다. 물론 이것이 비단 어제 오늘의 일은 아니다. 그러나 인간이 원래 가지고 있는 심리학적 편견과 범주화 짓는 특성으로 이러한 양극화가 일어나는 것은 어느 정도 당연하다고 할 수 있다. 물론 범주화 짓는 것이 인간의 기본적인 심리 특성이라 할지라도 이런 이분법적 사고로 일어나는 여러 사회적 갈등을 고려할 때 이를 억제해야 할 것이다. 이분법적 사고나 양극화하는 심리를 바꾸도록 노력해야 할 것이다. 앞서 설명한 내용을 바탕으로 인간의 이분법적 사고를 좀 더 유연하게 만들고 양극화 현상을 완화할 수 있는 심리학적 방법을 살펴보고자 한다.

1) 탈범주화와 재범주화

앞에서 설명한 바와 같이 서로가 속한 범주에 따른 내집단과 외집단이 형성되면서 이분화되고 서로간의 갈등이 생길 수 있다. 이런 속성을 인간의 고유한 욕구이기는 하지만 이를 의식하고 적극적으로 탈피하고자 노력해야 한다. 이를 위한 하나의 방법으로서 Hewstone, Rubin과 Willis(2002)의 탈범주화와 재범주화 이론이 있다.

(1) 탈범주화(decategorization)

이 접근법에서는 2가지 상호 및 호혜적 인지 과정["차별화"(외집단 구성원 간에 차이가 발생)와 "개인화"(외집단 구성원들은 고유성 관점에서 자기와 관련해 다룸)]를 통해 범주화를 제거하고자 한다. 탈범주화란 내집단 구성원이 외집단 구성원으로 이동하여 선입견을 줄이고 편향의 원천인 내집단 편애를 제거하는 것이다. 집단간 구성원이 서로 접촉을 하게 되면 개인 간에 초점이 맞추어지면서 상대에 대한 이해가 생길 수 있다. 이러한 효과는 직접 접촉하지 않은 외집단의 기타 구성원들에게로 일반화될 수 있다. 탈범주화에 의한 접촉은 범주를 구분하는 것이 덜 유용한 것이라고 인식하게 한다. 그리하여 외집단 전체에 대해 다르게 생각하는 변화를 가져올 수 있다. 또한 외집단 친구를 많이 보유할수록 편향을 줄일 수 있다. 따라서 적극적으로 외집단 사람들을 같이 일하게 하거나 만나게 하는 정책을 마련하는 것이 요구된다.

(2) 재범주화(recategorization)

내집단 편향을 해소하기 위해 내집단과 외집단의 범주를 재범주화하는 방법이 있다. 재범주화는 공통적 내집단 정체성(CII: Common In-group Identity) 모델에 기초하여 기존 범주를 변경하는 것인데, 구체적으로는 하위 범주를 상위 범주로 통합하는 것이다. 재범주화의 효과는 CII 모델에 대한 여러 실험에 의해서 입증되었다. 예를 들어, 집단 간 관계를 표현할 때, 개별적인 두 집단으로 했을 경우와 협력 경험을 통해 한 집단으로 표현했을 때를 비교해보면 한 집단으로 표현했을 때 내집단 편향이 감소하였다. 즉, 사회적 범주화를 인지적으로 달리 표현하는 것만으로도 효과가 나타난다는 것이다. 또한, 개별적으로 두 집단으로 표현했을 경우에는 더 많은 편향이 나타났고, 한 집단으로 표현할 때 하나임을 더 강력하게 드러내는 표현을 사용하면 더 적은 편향이 나타났다. 예측한 대로, 외집단에서 내집단까지의 재범주화로 인해, 이전 외집단 구성원에 대한 태도를 향상시켜 편향이 감소된 것이다. 또한 집단 간 관계는 즉시 효과가 나타나기보다는 시간이 지나면서 향상될 가능성이 있다. 왜냐하면, 새로운 상위 집단 구성원에 대한 긍정적 편향은 지금은 같은 집단이지만 이전에 외집단이었던 구성원과 더 많은 상호작용을 촉진하여, 나중에는 이들에 대해 이전과는 완전히 다른 인상을 받게 되기 때문이다.

그러나 탈범주화와 재범주화 모델 모두의 근본적인 한계는 작은 집단의 경우 개인에게서 소중한 사회정체성을 위협한다는 사실이다. 원범주화를 제거하거나 대체하는 두 모델 모두는 동화 및 차별화에 대한 욕구 혹은 인지적 단순화와 불확실성 회피에 대한 욕구를 충족시키지 못한다. 따라서 탈범주화와 재범주화는 집단 간 차별의 문제에 대해 일시적인 불안정한 해결책이라 할 수 있다.

2) 외집단에 대한 접촉 증가와 대리접촉 증가

Allport(1954; Pettigrew, 1998에서 재인용)의 집단 간 접근 이론에 따르면 다음에 제시되는 네 가지 조건에 해당되는 상황에서만이 집단 간 접근이 가능하다. 상황 내에서의 동등한 집단 지위(equal group status within the situation), 공동의 목적(common goals), 집단 간 협동(intergroup cooperation), 그리고 권력, 법 문화의 지지(support of authorities, laws or custom)의 네 가지다. 집단 지위란 두 그룹이 한 상황에서 모두 같은 지위를 기대하고 지각하고 있어야 한다. 공동의 목적을 가지는 조건이 중요하다. 활발하고, 목적지향적인 노력이 편견 감소에 요구된다. 집단 간 협동을 추구해야 한다. 마지막 조건은 접촉에의 후원이나 지지(contact's auspices)와 같은 권력, 법 문화의 지지가 있어야 한다. 외부로부터의 사회적 승인이 있을 때, 집단 간 접촉은 더 점진적으로 수용되고, 그리고 더 긍정적인 효과를 낳는다.

그러나 이러한 조건이 충족되지 않았을 때에는 오히려 편견이 더욱 증가되는 부작용을 있을 수 있다. 이는 여러 연구들로 뒷받침되었는데, 미국 알라바마 주에서 이루어진 한 연구는 위에 제시된 모든 네 가지 조건이 위배되었을 때, 부정적인 효과를 낳는 것을 보여주었다(Sims & Patrick 1936; Pettigrew, 1998에서 재인용). 매년 남부에서 시간을 보내 흑인과의 접촉이 많은 백인 학부생들이 오히려 흑인에 반대하는 편견이 증가하기도 했다.

집단 간 접촉을 통해서 일어나는 변화는 네 가지 과정을 거친다. 먼저 외집단에 대해 배우기(learning about out group) 과정으로 외집단에 대한 부정적인 인식을 새로운 지식이 바로잡을 때, 접촉은 편견을 감소시킨다. Jeffries와 Ransford(1996; Pettigrew, 1998에서 재인용)는 LA 인종 폭동에 대해서 연구했는데, 전에 인종 간 접촉이 있었던 사람들은 유의미하게 흑인을 덜 두려워하고, 덜 처벌적이었다. 두 번째 과정은 행동 바꾸기(Changing Behavior) 과정이다. 새로운 환경은 새로운 기대를 하게 만드는데, 만약 이런 기대들이 외집단 구성원들에 대한 수용을 포함한다면, 이런 행동은 태도 변화의 가능성을 제시해줄 수 있다. 즉, 오래된 편견과 새로운 행동 사이의 차이를 태도 변화로 해결할 수 있다. 세 번째 과정은 정서적 끈 만들기(Generating Affective Ties)다. 집단이 처음 접촉할 때 언제나 불안이 나타날 수 있다. 그리고 이것이 곧 부정적인 반응을 불러일으킨다. 이런 불안으로 인해 집단 간 편견이 없을 때조차도 부정적인 접촉이 일어난다. 하지만 계속적인 접촉은 일반적으로 이런 불안을 감소시킬 수 있다. 그리고 이를 통해 긍정적인 감정은 집단 간 접촉 효과를 매개시킬 수 있다. 공감과 같은 긍정적인 감정을 예로 들 수 있다. 마지막으로 내집단 재평가(Ingroup Reappraisal) 과정이다. 최적의 집단 간 접촉은 외집단뿐만 아니라 내집단에 대한 통찰도 제공한다. 내집단의 규준과 문화는 사회를 다루는 방법들이고, 이러한 과정을 통해 일반적으로 외집단에 대한 덜 편협한 견해를 가져올 수 있다. Cook(1984)은 집단 간 접촉 가설에 대한 광범위한 실험을 실시하였다. 편견이 강한 백인 실험 참가자들이 그들의 동료와 같이 과업을 수행하였는데, 한 명은 백인이고, 한 명은 흑인이었다. 참가자는 집단 차별에 대한 개인적인 경험을 이야기하였는데, 백인 동료는 그 차별에 대해서 동의하지 않았다. 그 결과 외집단에 대한 편견이 감소되는 것을 볼 수 있었다.

대리접촉의 증가 역시 편견을 감소시키는 데 영향을 미친다(Wright, Aron, McLaughlin-Volpe, and Ropp, 1997; Pettigrew, 1998에서 재인용). 친구관계 개입 후에는 개입 바로 직전 기간에 측정했을 때보다 집단간 관계(intergroup relation)를 더 긍정적으로 평가하였고, 집단차별이 덜 일어나고, 내집단 편향이 덜 나타났다. 먼저 1단계에서 임의로 집단을 나누고 집단 결속을 강화하는 여러 활동을 한 후 분석 기술과 창의적 기술을 요하는 집단 경쟁 과업을 하게 하여 집단 간 갈등을 유발시킨다. 이때 외집단에 대한 평가를 측정한 후, 각각의 집단에서 2명씩 추려내어 친구–형성 절차(서로 간 자기를 소개하고 관계 형성 절차 과업)를 밟는다. 그런 후 외집단에 대한 평가를 측정하여 이를 비교해보면, 친구–형성 절차를 거쳤을 때 평가가 더 긍정적이었고, 자원을 할당하는 평가에서도 내집단에 대한 선호가 더욱 줄었다. 또한 집단 관계를 관찰하는 것(observing)이 편견에 영향을 미친다. 친한 친구 조건, 중립 조건, 싫어하는 조건으로 나누어 상호작용을 관찰한 후 내외집단에 대한 정서를 측정하였는데, 그 결과 친한 친구 조건에서가 다른 조건에서보다 내집단 외집단 모두 긍정적인 정서를 보였다.

3) 감정이입: 간접접근법

외집단에 속한 대상에 감정이입을 하고 공감하는 것이 외집단에 대한 편견을 줄이는 데 기여한다. Baston 등(1997; Hewstone et al., 2002에서 재인용)의 연구에서는 높은–공감 조건의 참가자들이 낮은–공감 조건의 참가자들보다 에이즈 환자, 노숙자, 살인자 등 사회적인 낙인이 찍힌 집단에 대해 긍정적인 태도를 보였다. Leippe와 Eisenstadt(1994; Hewstone et al., 2002에서 재인용)는 선입견이 적은 개인들에게서 선입견 없는 행동을 유도하여 편향을 간접적으로 줄이기 위해 불일치 원리를 사용했다. 인지적이고 정서적인 측면을 지니고 있는 공감은 집단 전체적으로 일반화된 긍정적인 느낌을 가져오게 한다. 또한 공감은 외집단의 구성원들과 상호작용하는 근심을 줄여주고 위협을 감소시켜줄 수 있다

이런 공감은 어릴 때부터 교육시켜야 한다. 또 스스로 편견을 감소시키려는 노력을 연습시키는 방법은 아동기 때부터 해야 효과가 크다.

4) 자기통제: 직접접근법

개인은 자신의 편향을 억압하도록 길들여질 수 있다. 이를 통해, 억압이 완화되었을 경우 부정적인 생각, 느낌, 행동에 대해 스스로 '자동적인' 통제를 개발할 수 있도록 해야 한다. 편향을 줄이는 기타 직접적인 접근법에는 더 광범위하고, 보다 더 긍정적인 이데올로기 강조하기(예: 자원 할당), 긍정적인 가치(예: 관용)의 부각, 가치 대립(예: 우익 권위주의의 가치 대립)이나, 개인이 자신의 편향에 대해 합리화하고 설명하기 등이 있다(Monteith, 1993; Hewstone et al., 2002에서 재인용).

5) 아동기 때부터의 교육 필요

학교에서는 학생들을 어렸을 때부터 타 민족에 대해서 꾸준히 학습시켜 타 민족, 타 문화인을 외집단에서 내집단으로 인식을 바꾸도록 유도하여, 호의적인 태도가 발전되도록 해야 한다. 또한 인지적 교육

과 더불어 다른 인종에 대한 역할놀이 등 감정이입이 가능한 여러 심리학적 기제를 사용하여 긍정적인 감정을 이끌어내도록 도와야 한다. 특히 이러한 것들은 아동기 때부터 학교와 가정에서 교육해야 앞으로 우리 사회에서 더 심각하게 야기될 수 있는 집단갈등을 그나마 줄여갈 수 있을 것이다. 이를 위해 지시적인 교육, 좋은 것과 나쁜 것에 대한 직접적인 이분법적인 교육이 아니라 어릴 때부터 편견과 배타를 가지지 않도록 생활 안에서 자연스럽게 터득될 수 있게 하는 것이 요구된다. 따라서 아동기에 적합한 편견과 집단갈등 버리기 프로그램을 개발하여 이를 학교 현장에서 적극 활용하는 정책이 시급하다.

▶▶▶ 참고문헌

강석광, 2007, 「국제결혼 이주여성과 자녀와의 의사소통에 관한 연구: 충남지역을 중심으로」, 공주대학교 대학원 석사학위논문.

고흥화·김현섭, 1976, 한국인의 지역적 편견, 미간행.

곽금주, 2008, 「다문화가정 아동의 발달과 적응: 다문화가정에서의 부모-자녀간의 상호 작용 패턴과 그 효과를 중심으로」, 한국심리학회 학술대회, 서울: 육군사관학교.

곽금주·김정미·유제민, 2007, 「만 3세 아동에 대한 빈곤, 부모변인, 가정환경 및 아동발달과의 관계」, 『한국심리학회지: 발달』, 20(3): 83-98.

곽금주·유제민·김정미, 2007, 「빈곤 아동에 대한 보호요인과 위험요인 탐색: 만 3세 유아를 대상으로」, 『한국심리학회지: 발달』, 20(10): 1-19.

김근영·곽금주·배소영, 2009, 「다문화가정 구성원 연구: 개관과 향후 연구의 방향」, 『한국심리학회지: 일반』, 28(4): 571-597.

김범준, 2002, 「사회적 범주화가 지역감정 형성에 미치는 영향」, 『한국심리학회지: 사회 및 성격』, 16(1): 1-18.

김은영, 1991, 「한국인의 성 고정관념에 대한 조사 연구」, 이화여자대학교 석사학위논문.

김정남·서미경, 2004, 「정신장애인에 대한 편견과 차별에 관한 연구」, 『한국심리학회지: 건강』, 9(3): 589-607.

김정애, 1999, 「여성장애인의 이중차별에 관한 연구」, 가톨릭대학교 대학원 사회복지학과 석사학위논문.

김정열, 2000, 「정신장애인 편견극복 운동: 정신에 장애가 있는 사람의 편견 해소를 위한 방안 토론」, 정신보건사회사업학회 춘계 학술대회.
김진국, 1977, 「한국문학생의 지역적 편견연구」, 『전국대학생 학술연구발표 논문집: 사회과학 분야』, 2: 11-40.
김혜숙, 2001, 「집단범주에 대한 신념과 호감도가 편견적 판단에 미치는 영향: 미국의 성편견, 인종편견과 한국의 성편견, 지역편견의 비교」, 『한국 심리학회지: 사회 및 성격』, 15(1): 1-16.
김혜숙·박수미, 2006, 「집단지위 정당성, 지위안정성 및 집단정체성이 차별지각에 미치는 영향: 성차별과 학벌차별을 중심으로」, 『한국심리학회지: 사회 및 성격』, 20(3): 71-96.
김희식, 2003, 「한국 지역주의의 원인분석과 지역갈등 해소에 관한 연구」, 인천대학교 석사학위논문.
노경란·방희정, 2009, 「다문화시대 한국 초등학생의 인종에 대한 명시적 및 암묵적 태도발달과 태도변화」, 『한국심리학회지: 사회문제』, 15(1): 49-79.
동아일보, 「국민의식조사: IMF 10년, 한국사회 어떻게 변했나」(2007. 11. 12.). http://www.donga.com/fbin/output?n=200711120128
배소영·곽금주·김근영, 2009, 「다문화가정 아동의 언어 및 심리발달 특성과 사회적응」(한국연구재단 B00148) 제출보고서.
서울신문, 「서울신문 연중기획-나눔 바이러스 2009 '더불어 살기' 바람 분다」(2009. 2. 23.). http://iq.seoul.co.kr/news/newsView.php?id=20090223001014
서유경, 2002, 「빈곤아동과 비빈곤아동의 부적응 행동에 영향을 미치는 요인에 관한 연구: 아동이 지각한 부모의 양육태도를 중심으로」, 중앙대학교 석사학위논문.
설동훈·김윤태·김현미·윤홍식·이혜경·임경택·저익선·주영수·한건수, 2005, 『국제결혼이주여성 실태조사 및 보건복지 지원 정책방안』, 보건복지부.
세계일보, 「다문화-초중고생 40% 증가」(2009. 5. 4.) http://shinchun.segye.com/Articles/Issue/Leading/Article.asp?aid=20090504003193&subctg1=02&subctg2

신지혜, 2008, 「국제결혼이주여성 자녀와 일반아동의 심리사회적 적응 비교 연구」, 이화여자대학교 대학원 사회복지학과 석사학위논문.
안병영, 「풀어야 할 지역간, 계층간, 세대간 갈등」, 『신동아』, 294-392(1988. 1.).
오성배, 2005, 「코시안 아동의 성장과 환경에 관한 사례 연구」, *The Journal of Korean Education*, 32(3): 61-83.
이명진, 2001, 「사회적 거리분석: 선거자료와 결혼선호도자료에서 나타난 지역주의를 중심으로」, 『한국조사연구학회지: 조사연구』, 2(1), 37-57.
이진숙, 2007, 「국제결혼가정의 자녀양육실태와 아버지의 양육참여에 관한 연구」, 『열린유아연구』, 12(6): 21-42.
이하령, 2007, 「인종에 대한 사회적 편견 연구: 고정관념, 감정과 사회적 거리감의 관계를 중심으로」, 한양대학교 교육대학원 석사학위논문.
이해경·이수원, 1994, 「사회적 범주화, 가치 선호 및 내집단 편애」, 『한국심리학회지: 사회』, 8(2): 108-123.
위클리조선, 「눈물로 끝난 외국인 신부들의 코리안 드림」(2009. 3. 23.)http://weekly.chosun.com/site/data/html_dir/2009/03/19/2009031901246.html
장애인먼저실천운동본부, 2008, 「장애인 인식개선을 위한 2008 언론모니터 보고서」, 공공저널리즘과 장애인, 서울: 연화디앤피.
정윤정, 2007, 「결혼이민자 가정의 특성과 아동들의 학교적응: 전라북도 지역을 중심으로」, 가톨릭대학교 대학원 석사학위논문.
정현영, 2007, 「다문화가정 자녀의 학교생활적응에 영향을 미치는 요인에 관한 연구: 아시아 여성과 한국남성의 이중문화가정 자녀를 중심으로」, 숭실대학교 대학원 석사학위논문.
한국심리학회 편, 1988, 『심리학에서 본 지역감정』, 서울: 성원사.

Allport, G. W., 1954, *The Nature of Prejudice. Reading*, MA: Addison-Wesley.
Ashmore, R. D. & Del Boca, F. K., 1979, "Sex stereotypes and implicit personality theory: Toward a cognitive-social psychological conceptualization," *Sex Roles*, 5(2): 219-248.
Babo, L., 1983, "Whites' opposition to busing: Symbolic racism or realistic

group conflict," *Journal of Personality and Social Psychology,* 45(6): 1196–1210.

Baston, C. D., Polycarpou, M. P., Harmon-Jones, E., Imhoff, H. J., & Mitchener, E. C., 1997, "Empathy and attitudes: Can feeling for a member of a stigmatized group improve feelings toward the group?" *Journal of Personality and Social Psychology*, 72: 105–118.

Berrick, J. D., 1995, *Faces of Poverty: Portraits of Women and Children on Welfare*, New York: Oxford University Press.

Billig, M. & Tajfel, H., 1973, "Social categorization and similarity in intergroup behaviour," *European Journal of Social Psychology,* 3(1): 27–52.

Blumer, H., 1958, "Race prejudice as a sense of group position," *The Pacific Sociological Review,* 1(1): 3–7.

Brewer, M. B., 1988, "A dual process model of impression formation," *Advances in Social Cognition*, 1: 1–36.

Bruel, R., Love, J. A., & De Ment, T. L., 2006, "The relation of language brokering to depression and parent-child bonding among Latino adolescents," M. H. Bornstein & L. R. Cote(eds.), *Acculturation and Parent-Child Relationships: Measurement and Development*(pp. 249–270). Mahwah, NJ: Lawrence Erlbaum Associates.

Bugental, D. B., Olster, D. H., & Martorell, G. A., 2002, "A developmental neuroscience perspective on the dynamics of parenting," L. Kuczynski (ed.), *Handbook of Dynamics in Parent–Child Relationships*(pp. 25–48). Thousand Oaks: Sage.

Bullock, H. E., Wyche, K. F., and Williams, W. R., 2001, "Media images of the poor," *Journal of Social Issues*, 57: 229–246.

Buriel, R., Perez, W., De Ment, T. L., Chavez, D. V., & Moran, V. R., 1998, "The relationship of language brokering to academic performance, biculturalism, and self-efficacy among Latino adolescents," *Hispanic Journal of Behavioral Sciences,* 20: 283–297.

Carlston, D. E. & Skowronski, J. J., 1994, "Savings in the relearning of trait information as evidence for spontaneous inference generation," *Journal of Personality and Social Psychology*, 66(5): 840–856.

Cohen, C. E., 1981, "Person categories and social perception: Testing some boundaries of the processing effects of the prior knowledge," *Journal of Personality and Social Psychology,* 40: 441–452.

Conger, R. D., Conger, K. J., Elder, G. H., Lorenz, F. O., Simons, R. L., & Whitbeck, L. B., 1992, "A family process model of economic hardship and adjustment of early adolescent boys," *Child Development,* 63: 526–541.

Cook, S. W., 1984, "Cooperative interaction in multiethnic contexts," N. Miller & M. B. Brewer(eds.), *Groups in Contact: The Psychology of Desegregation* (pp. 155–185), Orlando, FL: Academic Press.

Cozzarelli, C., Wilkinson, A. V., & Tagler, M. J., 2001, "Attitudes toward the poor and attributions for poverty," *Journal of Social Issues,* 57(2): 207–227.

Darley, J. M. & Gross, P. H., 1983, "A hypothesis-confirming bias in labeling effects," *Journal of Personality and Social Psychology,* 44(1): 20–33.

Devine, P. G., 1989, "Stereotypes and prejudice: Their automatic and controlled components," *Journal of Personality and Social Psychology*, 56: 680–890.

Dorner, L. M., Orellana, M. F., & Li-Grining, C. P., 2007, "I helped my Mom, and it helped me: Translating the skills of language brokers into improved standardized test scores," *American Journal of Education,* 113: 451–478.

Fiske, J., 1989, *Understanding Popular Culture,* Unwin Hyman, London.

Freeman, C., 2005, "Marrying up and marrying down: The paradoxes of marital mobility for Chosonjok brides in South Korea," N. Constable(ed.), *Cross-Border Marriages: Gender and Mobility in Transnational Asia*(pp. 80–100), Philadelphia, PA: University of Pennsylvania Press.

Gershoff, E. T., Aber, J. L., Raver, C. C., & Lennon, M. C., 2007, "Income is not enough: Incorporating material hardship into models of income associations with parenting and child development," *Child Development,* 75(1): 70–95.

Gilbert, D. T., 1989, "Thinking lightly about others," J. S. Uleman & J. A. Bargh(eds.), *Unintended Thought*(pp. 189–211), New York: Guilford Press.

Gilbert, D. T., Pelham, B. W., & Krull, D. S., 1988, "On cognitive business: When person perceivers meet persons perceived," *Journal of Personality and Social Psychology*, 54(5): 733–740.

Guerra, N. G., Huesmann, L. R., Tolan, P. H., Van Acker, R., & Eron, L. D., 1995, "Stressful events and individual beliefs as correlates of economic disadvantage and aggression among urban children," *Journal of Consulting and Clinical Psychology,* 63: 518–528.

Hays, W. L., 1958, "An approach to the study of trait implication and trait similarity," R. Tagiun and L. Petrullo(eds.), *Person perception and interpersonal behavior*, Stanford: Stanford University Press.

Hewstone, M., Rubin, M., & Willis, H., 2002, "Intergroup bias," *Annual Review of Psychology,* 53: 575–604.

Howard, J. W. & Rothbart, M., 1980, "Social categorization and memory for in-group and out-group behavior," *Journal of Personality and Social Psychology,* 38(2): 301–310.

Jeffries, V., & Ransford, H. E., 1969, "Interracial social contact and middle–class white reaction to the Watts riot," *Social Problems*, 16: 312–124.

Kinder, D. R. & Sears, D. O., 1981, "Prejudice and politics: Symbolic racism versus racial threats to the good life," *Journal of Personality and Social Psychology,* 40(3): 414–431.

Kirby, S., 1999, "Learning, bottlenecks, and the eveolution of recursive syntax," Ted Briscoe(ed.), *In Linguistic Evolution through Language Acquistion:*

Formal and Computational Models, Cambridge: Cambridge University Press. Forthcoming.

Kwak, K. J., 2009, *Adaptation and Child Development of Korean Multicultural Family: Focusing on Mother-Child Interaction,* Biennial Meeting SRCD, Denver, Co.

Leippe, M. R. & Eisenstadt, D., 1994, "Generalization of dissonance reduction: decreasing prejudice through induced compliance," *Journal of Personality and Social Psychology*, 67: 395–413.

Locksley, A., Ortiz, V., & Hepburn, C., 1980, "Social categorization and discriminatory behavior: Extinguishing the minimal intergroup discrimination effect," *Journal of Personality and Social Psychology,* 39(5): 773–783.

Lott, B., 2002, "Cognitive and behavioral distancing from the poor," *American Psychologist,* 57(2): 100–110.

Maykovich, M. X., 1975, "Correlates of racial prejudice," *Journal of Personality and Social Psychology*, 32: 1014–1020.

Monteith, M., Sherman, J., & Devine, P., 1998, "Suppression as a stereotype control strategy," *Personality and Social Psychology Review*, 1: 63–82.

NICHD Early Child Care Research Network, 1997, "The effects of infant child care on infant-mother attachment security: Results of the NICHD study of early child cared," *Child Development,* 68: 860–879.

NICHD Early Child Care Research Network, 1998, "Relations between family predictors and child outcomes: Are they weaker for children in child care?" *Developmental Psychology,* 34(5): 1119–1128.

Orpen, C., 1991, "Personal affluence as a moderator of the impact of perceived wealth and poverty on character judgments," *Journal of Social Psychology,* 131(6): 897–898.

Perdue, C. W., Dovidio, J. F., Gurtman, M. B., & Tyler, R. B., 1990, "Us and Them: Social categorization and the process of intergroup bias," *Journal of Personality and Social Psychology,* 59(3): 475–486.

Pettigrew, T. F., 1998, "Intergroup contact theory," *Annual Review of Psychology,* 49: 65–85.

Rabbie, J. M. & Horwitz, M., 1969, "Arousal of ingroup-outgroup bias by a chance win or loss," *Journal of Personality and Social Psychology,* 13(3): 269–277.

Ramey, C. T. & Ramey, S. L., 1998, "Prevention of intellectual disabilities: Early interventions to improve cognitive development," *Preventive Medicine,* 27: 224–232.

Ramey, C. T., Yeates, K. O., & Short, E. J., 1984, "The plasticity of cognitive performance: Insights from preventive intervention," *Child Development,* 55: 1913–1925.

Riemer, F. J., 1997, "Quick attachments to the workforce: An ethnogaaphic analysis of a transition from welfare to low-wage jobs," *Social Work Research*, 21: 225–232.

Sherif, M. & Sherif, C. W., 1953, *Groups in Barmony and Tension: An Integration of Studies on Intergroup Relations,* New York: Harper.

Skafte, D., 1989, "The effect of perceived wealth and poverty on adolescents' character judgments," *Journal of Social Psychology,* 129(1): 93–99.

Sims, V. M. & Patrick, J. R., 1936, "Attitude toward the Negro of northern and southern college students," *Journal of Social Psychology*, 7: 192–204.

Stallybrass, O., 1977, "Stereotype," A. Bullock and O. Stallybrass(eds.), *The Fontana Dictionary of Modern Thought,* London: Fontana/Collins.

Tajfel, H., 1970, "Experiments in intergroup discrimination," *Scientific American,* 223: 96–102.

______, 1982, "Social psychology of intergroup relations," *Annual Review of Psychology,* 33: 1–39.

Tajfel H., Billing M. G., Bundy R. P., & Flament, C., 1971, "Social categorization and intergroup behaviour," *European Journal of Social Psychology,*

1(2): 149–178.

Wasik, B. H., Ramey, C. T., Bryant, D. M., & Sparling, J., 1990, "A longitudinal study of two early intervention strategies: Project CARE," *Child Development,* 61: 1682–1696.

Weisskirch, R. S., 2007, "Feelings about language brokering and family relations among Mexican American early adolescents," *Journal of Early Adolescence,* 27: 545–561.

Winter, L. & Uleman, J. S., 1984, "How automatic are social judgments?" *Journal of Personality and Social Psychology*, 49(4): 904–917.

Wright, S. C., Aron, A., McLaughlin–Volpe, T., & Ropp, S. A., 1997, "The extended contact effect: Knowledge of cross-group friendship and prejudice," *Journal of Personality and Social Psychology,* 73: 73–90.

제3장

한국 대·중소기업 양극화 현상의 정치경제

임 혜 란

1. 서론

최근 미국발 금융위기는 세계 실물경제에 부정적 파급효과를 가져왔다. 경기불황엔 누구나 어렵다는 상식은 한국에서는 사실이 아니다. 소수 대기업과 중소기업의 수익성 지표는 나날이 크게 악화되고 있지만 대기업의 수익성은 큰 타격을 받지 않고 일부 대기업은 오히려 개선되는 모습을 보이기도 했다. 이로 인해 대기업과 중소기업 간의 양극화는 1997년 외환위기 직후처럼 다시 악화되고 있다.

경제양극화란 상호연관관계가 미약해져 경제부문 간 격차가 악화되는 것으로 이해 가능하다. 양극화 현상은 수출과 내수의 양극화, 산업간 기업간 양극화, 고용과 소득의 양극화 등 다양한 형태로 나타난다. 최근 세계화와 중국시장의 부상, 기술진보의 가속화, 미국발 위기에 따른 세계금융 위기 등은 국내의 경제구조적 원인과 상호작용하면서 한국 경제의 양극화를 더욱 심화시키고 있다. 본 연구의 목적은 경제적 양극화 가운데 대·중소기업 양극화의 문제에 초점을 두고 양극화의 현황, 원인 그리고 정책적 함의에 대해 정치경제적 시각으로 설명해보는 데 있다.

경영학이나 경제학 분야는 대·중소기업 양극화에 대해 많은 연구를 축적해왔다. 대부분의 기존 연구에서는 중소기업과 대기업의 상생관계를 증진하기 위한 공정거래 방안과 중소기업 지원을 효율적으로 실행하기 위한 정책, 예컨대 기술 지원, 금융 지원, 세제 지원, 창업 지원 등에 대한 논의가 주를 이루어왔다. 대·중소기업 관계를 효율성의 관점에서 논의할 필요도 있지만 정치학적 또는 정치경제학적 측면에서 분석해볼 필요도 있다. 중소기업의 환경은 국제정치경제의 환경과

* 이 글은 『21세기 정치학회보』, 20집 1호(2010. 5), pp. 145-170에 게재된 논문임을 밝혀둔다.

국내 정치환경의 틀 속에서 구성되며 정부와 정치권에 의한 법, 제도, 규제 정책 등에 의해 영향을 받는다(김석우 외, 2008). 대·중소기업의 상생구조 창출을 위해 정부는 오래전부터 중소기업 육성정책을 시행하는 등 많은 노력을 기울여왔다. 그러나 다양한 중소기업 육성정책에도 불구하고 대·중소기업 양극화 현상은 지속되어왔다. 양극화를 가져온 원인은 외부적 경제환경 변화와 국가 내부적인 경제적 요인 등 다양할 것이다. 여러 가지 원인 중 이 연구는 정치경제적 차원에 초점을 두고 특히 중소기업을 진흥시키기 위한 정부정책의 허와 실, 중소기업 이익집단의 역할, 대·중소기업 하도급거래의 특성 등을 살펴볼 것이다.

이 연구의 구성은 다음과 같다. 제2절은 대·중소기업의 양극화 현상의 현황에 대해 살펴본다. 제3절은 중소기업 육성정책이 제한된 성과만을 가져온 이유를 이론적으로 밝히기 위해 신제도주의적 관점을 적용해본다. 제4절에서는 중소기업정책이 제한된 성과만을 가져온 이유를 설명하기 위하여 정부정책, 중소기업 이익단체의 역할, 그리고 대·중소기업 간 하도급거래의 구조에 대해 논의한다. 제5절은 결론으로 이 연구의 요약과 정책적 함의 등을 제기한다.

2. 대 · 중소기업의 양극화 현황

경제양극화는 대내외 환경변화 등의 충격에 대응하는 과정에서 경제주체들이 가지고 있는 이질적 속성에 의해 경제적 성과가 양 극단으로 분화하는 현상을 지칭한다(주현, 2007: 16). 양극화는 경제주체들이, 예컨대 기술수준과 규모 차이, 근로자들의 적응 능력과 교육 수준 등에 따라 경제적 성과에 격차가 발생한다는 것이다. 양극화는 단순히

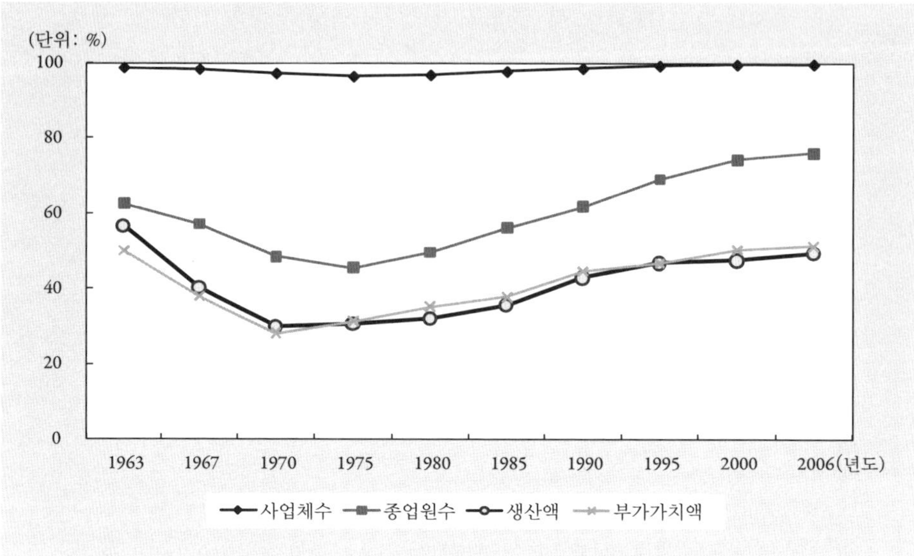

자료: 중소기업중앙회, 『중소기협위상지표』(http://info.kbiz.or.kr/volcanoi/global/docs/s_contain.html)

〈그림 3-1〉 중소기업(제조업)의 발전추이

격차가 클 뿐만 아니라 그 격차가 지속적으로 확대되는 경향을 의미한다. 특히 격차 확대의 요인이 구조적인 것들과 관련될 경우에 '양극화'라는 개념을 사용한다.

한국의 중소기업 발전 추이는 1980년을 기점으로 양적 비중이 증가하기 시작했다. 〈그림 3-1〉을 보면, 1980년대 이전에는 노동집약적 수출산업에서 규모의 경제가 경쟁력을 결정하는 중요 요인으로 간주됨으로써 기업 규모의 급속한 팽창이 이루어졌고 그 과정에서 중소기업의 비중이 위축되었다.[1] 1970년대에 들어와 중화학공업화가 추진되면서 대기업에 대한 지원과 보호는 더욱 강화되었으며, 대기업의 중소

1) 1963–73년 기간 동안 중소기업이 제조업 고용 및 부가가치에서 차지한 비중은 각각 66.4%와 52.8%에서 39.4%와 272.2%로 낮아졌다(백낙기, 1996: 3).

기업에 대한 인수, 합병 과정 역시 중소기업의 비중을 축소하는 데 기여한 바 있다. 그러나 중화학공업화는 완성품을 조립 생산하는 대기업과 부품을 생산 공급하는 중소기업들과의 하도급 분업체계를 형성할 필요성이 있었으며, 그리고 이를 위해서는 중소기업을 발전시켜야 한다는 정책적 인식을 강화시키는 계기를 만들었다. 1980년대 이후 중소기업의 성장세가 강화된 것은 하도급거래의 확대와 정부의 중소기업 육성의 변화 자체에 힘입은 바 크다고 볼 수 있다.[2)]

〈그림 3-2〉에서 볼 수 있듯이, 2006년 중소광공업이 전체 제조업에서 차지하는 비중이 사업체의 99.4%, 종업원 수의 75.9%이지만 상업부문을 합산하였을 경우 그 비중은 99.9%와 87.5%로 증가하게 된다. 민주화 시기 이후 중소기업의 양적 비중이 증가하는 이유로는 영세 자영업자의 꾸준한 증가와 무관하지 않다(김석우 외, 2008). 민주화 이후 급격한 경제 개방과 구조조정, 높은 실업률 속에서 많은 임금근로자들이 식당과 도소매업 등 영세 자영업 부문으로 대량 진출한 데 그 원인을 찾아볼 수 있다는 것이다. 〈그림 3-2〉는 주요 국가의 중소기업 비중을 비교하고 있다. 한국의 중소기업의 양적 비중은 다른 나라와 비교해볼 때 전혀 뒤지지 않음을 알 수 있다.

한국의 중소기업은 1980년대 이후 양적으로 팽창했지만, 또 다른 한편으로 대기업과 중소기업 간에는 구조적 양극화가 진행되어왔다. 대·중소기업 간 양극화는 수익성과 생산성의 격차에 의해 설명된다. 〈그림 3-3〉에 따르면, 1991년 이후 2007년까지 대기업의 영업이익률은 중소기업보다 줄곧 높았다. 16년 동안 대기업의 평균 이익률은

2) 제조업 중소기업이 차지하는 비중은 부가가치액을 기준으로 할 때 1975년에는 31.7%에 불과했으나 1985년에는 37.6%로 커졌고, 1994년에는 49.2%에 이르렀다(백낙기, 1996).

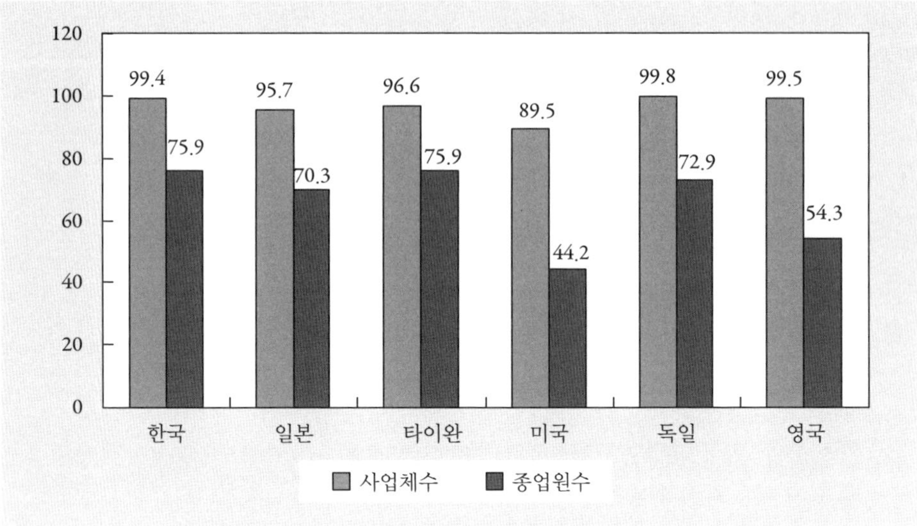

자료: 중소기업중앙회, 『해외중소기업통계』(2008).

〈그림 3-2〉 주요 국가의 중소기업 비중(제조업)

7.8%, 중소기업은 4.9%로 그 격차가 2.9%에 달했다. 양극화가 심화되었던 2002년에서 2005년 사이 수익률은 대기업과 중소기업이 서로 반대 방향으로 움직였다가 2005년 이후 다시 그 격차가 축소되더니 2007년엔 다시 벌어지고 있다. 2004년에는 대기업과 중소기업의 매출액 영업이익률 격차가 5.3%까지 벌어졌다. 이 기간 동안 대기업의 수익성은 향상되는 데 비해 중소기업의 수익성은 저하되었다는 점, 그리고 대·중소기업이 위탁거래 등으로 밀접하게 연계되어 있는 상황 등으로 볼 때 많은 우려를 낳을 수 있다. 〈그림 3-4〉는 대기업과 중소기업의 노동생산성 격차를 나타내고 있다. 1991년 중소기업의 노동생산성(1인당 부가가치)은 대기업의 48.6% 격차 수준이었다가 2004년에는 31.4%, 2007년에는 30.9%로 더욱 떨어졌다(중소기업중앙회 각 연호).

한국의 대·중소기업 양극화 현상은 다른 국가, 예컨대 일본 및 미

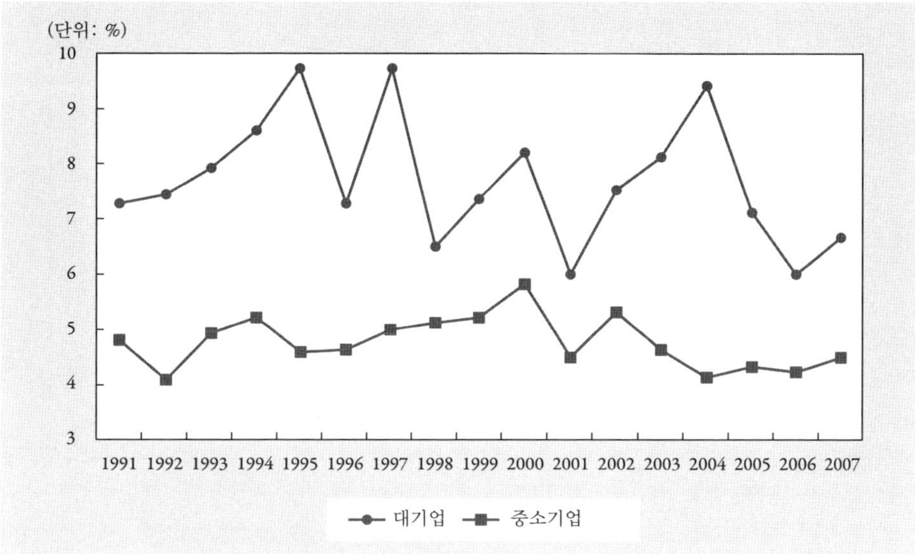

자료: 한국은행, 『기업경영분석』(http://ecos.bok.or.kr/)

〈그림 3-3〉 중소기업과 대기업의 매출액영업이익률 비교

국과 비교해보면 그 격차가 심한 것을 알 수 있다. 일본 제조 중소기업의 경우에는 중소기업의 노동생산성이 대기업의 약 50% 수준에서 장기간(1982–2003) 안정적인 모습을 보여왔다. 미국 역시 중소기업의 노동생산성은 1997년 58.2%에서 2002년에는 59.8%로 오히려 개선되었다. 이는 한국이 1988년 53.8%에서 2003년 33.6%로 하락했다는 사실과 대비된다(주현 2007: 106–112).

사업체의 수, 생산액, 부가가치 등 양적인 측면에서 대기업의 비중은 축소되는 추세를 보인 반면, 중소기업은 그 비중이 증가되어왔다. 그러나 양극화를 반영하는 생산성과 수익성 지표를 검토해보면 질적인 측면에서 대·중소기업 간 양극화가 심화됨을 알 수 있다. 대기업과 중소기업의 격차는 존재할 수도 있고 불가피한 측면도 있다. 그러나 대기업과

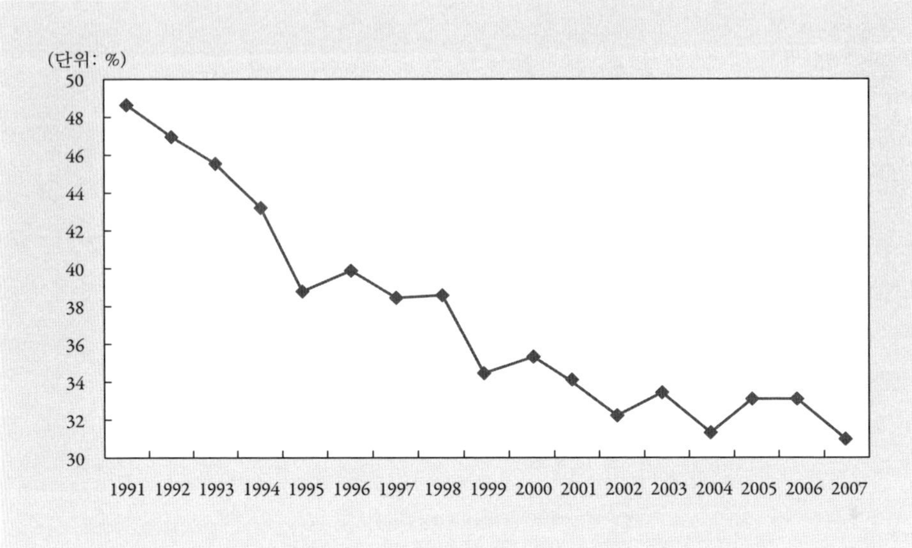

자료: 중소기업중앙회, 『중소기업통계DB』(http://stat.kbiz.or.kr/stat_new/stat_00.asp).

〈그림 3-4〉 중소기업과 대기업의 생산성 격차(대기업=100)

중소기업은 하도급거래 등을 통해 지속적으로 유기적인 관계를 맺고 있는데 대기업의 수익성이 향상되는 시기에 중소기업의 수익성이 하락했다면 이는 바람직하지 않다. 한국경제에 있어 중소기업의 영세성, 낮은 설비투자 수준, 연구개발 투자의 낮은 효율성 등의 문제는 한국의 대기업 중심의 산업구조와 더불어 지속적으로 우려의 대상이 되어 왔었다.

〈그림 3-3〉과 〈그림 3-4〉에서 볼 수 있듯이 민주화 이후 1990년대에도 양극화가 지속되었다. 민주화 이후 노조활동이 활발해지자 기업들은 고용을 줄이고 생산자동화 시설을 늘리고 외주하청을 증가함으로써 기업간 양극화가 확대되었다.[3)]

3) 인터뷰 김주훈 박사(KDI 선임연구원), 2009. 7. 1. 민주화 이후 노조활동이 증가하

외환위기 이후 대기업과 중소기업의 양극화가 더욱 확대되어온 이유로 혹자는 대기업은 구조조정을 비교적 충실히 했지만, 중소기업은 구조조정이 늦은 것도 한 원인이라고 한다. 금융체제의 경직성 때문에 부실한 중소기업의 인수·합병이 어려웠던 것도 중소기업의 구조조정을 어렵게 만든 원인이었다.[4] 또한 정부가 수출을 늘리기 위해 고환율 정책을 장기간 지속한 것도 내수 중심 중소기업들의 어려움을 가중시켰다(한겨레, 2005. 1. 3). 이와는 반대로, 1997년 이후 대기업의 경제력 비중과 시장지배력은 크게 증가하였다. 외환위기 이후 대기업의 지배력이 보다 강화된 이유는 부실기업 정리 과정에서 산업별로 대기업 중심의 경제구조가 보다 심화되었기 때문이다. 또한 중국과의 경쟁에서 중소기업의 채산성이 약화되면서 대기업 중심의 경제구조가 심

〈표 3-1〉 대·중소기업의 주요지표의 격차 변화(단위: %)

항목		1993	1994	1996	1998	2000	2002	2004	2006	2007
임금 격차	전 산업	77.6	76.7	77.3	76.2	71.3	67.5	64.0	64.3	64.8
	제조업	73.5	70.8	67.6	66.6	65.0	62.2	57.2	59.9	58.4
노동 생산성	제조업	45.7	43.2	39.8	38.7	35.4	32.2	31.3	33.2	30.9

주: 대기업과의 임금과 생산성 격차는 100일 때 중소기업의 각 항목의 수준
자료: 중소기업중앙회, 『중소기업현황』(2008); 김석우 외(2008).

면서 기업은 고용을 줄이고 하청을 늘이게 되어 대기업의 1인당 부가가치는 증가하게 되기 때문이다.

4) 금융기관은 중소기업에 대해 대출을 꺼리게 되고 부실중소기업의 인수·합병 과정에서 금융기관의 보수적 성향은 그대로 나타난다. 부실중소기업에 대해 대출을 해주게 된다면 그 대출채권은 대출상환이나 이자를 제때 상환하지 못하여 부실채권이 될 가능성이 높아진다. 그런 점에서 중소기업의 금융기관으로부터의 신용보증 및 대출 기회는 아직도 많은 제약을 받고 있다(이종욱, 2007: 197). 인터뷰 김주훈 박사(KDI 선임연구원), 2009. 7. 1.

화되었다(김대일, 2007: 486). 중국경제의 부상은 한국과 중국과의 경쟁 심화를 가져왔으며 이는 국내 중소기업의 수출경쟁 약화, 제조업 공동화 및 중소기업 부문의 고용창출력을 약화시키는 결과를 가져왔다. 경제적 시장 환경변화에 따른 양극화 현상에 대한 이해도 중요하지만, 본 연구는 그간 도외시되었던 정치경제적 측면에 초점을 두고 살펴보기로 한다. 본 연구는 정부가 그동안 취해왔던 정책의 허와 실, 중소기업 관련의 공적·사적 이해집단의 역학관계, 그리고 대기업과 중소기업의 하도급 거래의 실태 등을 지적하면서 양극화 현상의 원인과 그 대책 등을 제시할 것이다.

3. 이론적 논의: 중소기업 정책 실패와 신제도주의의 적용

대·중소기업 양극화 현상의 원인에 대해서는 학자들 간에 논란이 있을 것이다. 그러나 양극화를 가져온 다양한 원인 중 하나로 정부정책을 지적하는 데에는 큰 이견이 없을 것이다. 한국 정부는 친대기업 정책을 지속적으로 펼쳐왔으며 그로 인해 대기업이 발전하고 팽창해왔다. 한국의 중소기업이 대기업에 비해 취약한 이유는 정부의 중소기업 육성정책이 없었기 때문이라기보다는 상당수의 중소기업정책이 선심성 구호만 많았고 실질적인 성과가 미흡했기 때문이다. 본 연구는 신제도주의적 관점을 통해 중소기업육성정책의 허와 실을 설명해볼 것이다.

신제도주의의 기원인 구제도주의 시각은 공식적이며 정적인 법, 제도의 중요성을 강조한 시각이다. 그러나 1950-60년대 행태주의는 형식적인 법적 행정 연구에 대한 구제도주의 시각을 비판하고 비공식적인 권력분배와 정치행태를 강조하기 시작했다. 그러나 행태주의 혁명은 개인과 집단의 태도와 행태에 초점을 두고 있지만 유사한 집단과 개인이 유사한 정도의 자원배분을 반영하면서도 왜 서로 다른 국가를 비교해볼 때 서로 다른 행태를 보이는지는 설명하지 못하였다. 이에 대한 비판을 제기한 것이 신제도주의 시각이다. 1970년대의 경제 위기 이후 국가들은 위기에 대해 서로 다르게 대응하였다. 신제도주의 시각은 국가들의 중범위적인 제도적 속성, 즉 코포라티즘적 네트워크, 국가관료, 정당, 그리고 경제집단을 연계해주는 제도적 네트워크에 초점을 두고 이러한 제도적 환경이 정치적 행위자에게 어떤 다른 인센티브와 제약을 부여하는지 살펴보았다(Katzenstein, 1978; Gourevitch, 1986). 카젠스타인은 국가와 사회를 연결해주는 정치적 네트워크, 제도의 관계적 특성(relational character of institutions)에 초점을 두고 공통의 위기에 대한 서로 다른 대응을 설명하고 있다. 서로 다른 제도적 맥락 하에 있는 유사한 집단과 개인은 제도에 의해 서로 다른 대응을 하게 된다. 그러나 동일한 국가내 개혁 과정과 그 결과가 시기별로 다를 때 제도만을 강조한 이 시각은 나름의 한계를 보인다.

신제도주의 이론은 이러한 한계를 극복하기 위해 다양한 내부적인 발전 과정을 지속해왔다. 신제도주의는 일반적으로 합리적 선택 제도주의와 역사적 제도주의 둘로 나뉘어 발전되었다. 합리적 선택 제도주의는 합리적 선택이론이 제도의 역할을 받아들이면서 발전되었지만 선호는 외생적으로 주어진 것이며 안정적·일관적이라고 가정한다. 그러나 제도가 바뀌면 게임의 룰이 바뀌는 것이므로 인간행동의 전략적 선택 역시 바뀐다. 합리적 선택 제도주의는 인간의 선호는 외생적으로 주어진 것으로 보았으며 제도는 전략적 선택에 영향을 주는 구조로 이해하였다. 이와 달리 역사제도주의는 인간의 선호가 외생적으로 주어진 것이 아니라 제도에 의해 내생적으로 형성되고 재규정된다고 보았다(Hall and Taylor 1996; March and Olsen 1984; Katznelson and Weingast 2005).

합리적 선택 제도주의는 제도를 인간행동의 전략적 선택에 영향을 주는 '구조'로 보았으며, 역사제도주의 시각은 제도가 인간 선호를 결정하는 데 보다 큰 영향을 준다고 보았다. 이 두 시각은 '행위자'보다는 '구조'를 강조하며, 정책결정 과정에서 '이념'보다는 '제도'를 강조하고 있다. 앞서 지적했듯이 구조와 제도를 강조하다 보면 유사한 제도하에서 왜 어떤 정책은 성공하고 다른 정책은 실패하는지를 밝혀내기 힘들다. 구조와 제도의 영향에 의해 개인의 선호가 형성될 수 있지만 동시에 새로운 이념이 강력한 정치지도자에 의해 받아들여짐으로써 새로운 선호가 형성되기도 한다. 또한 다양한 행위자 간의 정치연합과 정치갈등 과정을 통해 정책의 선택과 결과가 달라질 수도 있다(Peter et al., 2005; Schmidt 2009).

신제도주의는 '국가' 역할에 대한 연구를 도외시해왔다. 합리적 선택 제도주의는 국가란 행위자들의 인센티브에 영향을 미치는 구조로 인식했다. 역사적 제도주의 시각은 국가는 경로의존을 가져오는 룰 또는 제도로 인식했다. VOC(Varieties of Capitalism) 이론가들 역시 국가는 세계화된 환경에서 규제환경만을 제공하는 역할로만 제한하며 기본적인 분석 단위로 기업에 초점을 둔 바 있다(Hall and Soskice, 2001). 최근 신제도주의에 대한 내적 비판의 결과 '담론적 제도주의' 시각(discursive institutionalism)이 새롭게 제시되었다. 담론적 제도주의 시각은 제도 외에도 '이념'을, 구조 외에도 '행위자'의 역할에 대한 논의를 강조하였다. 담론적 제도주의는 국가의 역할을 이해하기 위해 역동적 정치(politics)의 측면을 강조하고 있다. 정치란 다양한 이해집단 간의 권력갈등과 정치연합의 측면으로 이해할 수도 있으며 담론적 상호작용의 차원으로도 이해가능하다. 담론은 정부의 조정적 담론(coordinative discourse)과 소통적 담론(communicative discourse)으로 나눠볼 수 있다. 조정적 담론은 정치가와 정책전문가들, 기업가와의 상호교류와 설득을 의미한다. 소통적 담론은 정치가와 정부대변인이 대중을 설득하고자 하는 것이다(Schmidt, 2009: 529-534). 개혁정책이 실패한 경우를 보면 대부분 이익집단이 특정 정책에 강하게 반대했던 경우지만, 더 중요한 것은 정치가가 정책변화가 왜 중요한지에 대한 이념을 조정적 담론의 차원에서 그리고 대중들에 대한 소통적 담론의 차원에서 설득하려는 노력을 전혀 하지 않기 때문이다. 담론적 제도주의는 행위자들 간의 정치연합과 정부와 주요행위자들 간의 교류와 설득 과정을 중요시한다. 국가정책을 이해하기 위해 정치연합의 측면은 정책결과를 설명하는 데 있어 매우 중요하다.

본 연구는 중소기업정책이 실패한 이유를 설명하기 위해 신제도주의적 틀을 적용하고자 한다.[5] 신제도주의 시각의 유용성은 국가 역할에 대한 강조점과 더불어 국가와 다른 중범위 제도와의 관계 등을 분석틀에 포함한다는 점이다. 신제도주의 틀을 본 연구에 적용해보면, 국가와 대기업, 중소기업과의 정치연합 관계, 국가와 중소기업 이익집단과의 관계, 대기업과 중소기업의 하도급법의 실행자인 정부의 역할 등이 중요한 분석틀이 된다. 이와 같은 포괄적인 제도적 특성 등을 살펴봐야 왜 중소기업 육성정책이 제한된 성과만을 보여주었는지 알 수 있다. 우선 정부정책을 살펴보면서 다양한 중소기업 육성정책에도 불구하고 제한된 성과만을 보인 이유는 많은 정책이 실효성이 없는 선심성 구호가 태반이었다는 점과 정부는 친대기업 정책을 지속해왔

5) 본 연구가 적용하려는 신제도주의는 그 안에서도 최근 발전된 담론적 제도주의다. 담론적 제도주의는 국가의 역할을 재강조하고 있으며 국가의 정책(policy), 정체(polity), 그리고 정치(politics)의 차원에서 분석하고 있다. 본 연구가 강조하는 것은 politics의 차원이다.

기 때문에 하도급거래 관련법을 강력하게 실행하지 않았다는 점을 지적할 수 있다. 본 연구는 중소기업 이익집단의 역할과 대 중소기업 하도급관계의 특징을 살펴봄으로써 중소기업의 육성정책이 왜 제한된 성과만을 거두게 되었는지 제도적 연계의 특징을 살펴볼 것이다.

4. 대 · 중소기업 양극화의 정치경제

1) 정부정책: 제한적 성과

앞서 살펴보았지만 1990년대 이후에도 대·중소기업의 생산성과 수익성은 양극화되어 왔으며 특히 1997년 외환 위기 이후 2002-2005년 그 현상이 심화되었다. 양극화 현상에 대한 이해는 대내외 경제환경의 변화라는 경제적 변수도 중요하지만, 중소기업정책을 지속해왔던 정부정책, 중소기업의 이해를 표방하려던 이익집단의 역할, 그리고 중소기업 성장에 중요한 영향을 미친 대기업과의 하도급거래 관계 등의 정치적 변수에 의해 살펴볼 필요가 있다.

민주화를 표방한 정부의 중소기업정책은 이전과는 차별화될 수 있을까? 전반적으로 중소기업을 육성하고자 하는 정부의 다양한 정책은 사실 실효성이 높지 않았다. 중소기업을 육성하려는 정부정책 자체가 선심성 구호가 많았기 때문이다. 그럼에도 민주화 이후 중소기업 육성정책의 기조는 이전과는 달라졌다. 한국경제는 민주화 이후 경제구조의 복잡화와 무한경쟁의 환경에 적응해야 했다. 정치적 민주화는 경제영역으로까지 영향을 미쳤으며 경제민주화는 탈규제와 시장자유화로 이해되었다(Lim, 2009). 중소기업정책은 이러한 대내외 환경변화와 더불어 보호에서 경쟁으로의 근본적 변화를 맞이하였다. 중소기업

정책의 큰 틀의 변화는 1980년대의 보호와 육성에서 1990년대의 자율과 경쟁으로, 직접지원방식에서 간접지원방식으로, 지정계열화제도와 고유업종제도와 단체수의계약제도의 폐지 등으로 요약될 수 있다.

민주화 이전의 중소기업정책은 대기업에 대한 상대적인 약자로서의 중소기업의 보호와 육성에 초점을 두었다. 이는 중소기업을 하나의 성장동력으로 인식하지 않고 경제력 집중에 대한 대응책과 사회정의의 실현의 차원에서 접근한 것이었다(조민경·김승철, 2008). 1970년대 한국경제는 대기업 중심의 중화학공업 육성화 정책에 의해 자본집중 현상이 가속했다. 대기업이 중소기업을 인수·합병하면서 중소기업의 비중은 축소되었으며 중소기업 진흥정책은 그리 큰 실효를 거두지 못했다. 오히려 1970년대 중소기업정책은 소극적 보호정책, 선택적 진흥정책, 그리고 대기업과 중소기업 간의 계열화 촉진과 하도급거래 질서 확립에 그 목표를 두었다.

1980년대 전두환 정부는 보다 적극적인 중소기업 육성정책을 제시했다. 당시 대기업 중심의 중화학공업 육성정책의 한계가 국제정치경제환경의 변화로 여실히 드러나면서 중소기업을 육성해야 할 필요성이 제기되었다. 중화학공업중심 산업화 전략은 부품 및 소재와 관련된 수입을 계속 증가시켰고 따라서 중간재산업의 비활성화는 대일무역적자의 주요인이 되었다. 이러한 상황에서 중소기업의 육성정책은 절실한 것으로 인식되었다(김석우 외, 2008: 25). 그러나 당시 경제정책의 이념은 경제성장을 지향하는 것이고 정부, 대기업, 기술관료 간의 배타적 정치연합의 지속으로 인하여 다양한 중소기업 육성정책은 선심성 구호인 경우가 허다했다. 무엇보다 대·중소기업 상생이 어려운 이유는 대기업의 중소기업에 대한 착취적 하도급거래가 지속되는 구조적 원인에 있었다.

1987년 정치적 민주화 이후 노태우 정부는 형평, 경쟁, 복지라는 경제적 민주화의 성격을 강조했다. 노태우 정부의 중소기업정책은 전두환 정부에 비해 상당히 후퇴한 것으로 평가된다. 자유경쟁 촉진을 위해 시장불간섭의 기조가 우세했으며, 중소기업에 대한 보호와 육성에서 자유경쟁을 강조하는 정책으로 변화되면서 중소기업 관련법의 개정과 제정 등이 활발하게 이루어지지 않았다(김석우 외, 2008: 30).

민주화 이후 1990년대 이래 정부가 실행해온 중소기업 육성정책을 보다 상세히 살펴보기로 한다. 김영삼 정부는 세계화와 개방화라는 당시의 국제적 환경 조류를 반영하는 정책을 폈다. 첫째, 중소기업정책은 1980년대까지 적극적 보호육성정책이 특징이었다면 1990년대 이후 김영삼 정부는 '자율과 경쟁'이라는 정책적 이념을 강조하기 시작했다. 과거에 특정 업종이나 개별 기업 중심의 직접 지원방식에서 벗어나 기능별, 부분별 지원을 강조하는 간접지원 방식으로 전환하였다. 이러한 전환은 사실 1980년대 이미 시작되고 있었으며 1995년 WTO의 출범과 한국의 OECD 가입을 전후로 보다 적극적으로 실행하게 된다. 둘째, 국제경쟁력 강화와 규제 완화 차원에서 중소기업 관련법을 개정하고, 중소기업사업조정법과 계열화촉진법을 '중소기업의 사업영역보호 및 기업간 협력 증진에 관한 법률'로 통폐합하였다. 지식집약형 중소기업 발전을 위하여 '벤처기업육성에 관한 특별조치법(1997. 8.)'을 제정하였다. 셋째, 행정지원체계의 전면적 정비 차원에서, 1996년 2월 중소기업에 대한 실질적 지원을 강화하고 체계적 정책 추진을 위하여 통상산업부 산하에 중소기업청을 신설하였다.[6]

김대중 정부 시기의 중소기업정책은 민주적 시장경제론의 이념

6) 중소기업청은 중소기업 지원과 관련된 사무를 담당하는 중심기관이다. 보다 체계적이고 효율적인 중소기업지원체계를 구축하고 중소기업 경쟁력을 높이기 위해 공업진흥청을 폐지하고 통상산업국 중소기업국을 확대하여 1996년 2월 신설하였다. 지방조직으로는 총 11개 지방중소기업청으로 이루어져 있다(김석우 외, 2008).

하에 지식집약형 벤처 중소기업의 발전으로 축약된다. 중소기업 존립에 지대한 영향을 끼쳤던 외환 위기 이후 '벤처기업 육성에 관한 특별조치법(1997)'을 제정하면서 중소벤처기업 육성이 산업정책의 중심으로 부상하였다. 김대중 정부는 기술·지식집약형 산업구조로의 전환과 일자리 창출을 위해 향후 5년 동안 2만 개의 벤처기업을 육성하겠다고 공헌했다. 벤처기업은 외환 위기 극복과 경제활력 회복을 위해 새로운 성장주체로 육성되었다. 기존의 정책이 요소 투입/보호 육성/직접지원/공급자 중심이었다면, 이후는 그 방향을 혁신 주도형/경쟁 협력 촉진/인프라 생태계 조성/수요자 맞춤형으로 전환하였다. 또한 1998년 중소기업의 육성 지원을 위해 세워진 대통령 직속기구로 '중소기업특별위원회'를 설치하였다. 관련부처의 중소기업육성 시책을 심의 조정 평가하고, 위원회 업무수행에 필요한 중소기업의 경영동향 조사 등을 시행하였다. 기본적인 업무는 각 부처의 중소기업정책 간 협조와 조화를 끌어내는 조정자의 역할을 하는 것이다(오철호, 2003: 206). 정부는 중소기업특별위원회, 중소기업청, 중소기업 협동조합중앙회, 그리고 중소기업진흥공단 등 중소기업 지원기관끼리 긴밀히 협력하여 중소기업정책의 사각지대를 해소하도록 하는 데 주요한 역할을 하도록 하였다.[7] 한국의 중소기업이 취약한 이유는 정부의 중소기업정책이 부재하기 때문이라기보다는 중소기업정책의 실효성이 그리 크지 않기 때문이다. 혹자는 정책의 실효성이 낮은 이유로 지원체계의

7) 중소기업진흥공단은 중소기업의 진흥을 위한 사업을 효율적으로 수행하는 전달기관이다. 공단은 중소기업창업 및 진흥기금을 관리 운영하면서 중소기업청이 정한 중소기업에 관한 기본정책과 시책에 의거하여 중소기업의 당면 애로사항을 지원하는 것이 주 기능이다. 중소기업의 진흥을 위한 사업을 효율적으로 추진함으로써 국민경제발전에 기여한다는 목적 아래 1978년 12월에 제정된 중소기업진흥법에 근거하여 조직하였다(박동수 외, 2005: 368; 오철호, 2003: 208).

중복으로 인한 행정비용의 낭비 가능성과 유관기관들 간의 협력체계의 부재를 지적하기도 한다(백낙기, 1996; 박동수 외, 2005).

당시 중소기업을 전면에 내세운 김대중 정부의 국정이념에도 불구하고, 중소기업의 보호와 육성에 기여한 단체수의계약과 고유업종 제도는 개방의 압력과 탈규제의 명분 속에서 폐지되는 운명에 처하게 되었다. 당시 국내외에서는 1995년 WTO 가입 당시부터 시장개방으로 인한 통상마찰의 가능성, 국내 대기업의 역차별 문제, 중소기업의 자생력 약화로 인한 국제경쟁력 저하 등 반론이 고조되었다. 고유업종 제도는 중소기업형 업종으로 적합한 사업영역의 경우 대기업의 시장 진입을 금지한 제도로, 시장경제 논리에 맞지 않는다는 지적에 따라 순차적으로 지정 업종이 해제돼 2007년 256개 업종 모두가 해제됐다(〈표 3-2〉). 2000년 규제개혁위원회는 88개 중소기업 고유업종 중 43개 업종을 대폭 해제하였고 45개 업종도 5년 이내에 원칙적으로 해제하기로 결정한 것이다(김석우 외, 2008). 1998년 공정거래위원회는 단체수의계약 제도 역시 경쟁제한적 성격을 이유로 조속한 폐지를 주장했다.

중소기업 고유업종제도가 2007년 폐지된 이후 관련 업종의 종소기업 4곳 가운데 3곳, 즉 중소기업 75%가 매출이 감소한 것으로 확인됐다. 매출이 감소한 이유로는 대기업의 시장참여에 따른 업체 간 과당경쟁(68%), 내수시장 침체(63%) 등이 주를 이뤘고, 원자재 가격 급등(50.5%), 외국제품 수입 증가(10.3%) 등이 뒤를 이었다. 대기업의 시장

〈표 3-2〉 중소기업 고유업종 지정 추이

	1979	1983	1984	1989	1994	1995	1997	2001	2007
신규업종	23	103	104	49	0	0	0	0	0
해체업종			2	17	58	45	47	43	45
고유업종	23	103	205	237	179	134	88	45	0

자료: 중소기업중앙회. 『중소기업현황. 2008』

진입으로 중소기업의 경쟁력이 향상됐느냐의 물음에는 89.7%가 그렇지 않다고 답했다(한겨레 2008. 10. 17.).

단체수의계약제도는 1965년 도입된 중소기업 지원제도로서 정부 등 공공기관이 특정물품을 구입할 때 경쟁 입찰에 의하지 않고 중소기업협동조합과 임의로 계약을 체결하는 제도다. 그러나 이 제도는 소수의 기득권 중소기업만 수혜를 보는 불공정한 제도라는 지적이 많았다. 2003년 단체수의계약 대상물품을 생산하는 중소기업 중 14.2%만이 조합원사로서 단체수의계약에 참여하고 있었다. 상위 20%의 업체가 전체 물량의 77%를 납품했다. 이는 오히려 경쟁력 약화의 측면을 가져왔고 조합원사는 굳이 새로운 기술개발이나 품질 향상을 위해 투자와 노력을 할 이유가 없었다. 단체수의계약제도는 2004년 중소기업진흥 및 제품구매 촉진에 관한 법률을 개정, 2년의 유예기간을 거쳐 2007년 1월부터 폐지되어 40여년 시행해온 제도가 사라지게 되었다.

노무현 정부의 중소기업정책은 '혁신형 중소기업'의 발전으로 요약되며 맞춤형 지원체계로 혁신형 중소기업 3만 개 육성을 약속했다. 좀 더 구체적으로 말하면 혁신형 중소기업 진흥, 부품소재산업육성, 그리고 산학클러스터 전략 제시 등으로 설명할 수 있다. 금융과 제도 지원을 통해 혁신형 중소기업의 수가 2007년 말 2만여 개로 증가했고 벤처캐피탈의 신규투자는 6,300억원, 중소기업 부설연구소가 1만 2,300여 개로 증가하였다. 중소기업청은 기술력을 가진 Inno-Biz기업, 도전정신이 강한 벤처기업, 그리고 경영혁신으로 부가가치를 내는 경영혁신형 중소기업 육성을 추진하였다. 〈표 3-3〉은 평균 고용 창출, 매출액, R&D의 차원에서 혁신형 중소기업의 효율성을 일반 중소기업과 차이가 있음을 보여주고 있다. 혁신형 중소기업을 지원하기 위해 기술신용보증기금에서 '기술'만을 기초로 지원하는 보증 비중을 2005년 15.2%에서 2009년 60%까지 늘리기로 했다. 또한 대·중소기업의 동

〈표 3-3〉 혁신형 중소기업 효율성 비교

	벤처기업	이노비즈	일반 중소기업
평균 고용 창출 (창업대비 현재)	27.7 (13.4 → 41.1)	35.2 (10.8 → 46.0)	11.3 (6.5 → 18.4)
평균 매출액 (억원, 2004)	79.0	99.0	27.5
평균 R&D 투자규모 (억원, 2004)	4.3	4.6	1.3

주: 평균(벤처 7년 이노비즈 9년, 일반 기업 10년) 동안 추가 고용 규모
자료: 중소기업청(2005).

반성장과 상생협력을 위한 대책회의를 증가시켰다. 그러나 〈표 3-4〉에서 볼 수 있듯이, 김대중 정부와 노무현 정부가 추진했던 벤처기업과 혁신형 중소기업 육성은 두 정부에서 가장 중점을 둔 지원시책이었으나 그 추진과정에서 중복 및 혼선 지원의 문제를 드러냈다.

〈표 3-4〉 혁신형 중소기업의 추이

연도별	실적								계획	
	1998–2000	2001	2002	2003	2004	2005	2006	2007.12	2007	2008
벤처기업	15,774	11,392	8,778	7,702	7,967	9,732	12,218	14,015	15,500	20,000
Inno-biz	–	1,090	1,856	2,375	2,762	3,454	7,183	11,526	10,400	14,200
경영혁신형 기업	–	–	–	–	–	–	2,619	6,510	2,500	3,00
계	15,774	12,482	10,634	10,077	10,729	13,186	22,020	32,051	28,400	37,200
중복업체	–	699	1,134	1,519	1,890	2,455	4,508	7,332	5,400	7200
합계 (중복 제외)	15,774	11,783	9,500	8,558	8,839	10,731	17,512	24,719	23,000	30,000

자료: 중소기업중앙회, 『중소기업현황 2008』.

〈표 3-5〉 역대 정부별 중소기업과 대기업의 성장기여율 변화

구분		3공화국 (1963-1971)	4공화국 (1972-1979)	5공화국 (1981-1987)	6공화국 (1988-1992)	문민정부 (1993-1997)	국민의정부 (1998-2002)	참여정부 (2003-2006)
사업체 수	중소기업	89.7	95.9	99.0	101.3	101.2	100.8	100.0
	대기업	10.3	4.1	1.0	−1.3	−1.2	−0.8	0.0
고용	중소기업	28.0	48.9	72.9	62.7	24.7	841.7	62.6
	대기업	72.0	51.1	27.1	−162.7	−124.7	−941.7	37.4
생산	중소기업	20.3	32.6	40.6	53.8	46.9	60.8	46.2
	대기업	79.7	67.4	59.4	46.2	53.1	39.2	53.8
출하	중소기업	24.3	32.5	40.7	53.4	47.0	60.4	40.5
	대기업	75.7	67.5	59.3	46.6	53.0	39.6	59.5
부가가치	중소기업	25.5	35.8	41.2	53.5	45.2	67.7	49.5
	대기업	74.5	64.2	58.8	46.5	54.8	32.3	50.8

주: 성장기여율(%)=(대·중소기업증감분/전체 제조업증감분)×100

자료: 디지털 타임즈(2008. 6. 13)

〈표 3-5〉의 역대 정부별 중소기업과 대기업의 성장기여율 변화를 종합적으로 살펴보면, 중소기업 육성시책의 발전 과정 및 대·중소기업 성장과 기여율은 김대중 정부의 국민의 정부가 최고였고, 박정희 정부의 제3공화국 시대가 최악으로 평가되고 있다.[8] 제3공화국 시기

8) 이 연구 결과는 중소기업중앙회가 대한민국 정부수립 60주년을 맞아 제조업 부문의 시계열 통계자료를 바탕으로 역대 정권별 중소기업 육성시책의 발전 과정과 대·중소기업기업 간 성장 및 기여율 변화를 비교, 분석한 결과다(디지털 타임즈,

에 중소기업은 대기업의 절반에도 못 미치는 수준으로 그 비중이 축소되었다. 김대중 정부 시기에는 중소기업의 국가경제기여도가 가장 높았다. 외환 위기의 영향에도 불구하고 벤처기업 육성정책으로 사업체 수(100.8%), 고용(841.7%), 생산(60.8%), 출하(60.4%), 부가가치(67.7%) 등 대기업을 크게 앞지르고 있다. 대기업은 이 기간 동안 사업체 수와 고용이 0.8%, 941.7% 줄어들고, 생산과 출하, 부가가치는 각각 39.2%, 39.6%, 32.3% 증가에 그치는 약세를 반영하고 있다. 노무현 정부의 참여정부 시기에 중국 경제의 부상, 중소기업 고유업종제도 등의 폐지로 중소기업의 생산과 출하, 부가가치 등이 대기업에 뒤짐으로써 양극화 현상이 더 확대되었다.

이상의 중소기업정책과 발전 과정을 살펴볼 때 대기업과 중소기업의 양극화 현상은 민주화 이후 그리고 외환 위기 이후보다 확대되는 경향을 보여왔으며 중소기업을 육성하고 발전시키려는 정부의 정책적 노력은 그리 실효성이 크지 않았음을 잘 알 수 있다. 중소기업정책의 실효성이 없고 오히려 양극화로 심화되는 이유로 몇 가지를 들 수 있다. 우선 민주화 이후 노조활동이 활성화되면서 기업에서는 생산자동화 시설을 늘리게 되었고 따라서 고용비율을 줄이며 외주하청을 증가하게 된다. 따라서 대기업의 1인당 부가가치는 높아지고 대기업과 중소기업의 양극화는 보다 심화된다. 1997년 외환 위기 이후 재벌과 은행과의 유착관계가 깨어지면서 대기업의 금융조달 비용이 증가하기 시작한다. 이러한 재벌과 은행과의 관계 변화로 인해 기업은 기계설비 투자 대신 고용을 증가하게 된다. 따라서 외환 위기 이후부터 2006년까지 기계투자는 줄고 고용은 늘게 된다. 기업 내부에서의 비정규직과 파견직의 고용이 가능하게 되고 외부하청 비율은 지속적으로 늘

2008. 6. 13).

어난다.

또한 외환 위기 이후 중소기업 내부에서의 양극화 현상도 기업간 양극화를 심화시키는 데 기여했다. 20인 이하 소기업의 수가 점차 증가하였고 자동차산업에서의 하청은 4차까지 늘어나고 단가하락을 위해 비정규직과 외국인노동자 고용이 증가하게 되었다. 따라서 한국의 중소기업의 비중이 늘어났다고 할 때 이는 거의 소기업 비중이 증가한 것으로 볼 수 있으며 대기업과 중소기업의 양극화는 보다 심화된 것으로 이해 가능하다. 중소기업 내 양극화가 심화된 또 다른 이유 중 하나는 한국의 금융체계의 문제점과 연관된다. 1999년에서 2006년까지 중소기업 중 생산액이나 매출액을 기준으로 30% 이상인 기업, 30% 이하, 0% 미만 성장을 보인 기업을 외환 위기 이전과 이후로 나누어 그 숫자를 살펴보았더니 30% 이상과 이하의 경우에 별로 크게 늘지 않았음을 알 수 있다. 그러나 마이너스 성장을 보인 기업은 그 숫자가 늘어난 것을 알 수 있으며 또 다른 표현으로 이들은 거의 퇴출이 되지 않음을 알 수 있다. 생산이 마이너스면서 퇴출이 안됐다는 점은 구조조정 대상의 기업들이 인수·합병의 단계 등을 통해 퇴출할 수 있는 출구도 없다는 점이다. 부실기업의 경우 담보대출이 안 되므로 부실정리도 어려운 실정이다. 현재 1인 이상 업체수는 340만 개인데 신용보증을 받은 기업은 30만 개로 10%도 채 되지 않는다. 정부의 신용보증을 못 받은 기업의 수가 훨씬 더 많은 실정이며 나머지 90%는 정부지원과 무관하게 무한경쟁체제에서 살아남아야 한다.[9] 이러한 현상은 정부의 중소기업에 대한 금융정책 역시 제한된 성과를 보이고 있음을 여실히 드러내는 것이다.

결론적으로 정치적 민주화는 경제영역에서의 민주화 과정에 영

9) 인터뷰. 김주훈 KDI 선임연구원 2009. 7. 1.

향을 미쳤는데 경제민주화는 개방과 자유화로 인식되었다. 중소기업 지원정책의 방향은 따라서 기존의 보호와 육성에서 자율과 경쟁이라는 모토로 변화되었다. 문제는 취약한 구조적 상황에 처해 있는 중소기업이 공정한 경쟁을 할 수 있도록 환경을 제공한다거나 이를 위해 구조개혁을 지속했어야 했지만 그러한 구조적 개혁 없이 중소기업을 무한경쟁으로 내몰았다. 정부는 기본적으로 친대기업정책을 지속했으며 중소기업 육성정책은 구속력 없는 선심성 구호가 대부분이었다는 점에서 제한된 성과만을 보였다.

2) 중소기업 이익집단의 역할

중소기업 지원을 위한 정부의 다양한 정책이 제한된 성과만을 보이고 있는 또 다른 이유는 중소기업의 이익을 대변하는 관련조직의 역할과 연관되어 있다.

일반적으로 일본의 산업구조는 한국과 달리 대기업과 중소기업이 균형적으로 발전된 것으로 비교 평가된다. 사실 전후 일본의 하도급관계는 한국처럼 불공정거래가 지배적 특징이었다. 이에 대해 일본 정부는 중소기업을 보호하고 지원하는 다양한 정책을 시행했으며 불공정 하도급거래를 막기 위한 법률을 제정하는 등 상당히 적극적 역할을 지속했다. 일본 정부가 이러한 법률 제정과 같은 다양한 노력을 지속한 정치적 배경은 일본의 중소기업 이익집단의 압력과 선거지지를 얻어내기 위한 정치적 전략이 존재했기 때문이다(Nishigushi, 1994; Lim, 1998). 일본의 자영업 집단의 이익정치는 보다 제도화하고 다원화된 양상을 보인다. 위기 시대에 일본의 중소기업 집단은 내부 조직화와 외부와의 정치적 연계를 강화하는 전략을 선택했다. 1950년대에서 60년대까지 좌파정당과 연계하였던 중소기업연합이 출현하여 정치적 압력을 행사했다. 정치적으로 자신의 지지기반이었던 자영, 중소기업 부문의 이탈 조짐은 자민당으로 하여금 다음과 같은 정책대응을 제시하게 했다. 중소기업의 종합발전계획안이라 할 수 있는 중소기업기본법 제정과 중소기업에 보다 유리한 환경을 제공할 수 있는 정책 패키지, 즉 중소기업전담 은행의 신설, 무담보대출, 중소기업구조조정법, 그리고 중소기업기본법 등을 제시했다(김석우 외, 2008: 41). 1967년이 되면 일본의 중소기업의 은행권의 대출액이 대기업의 그것을 넘어섰을 정도로 은행의 중소기업 대출정책이 그 실효성을 보여주었다. 일본에서의 중소기업 발전은 아래로부터의 자율적인 중소기업운동으로부터 출발했다.

한국의 중소기업이 대기업 중심구조에 밀려 약세를 반영하는 이유는 중소기업의 이익집단 역할에 많은 한계를 보이기 때문이다. 대기업과 중소기업의 대표적인 이익집단인 전경련과 중소기업 중앙회협동조합(이하 중기협)의 정책반영률을 비교하면, 전경련은 20.6%인 것에 비해 중기협의 반영률은 10.6%(제조업)에 머물러 있다(황종성, 1997). 중기협을 전국 중소기업체의 이익대표 조직으로 보는 것은 문제가 있다고도 한다. 중기협은 1999년 가입조합 735개에 총 6만 4,780개 기업이 회원으로 가입하고 있다. 중소기업의 범주 안에 있는 사업체의 4.9%만이 가입하고 있다는 점에서 중기협이 중소기업의 대표집단으로 활동하는 데 문제가 있다는 것이다(정상호, 2002: 196). 2004년 협동조합 조직화율은 평균 2.5%로 여전히 저조하다. 2006년 중기협의 조직화율은 2.3%에 머물러 있다가 가입기준의 범위를 변경하게 되어, 예컨대 기존에는 제조업의 협동조합만 가입 가능했는데 상업 부문의 음식업체 단체도 가입이 가능하게 되면서, 2008년 조직화율은 19.4%로 증가했다.[10] 한국 중소기업의 조직화율은 일본의 중소기업 조직화율 50%에 비하면 턱없이 낮은 상황이다. 중기협의 자율성을 약화시키는 결정적 요인으로 중기협의 낮은 재정자립도를 들 수 있다. 중기협은 1963년부터 현재에 이르기까지 정부보조를 받고 있으며 1995년까지 정부보조금이 중기협의 일반회계 경상수입에서 차지하는 비중이 26.5%에 이른다(정상호, 2002). 예산 가운데 회원의 회비로 충당되는 비율은 4% 내외를 차지하고 있다. 중기협에서 제조업 부분의 과잉대표와 상업부문의 과소대표는 조직률의 전반적 감소를 초래했다. 중기협의 가장 큰 구조적 약점은 그 설립 과정, 재정, 인선 등을 국가에 의존함으로써 재벌이나 금융문제와 같은 본질적인 쟁점을 우회하고 보다 주변적 문제들을 다루어왔다는 데 있다.

노동조합 조직률에서 대기업과 중소기업은 큰 차이가 난다. 2004년 300명 이상 대기업에 근무하는 노동자는 전체의 10.1%를 차지하며, 나머지 89.9%는 중소기업에 근무한다. 노동조합 조직률을 보면, 한국노총과 민주노총에 가입하고 있는 노동자 가운데 500명 이상 대기업에 종사하는 조합원이 전체의 72.5%를 차지하며, 50-99명 이하의 기업에 종사하는 조합원은 전체의 4.9%, 49명 이하 영세기업 조합원은 3.3%에 불과하다(한겨레, 2005. 1. 3.). 노동조합이 대기업에 집중되어 있다는 점은 대기업이 가진 시장지배력과 밀접한 관계를 갖는다.

결론적으로 균형적인 산업구조를 반영하는 일본과 달리 한국이 불균형적인 대기업 중심 산업구조를 발전시킨 이유는 정부와 대기업 간의 정치적 연합관계와 대기업 중심 산업정책이 지속된 것과 연관된다. 그러나 동시에 일본의 경험에서 볼 수 있듯이 중소기업의 이해를 반영하는 이익집단의 정치적 역할도 중요함을 알 수 있다. 정부의 중소기업을 위한 지원정책 자체가 많은 경우 실효성을 거두지 못한 이유는 정부가 정책 위반에 대한 철저한 처벌 등 정치적 의지가 발효되

10) 인터뷰 2009. 7. 7. 중소기업중앙회 예산총괄담당 조진형 부장

지 못한 데 있다. 중소기업 이익집단이 내부의 제도적 단결과 외부와의 정치적 연계를 강화하는 방안을 마련함으로써 정부정책의 실효성에 긍정적 영향을 미칠 수도 있다. 한국의 중소기업이 정부의 지원정책에도 불구하고 지속적으로 취약한 정치경제적 기반을 면치 못하는 또 다른 중요한 이유는 중소기업이 지속적으로 거래하고 있는 대기업과의 하도급거래의 구조적 문제에 있다. 이는 다음 절에서 설명하기로 한다.

3) 대 · 중소기업 하도급거래의 구조

우리나라 중소기업의 대기업에 대한 하청비중은 2003년 63.1%에 달하며 1994년 48.9%에서 15% 이상 증가한 양상을 보여준다. 이러한 하청업체들은 총 매출 중 평균적으로 82%를 대기업에게 납품하고 있다. 총 매출에서 하청매출 비중이 90%를 상회하는 업체의 비중도 71.4%에 달하고 있다. 대기업과 중소기업 간의 하청비율은 계속 심화되어왔고 대기업의 중소 하청업체에 대한 독점적 지위는 강화되었다(김대일, 2007: 480). 〈그림 3-5〉를 보면, 중소기업 가운데 다른 기업의 주문을 받아 제품을 생산하는 수급기업 비율은 감소하고 있지만 수급기업의 거래 모기업 의존도는 2007년 85%에 달하고 있다. 수급기업들의 애로를 들었더니 원자재값 상승분을 납품단가에 반영하지 않는다는 답이 67.2%로 많았다. 납품단가를 인하하라는 요구를 애로사항으로 꼽은 기업이 49.8%였고, 납기단축 요구는 28.8%가, 납품대금 결제기일 장기화는 24.6%가 답했다.[11]

11) 수급기업이 납품하는 모기업은 평균 14.5개로 급격하게 늘었으며 이는 곧 납품구조 다변화 현상으로 중소기업청은 해석하고 있다. 중소기업청은 5일 이상 중소제조업체 4,100개를 대상으로 조사한 〈2007년 기준 중소기업 실태조사 결과〉를 내놓았다(매일노동뉴스, 2008. 11. 19.).

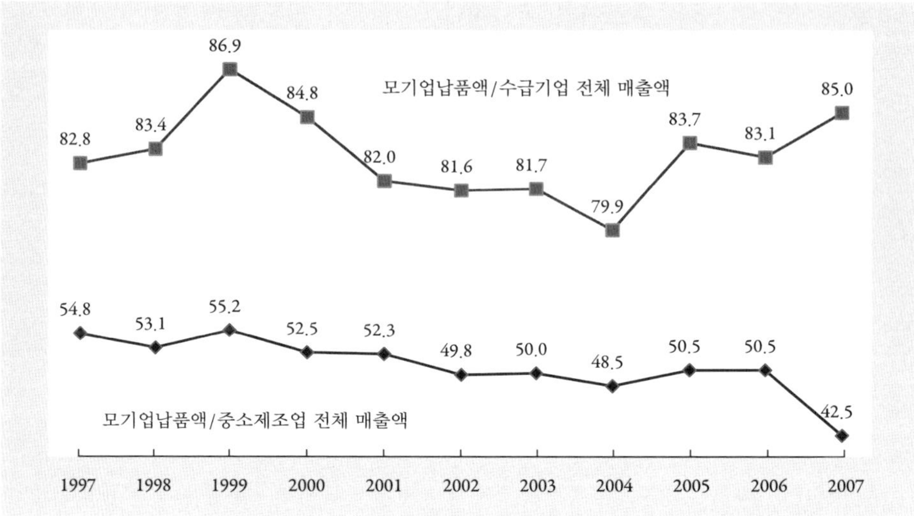

자료: 중소기업청, 『중소기업실태조사보고서, 2008』.

〈그림 3-5〉 수급기업의 거래 모기업 의존도(%) 추이

2005년 실시된 조사에 따르면 중소기업 80% 이상이 대기업과 지배종속적 관계로 인식하고 있음이 확인됐다. 중기협이 중소기업 150곳을 대상으로 조사한 바에 따르면 대기업의 중소기업형 사업영역 진출에 대해 찬성 의견이 0.7%에 불과했으며, 전체의 84.5%가 이에 부정적으로 답하였다. 중소기업이 사업하기 힘든 이유로 대기업의 하도급 횡포가 32.4%로 가장 많았고, 중소기업 취업 기피에 따른 인력난이 28.3%, 제품 판로 개척의 어려움이 13.7%, 정부의 규제와 간섭이 9.4% 등의 순으로 나타났다. 불법 하도급거래 유형으로는 매년 단가의 일률적 인하가 63.2%로 가장 많았으며 임의로 발주를 취소, 변경하는 경우 15%, 물품대금의 60일 초과지급이 10.3% 등으로 나타났다. 대기업과 중소기업 간 동반성장을 위해 협력해야 할 사안으로 공정한 하도급 관행 정착이 64.6%로 가장 높았고 다음으로 국산부품화 17%, 금융지

〈표 3-6〉 수급기업의 모기업 거래시 애로사항(단위: %)

	지나친 품질 수준 요구	원자재 가격상 승분납 품단가 미반영	납품 단가 인하 요구	납품 대금 결제 기일 장기화	불규칙 발주 (수시 발주)	납기 단축, 촉박	거래선 변경 시도	특허기 술자료 제출 요구	위탁 기업과 원가 산정시 상충	어음 할인료 미지급
2006	34.6	–	69.1	29.4	44.6	43.1	14.9	–	15.0	13.3
2007	22.4	67.2	49.8	24.6	22.6	28.8	4.3	1.3	11.6	11.1

주: 복수응답 결과로 합계가 100.0 초과; 원자재가상승분 납품단가 미반영, 특허기술 제출 요구는 '07년 기준 조사시 반영

원 10.2%, 판로 개척을 위한 공동판매지원 5.4% 등으로 조사되었다(한겨레, 2005. 5. 18).

IMF 체제 이후 대금결제일 장기화로 인한 애로가 더욱 증가함으로써 자금압박 요인이 증가하였다. 수주단가 결정방식은 1990년에는 합의에 의해 결정하지만 위탁기업의 입장이 강하게 반영한다는 비율이 68%로 가장 높았으며, 이 비율은 1996년 41%로 줄었지만 여전히 지배적인 결정방식으로 남아 있다. 1996년 수급기업의 입장을 충분히 반영한다는 비율은 5.2%에 지나지 않았다(이윤보, 2003: 223).

대·중소기업 하도급거래의 실태를 살펴보면 아직도 기존의 불공정거래가 지속하고 있음을 알 수 있다. 예컨대 수급중소기업이 하도급거래시 겪는 가장 큰 애로는 여전히 저렴한 납품단가로 나타났다. 〈표 3-6〉은 2007년 수급기업의 모기업 거래시 애로사항을 보여주고 있다. 2007년 조사에는 남품단가 인하 요구보다 더 큰 애로사항으로 원자재 가격상승분 납품단가 미반영이 더 큰 요인으로 나타났다.

〈표 3-7〉을 보면 2, 3차 벤더로 갈수록 납품단가 인하 경험을 거래단계별로 질문한 결과 1, 2, 3차 벤더별로 33.1%에서 37.2%, 55.3%로 나타나 2차, 3차 벤더로 갈수록 납품단가 인하 경험이 많은 것으로

〈표 3-7〉 거래단계별 납품단가 인하 경험

구분		2007년 중 납품가격 인하 경험		전체
		있음	없음	
거래단계	1차	197건 33.1%	399건 66.9%	596건 100%
	2차	87건 39.2%	147건 62.8%	234건 100%
	3차	42건 55.3%	34건 44.7%	76건 100
	무응답	1건 50%	1건 50%	2건 100%
전체		327건 36%	581건 64%	908건 100%

자료: 중소기업연구원(2009).

응답하였다. 2, 3차 벤더로 갈수록 복잡한 제품보다는 단순가공에 의존하는 경향이 높고 동종업종 내에서 가격경쟁이 치열할 가능성이 높은 것으로 나타났다. 2, 3차 벤더들도 기술력에 기반한 차별화된 제품을 공급함으로써 가격경쟁을 회피하는 구도를 갖출 필요가 있다(중소기업연구원 대중소기업 납품거래 실태조사 2009).

납품단가 문제의 근본적 원인에 대하여 응답한 기업 중 주요 대기업의 지속적인 단가 인하, 대기업중심의 경제구조, 대기업 노조의 임금 인상 등 대기업 행태가 납품단가 문제의 근본원인이라는 시각이 57.8%로서 전체 응답의 반 이상을 차지하였다. 이에 대한 대책으로 제시할 수 있는 납품단가 조정회의에 대한 응답자들의 견해를 정리해보면 다음과 같다. 대체로 응답자들은 납품단가연동제보다 납품단가 조정회의 의무제가 더 효율적일 것이라 답했다. 35.7%가 납품단가연동제에 비하여 실효성이 있을 것이라 했고, 33.7%가 정부가 감독을 철

〈표 3-8〉 납품 단가 문제의 근본적 원인

구분	빈도	비율(%)
주요 대기업들의 지속적인 단가 인하	234	25.8
대기업중심의 기업구조	291	32.0
위탁기업들의 우월적 지위남용	145	16.0
중소기업의 기술력	55	6.1
대기업노조의 임금인상 등 원가 압박	59	6.5
글로벌 시장에서 기업간 경쟁	91	10.0
기타	33	3.6
전체	908	100

자료: 중소기업연구원(2009).

저히 하고 법안을 보안하면 실효성을 높일 수 있다고 했다. 그리고 35.7%는 대기업의 보복으로 실효성이 떨어질 것으로 답했다.

〈표 3-9〉를 보면, 대·중소기업 양극화의 원인에 관하여 대기업 중심의 경제구조와 구조적인 불균형을 지목한 기업이 전체의 55.5%인 반면 글로벌시대의 추세 또는 중소기업의 경쟁력 부족을 든 의견은 전체의 33.0%로 나타나 과반수가 대기업중심의 경제구조를 양극화의 원인으로 보고 있다. 대·중소기업 상생을 위한 방안으로 대기업집단 중심의 경제구조를 개선해야 한다는 의견이 가장 높았으며 그 다음으로는 중소기업의 기술력 역량 강화와 하도급 공정거래질서의 강화를 꼽았다. 하도급거래에 있어 지속적인 문제로 남아 있는 불공정행위 예방을 위해 제도 개선이 필요하다. 예컨대 수탁기업에 불이익이 없도록 수탁기업의 신고시 정부가 위탁기업을 대상으로 수시로 불공정거래조사를 실시해야 한다는 의견이 조사집단의 38.2%로 가장 높았다. 또한 불공정사례 예방조항을 법률에 좀 더 반영하여 불공정행위의 여지가

〈표 3-9〉 대기업과 중소기업 간의 양극화 원인

구분	빈도	비율
글로벌화 시대에 양극화 현상은 하나의 추세	141	15.5
대기업집단 중심의 경제구조가 양극화 심화시킴	451	49.7
중소기업의 기술력, 경쟁력 부족	159	17.5
대기업노조가 양극화를 촉진시켰다	53	5.8
대기업과 중소기업의 구조적 불균형 지속	92	10.1
기타	12	1.3
전체	908	100

자료: 중소기업연구원(2009).

없도록 해야 한다는 답이 27.1%, 불공정 행위에 대한 법률상 벌칙을 강화하여 불공정 행위시 위탁기업의 손실이 더욱 커지도록 한다는 답이 12.7%, 그리고 수탁기업의 경쟁력 확보가 긴요하므로 중소기업의 기술과 품질경쟁력 향상을 위한 정책강화가 필요하다는 답이 12.5%순이었다.

〈표 3-10〉 대·중소기업 상생을 위한 방안

구분	빈도	비율
하도급 공정거래질서의 강화	185	20.4
대기업집단중심의 경제구조 개선	246	27.1
중소기업의 기술력, 신제품 개발 역량 강화	210	23.1
대기업, 중소기업 상생정책 지속	136	15.0
중소기업 간 협력과 단체를 통한 공동대응	90	9.9
대·중소기업 근로자 간 임금격차 완화	39	4.3
기타	2	0.2
전체	904	100

자료: 중소기업연구원(2009).

양극화의 원인을 대기업중심 산업구조에 있다고 보는 의견이 많았는데, 곧 정부가 친대기업정책을 펴는 것에 문제가 있었음을 반영하는 것이다. 제도 개선의 예로 불공정행위에 대한 강력한 처벌의지와 위탁기업인 대기업에 대한 수시 불공정거래 조사 실시 필요성이 제시되었다. 이는 정부와 대기업 간의 배타적 정치연합구도가 지속적으로 유지되어 왔음을 의미한다.

5. 결론

1980년대 이후 한국 중소기업은 양적 증가의 발전 과정을 보여주었지만 동시에 대·중소기업 간 양극화 현상을 지속해온 구조적 취약성을 반영하고 있다. 1980년 이후 중소기업의 양적 비중은 여타 국가와 비교해볼 때 전혀 뒤지지 않는다. 1980년대 이후 중소기업의 사업체의 수, 생산액, 부가가치 면에서 대기업 비중은 축소되는 반면 중소기업은 그 비중이 증가했다. 문제는 하도급거래를 통해 대기업과의 유기적 관계 내에서 중소기업의 수익성은 오히려 하락했다. 한국의 중소기업은 양적인 면에서 그 비중이 증가했는지 모르지만 질적인 측면에서 보면 영세성, 낮은 채산성 등 사회구조적 문제를 반영해왔다.

대·중소기업 양극화의 원인은 경제적 환경과 구조에 의해 설명할 수도 있지만, 정부의 친대기업정책, 중소기업정책의 한계, 그리고 대기업과 중소기업 간의 착취적 하도급 관계 등으로 이해 가능하다. 중소기업 진흥정책과 중소기업과 대기업 간의 상생정책 등은 부재했다기보다 오히려 과다했다. 문제는 왜 정책이 제한된 성과만을 보였는가에 초점을 두어야 한다. 민주화 이후 그리고 외환 위기 이후 대·중소기업의 양극화 현상은 보다 확대되는 경향을 보여왔으며 중소기업을 육성하려는 정부의 정책은 제한된 성과만을 보였다. 정부의 중소기업 정책이 한계적 실효성을 보인 이유는 정부가 대기업 중심으로 정치적 연합을 지속해왔으며, 중소기업 이익을 대변할 정치조직이 부재하며, 그리고 대기업과 중소기업 간 상생협력의 인식이 결여되어 있다. 정부의 중소기업정책이 실효를 거두지 못한 이유는 정부가 조정적 담론과 소통적 담론에 큰 노력을 기울이지 않았기 때문이다. 특히 대기업과 중소기업 간 상생협력의 인식을 강조하기 위해서는 정부가 나서서 윈윈전략의 중요성을 강조하는 이념을 전파하고 대기업을 설득하는 작업을 지속해야 했다. 동시에 하도급거래의 불공정 행위에 대한 강력한 처벌의지 등을 공표하는 등 정부의 강력한 의지표명이 필요했지만, 결과적으로 그러지 못했다. 따라서 한국의 중소기업정책은 구속력이 없는 선심성 구호가 대부분이었다. 한국에서는 정치적 민주화가 경제영역에서의 민주화에도 영향을 미쳤는데 경제민주화는 개방과 자유화로 인식되었다. 민주화 이후 중소기업지원정책의 방향은 기존의 보호와 육성에서 자율과 경쟁이라는 모토로 변화되었다. 그러나 공정한 경쟁을 위한 구조개혁 없이 중소기업을 무한경쟁으로 내몰음으로써 대기업과 중소기업의 양극화 현상은 보다 심화되었다.

일본이 상대적으로 균형적인 산업구조를 발전시킨 이유는 중소기업들이 이익집단의 조직화를 통해 정부에 대해 압력을 가할 수 있었으며 정부도 중소기업의 정치적 지지를 확고히 하기 위해 중소기업을 육성하려는 진정한 노력을 기울였기 때문이다. 무엇보다 중요한 것은 일본의 대기업과 중소기업 간의 하도급거래에 대한 공정거래법 실시, 중소기업에 대한 금융지원 확대 등 정책적 실효성이 존재했었다. 일본의 대기업과 중소기업 간 하도급거래의 성격이 착취적 거래관계에서 협력관계로 변화한 것도 균형적 발전의 중요요소 가운데 하나라 할 수 있다.

한국은 1993년 제조업 내 중소기업 중에서 몇 개 기업이 10년 후인 2003년 300인 이상 대기업으로 변화했는지 조사해 보니 5만 6천 개의 중소기업 중에서 단지 57개만이 대기업으로 변화했을 뿐이다. 500인 이상 기준으로 잡았을 때 변화한 기업은 단지 8개밖에 되지 않는다. 한국에서의 중소기업과 대기업 간에는 유리벽과 같은 장벽이 세워져 있는 실정이며 이는 건강한 산업구조의 모습이라 할 수 없다.[12] 부실중소기업의 인수·합병 과정에서 금융기관이 보수적인 성향을 지속함으로써 중소기업에 대한 금융지원정책은 한계를 보여주었다. 대·중소기업 양극화를 방지하고 균형적인 산업구조를 발전시키기 위해서는 정치경제적 측면의 분석에 따라 한층 더 실효성 있는 정책 시행과 대기업과 중소기업 간의 윈윈 상호협력의 인식이 필요하다. 또한 중소기업 이익집단은 내부적 단결과 외부와의 정치적 연계를 강화함으로써 정부정책의 실효성에 긍정적 영향을 미칠 수 있도록 해야 한다.

12) 인터뷰. 김주훈 KDI 선임연구원 2009. 7. 1.

김대일, 2007, 「외환위기 이후 노동시장의 변화와 시사점」, 『경제학연구』, 55(4).

김석우 외, 2008, 「정부의 변화와 중소기업 정책간의 연관성에 관한 연구」, mimeo.

김승일, 2008, 「대·중소기업 납품거래 실태조사」, 『기본연구 08-27』, 중소기업연구원.

김종범, 2003, 「중소기업의 성과와 과제」, 한국 정책학회 특별기획 학술세미나 발표.

박동수·정성한·김기남, 2005, 「중소기업지원기관의 유효성평가」, 『산경연구』, 13, 영남대학교 산경연구소.

배종태·김중현, 2007, 「대·중소기업 신제품개발 협력과정과 상생정책」, 『중소기업연구』, 29(4).

백낙기, 1996, 「중소기업청의 출범과 종소기업 정책 변화」, 『지역개발연구』, 28(1), 전남대학교 지역개발연구소.

산자부, 2007, 「대·중소기업 상생협력 정책방향」, 산자부 제1차관 8. 20.

양현봉, 2003, 「외환위기 전후의 중소기업 구조변화 분석 및 정책적 시사점」, 『중소기업연구』, 25(2).

오철호, 2003, 「중소기업정책의 지원체계 개선방향」, 한국정책학회. 김대중정부의 주요정책의 공과와 지원체계 개선방향 특별기획 학술세미나 발표논집.

이윤보, 2003, 「하도급거래의 문제점과 개선방향」, 한국 중소기업학회, 총회 및 춘계학술대회.

이종욱, 2007, 「한국 중소기업의 자금조달 애로요인과 대책」, 『중소기업연구』, 29(4).

이광근·김정욱, 2000, 「일본의 하청제도 변화에 관한 이론적 연구」, 『중소기업학회지』, 22(1).

조민경·김승철, 2008, 「한국 중소기업 경쟁력 제고를 위한 정부 정책 분석: 한국·독일 비교연구」, 『중소기업연구』, 30(2).

정상호, 2002, 「한국 중소기업 집단의 이익정치」, 『한국정치학회보』, 36(4).

주현, 2007, 「대·중소기업 양극화 추이와 시사점」, 『산업경제분석』, 2007년 5월.

중소기업연구원, 2009, 『대·중소기업 납품거래 실태조사』.

중소기업중앙회, 2007, 『2007년 중소기업 금융이용 애로실태조사 결과』.

______, 2008, 『2007년 기준 중소기업 실태조사보고』.

______, 『중소기업현황』, 각 연도.

______, 『중소기업통계 DB』(http://stat.kbiz.or.kr)

______, 『해외중소기업통계』, 각 연도.

중소기업청, 2005, 『2004 중소기업 실태조사 결과보고서』.

중소기업진흥공단, 2009, 『2009 중소기업 경제·경영지표』.

한국은행, 『기업경영분석』(http://ecos.bok.co.kr).

한겨레, 「중소기업 75% '고유업종제 폐지로 매출감소'」(2008. 10. 17).

홍종학, 2006, 「양극화와 경제구조개혁」, 『응용경제』, 8(2), 한국응용경제학회.

황종성, 1997, 「사용자 단체」, 김영래(편), 『이익집단정치와 이익갈등』, 한울아카데미.

Gourevitch, P., 1986, *Politics in Hard Times*, Ithaca, H.Y.: Cornell University Press.

Hall, P. and Soskice, D., 2001, *Varieties of Capitalism: The Institutional Foundations of Comparative Advantage*, Oxford: Oxford University Press.

Hall, P. and Taylor, Rosemary C. R., 1996, "Political science and the three new institutionalism," *Political Studies*, 44.

Katznelson, I. and Weingast, B.(eds.), 2005, "Intersections between historical and rational choice institutionalism," *Preferences and Situations*, New York: Russel Sage.

Katzenstein, J. P., 1978, *Between Power and Plenty*, Madison: University of Wisconsin.

Lim, Haeran, 1998, *Korea's Growth and Industrial Transformation*, London: MacMillan Press Ltd.

______, 2009, "Democratization and the transformation process in East Asian developmental states: With a focus on financial reform in Korea and Taiwan," *Asian Perspective*, Spring 2009.

March, J. G. and Olsen, J. P. 1984, "The new institutionalism: Organizational factors in political life," *The American Political Science Review*, 78(3), Sep.

Nishiguchi, Toshihiro, 1994, *Strategic Industrial Sourcing: The Japanese Advantage*, Oxford: Oxford University Press.

Ostrom, E. O., *Governing the Commons: The Evolution of Institutions for Collective Action*, Cambridge: Cambridge University Press.

Peter, B. Guy, Pierre, J., and King, D. S., 2005, "The Politics of path dependency: Political conflict in historical institutionalism," *The Journal of Politics*, 67(4).

Schmidt, V. A., 2009, "Putting the political back into political economy by bringing the state back in yet again," *World Politics*, 61(3), July.

______, 2010, "Taking ideas and discourse seriously: Explaining change through discursive institutionalism as the fourth 'new institutionalism," *European Political Science Review*, 2(1).

Thelen, K. and Steinmo, S., 1992, "Historical institutionalism in comparative politics," in S., Steinmo, K. Tehlen, and Frank Longstreth(eds.), *Structuring Politics: Historical Institutionalism in Comparative Analysis*, New York: Cambridge University Press.

제4장

아동기 인적자본 불평등의 사회경제적 요인

이 봉 주

1. 서론

사회의 발전과 경제성장을 위해서는 인적자본(human capital)이 가장 중요한 성장 동력이다. 사회와 경제의 자생적 성장이 지속되려면 인적자본의 축적은 필수적이다(Lucas, 1988). 특히 아동기의 인적자본의 불평등은 성인이 되었을 때 생산성의 불평등으로 이어져 사회적 불평등을 야기하는 주요한 요인이다(Heckman and Krueger, 2002).

1960년대에 Becker(1962)와 Schultz(1961) 등의 경제학자들이 주창하기 시작한 인적자본이론은 인적자본이 실물자본과 같은 성질을 가지는 자본이라는 전제 하에 인적자본도 실물자본과 같이 투자에 의해서 축적이 가능하다는 이론이다(박기성·송병호, 2002). 이때 인적자본에 대한 대표적인 투자방법은 교육과 훈련이다. 특히 교육과 훈련의 성과에 있어서 기본적 능력이 가장 중요한 성공요인으로 작용하는데, 기본적 능력은 인지적 능력뿐 아니라 지구력, 동기, 자제력과 같은 비인지적 능력을 포함한다(Heckman and Krueger, 2002).

교육과 훈련을 통한 인적자본에의 투자는 개인의 생산성을 향상시켜 소득증대를 가져온다. 결국 인적자본을 증진시키기 위하여 투입되는 자원은 소비가 아니라 미래의 생산성을 향상시키기 위한 경제적 투자다. 그러한 투자에 의하여 형성된 인적자본은 소득에 영향을 미쳐, 낮은 수준의 투자는 낮은 인적자본 수준을 낳게 되고, 이는 다시 낮은 소득으로 귀결된다. 반대로 높은 수준의 투자는 인적자본을 증가시키고, 이는 다시 높은 소득을 낳는다. 여기에서 만약 인적자본에 대한 투자가 전적으로 개인의 선택의 문제라고 한다면 인적자본이 낮은 집단의 인적자본을 증대시키기 위한 사회적 개입의 근거는 희박할 수 있다. 즉, 인적자본에 투자하는 집단은 미래의 높은 수익률을 위하여 현재의 소비를 줄여 투자하는 것이고, 인적자본에 투자하지 않는 집단은 미래에 대한 투자 대신 현재의 소비를 즐기게 되어 현재와 미래의 시차만 있을 뿐 누리게 되는 평생소득은 같게 되기 때문이다.

여기서 문제가 되는 것은 인적자본에 대한 투자는, 특히 어린 시기에의 투자는, 주로 가정이 담당하게 된다는 점이다. 인적자본에 대한 투자가 불평등하게 이루어지는 이유를 여신한계(credit constraints)의 개념으로 설명될 수 있다. 이상적인 조건 하에서는 모든 가정의 아동들은 투자의 한계수익률(marginal return)이 할인율(discount rate)과 같아질 때까지 교육 자원에 투자를 하게 되고, 모든 가정은 동일한 조건의 여신능력이 있으며 투자에 대한 할인율도 같게 된다. 하지만 교육과 훈련에 대한 투자는 이상적인 세계에서 이루어지는 것은 아니다. 즉, 빈곤한 가정은 여신에 한계가 있어서 부유한 가정에 비하여 높은 이자율을 지불하여야 하기 때문이다. 즉, 미래에 대한 투자비용이 높아져 투자를 줄이게 되어 빈곤한 가정의 아동들은 상대적으로 낮은 수준의 인적자본을 형성하게 된다는 것이다(Ellwood and Kane, 2000).

인적자본의 불평등한 형성은 가족적 혹은 환경적 요인으로도 설명될 수 있다(Caneiro and Heckman, 2002). 부유한 부모를 둔 아동은 그렇지 않은 아동보다 더 좋은 질의 보육시설과 초·중·고등학교를 선택할 수 있다. 부모의 교육에 대한 높은 관심과 미래에 대한 기대감은 아동의 교육에 대한 흥미와 미래에 대한 기대감을 형성시킨다. 교육수준이 높은 부모는 아동의 학습을 더 잘 지도하고 도와줄 수 있게 되어 아동의 공부에 대한 관심을 높이게 된다. 즉, 이렇게 태어나서부터 청소년기까지 영향을 미치는 가족적인 환경은 축적되어 아동의 능력을 결정하게 되는 것이다.

우리 사회에서도 가족의 사회경제적 배경이 인적자본에 영향을 미치는 증거는 최근의 실증 연구에서 나타나고 있다. 한국노동패널 자료를 이용한 연구에서, 방하남·김기남(2002)은 한국사회에서도 고등교육으로의 이행에 계층 간 차이가 있어 계층 간 인적자본 형성에 불평등이 존재하고 있음을 보고하고 있다. 즉, 부의 교육수준이 높을수록, 부모의 직업지위가 높을수록, 가구소득이 높을수록 대학진학 확률이 일반적으로 높은 것으로 나타났다. 한국사회의 세대간 지위 획득 과정을 연구한 또 다른 연구에서는 부친의 학력이 본인의 직업적 지위에 영향을 미치며, 그러한 가족 배경의 영향이 직접적으로 본인의 지위 획득에 영향을 미치기보다는 본인의 학력을 매개로 해서 이루어짐을 보여주고 있다(방하남·김기남, 2002). 즉, 가족 배경이 학력으로 대표되는 인적자본의 형성에 영향을 미치고, 그러한 인적자본이 개인의 직업적 지위 획득에 영향을 미치는 것으로 나타나 인적자본의 형성 정도가 개인의 사회적 지위 획득에 중요한 매개요소임을 밝히고 있다. 여유진 외(2007)의 연구에서도 부모의 사회경제적 지위가 자녀에 대한 교육투자를 통하여 자녀의 사회경제적 지위에 강한 영향력을 미치고 있음을 보여준다(여유진 외, 2007).

사회경제적 가족 배경이 인적자본 형성에 미치는 영향이 크다는 실증연구들의 결과를 종합해보면 우리 사회에서도 소득격차와 빈곤의 확대에는 인적자본 형성에서의 격차가 중요하게 작용하고 있음을 알 수 있다. 즉, 사회경제적으로 열악한 처지에 있는 가정의 아동들은 그렇지 않은 아동들이 이룰 수 있는 경제적 지위를 획득할 수 있는 평등한 기회를 구조적으로 제공받지 못하며, 그러한 현상은 적극적인 개입이 없이는 더욱 심화될 것임을 알 수 있다.

본 연구의 목적은 우리나라 아동청소년의 인적자본 불평등의 사회경제적 요인을 실증적으로 살펴보는 데 있다. 더 구체적으로는, 전국적인 대표성을 가진 〈한국아동청소년 종합실태조사〉 자료(보건복지가족부·서울대학교 산학협력단, 2009)의 분석을 통하여 우리나라 아동청소년의 인지·언어역량, 사회정서역량, 건강역량 수준에 미치는 가정내와

가정의 사회적 자본의 상대적 영향력을 분석하는 것이 본 연구의 주요한 목적이다.

본 연구의 구성은 다음과 같다. 제2절에서는 아동기 인적자본 형성의 중요성을 생애주기적인 관점에서 살펴본다. 제3절에서는 아동기 인적자본의 구성요소에 대하여 살펴본다. 제4절에서는 아동기 인적자본 형성에 영향을 미치는 사회경제적 요인에 대한 기존 연구들을 살펴본다. 제5절에서는 아동기 인적자본의 불평등한 형성에 미치는 사회경제적 요인에 대한 실증분석 결과를 제시한다. 제6절에서는 결론과 함께 아동기 인적자본 불평등 해소를 위한 정책적 방향을 제시한다.

2. 아동기 인적자본 형성의 중요성

1) 생애주기적 관점

인간이 출생부터 사망까지 발달시켜야 할 인적자본의 성질은 생애 구간별로 다르다. 생애주기를 크게 나누어보면 공식적인 교육체계에 편입되는 초등학교 전까지의 학령전기, 초등학교에서 고등학교까지의 학령기, 대학입학 연령대부터 노동시장에서 생산적 활동을 영위하는 생산활동기, 그리고 생산활동으로부터 은퇴하는 노년기로 나누어볼 수 있다. 이렇게 나누어보면 각 생애주기에서 필요한 인적자본은 확연히 다른 구성요소를 가지고 있음을 알 수 있다. 예를 들면, 학령전기에는 기본적인 건강, 운동능력, 애착, 언어능력, 정서능력 등의 계발이 요구된다면, 학령기에는 창의적인 사고력, 사회성, 판단력, 자제심, 지구력 등의 계발이 요구된다. 각 생애주기에서 집중적으로 계발되어야 할 인적자본의 성질이 다르므로 인적자본에 대한 투자의 방식도

각 생애주기별로 고려할 필요가 있다.

각 생애주기별로 처할 수 있는 위험의 성격과 특성이 다르다는 점도 인적자본에 대한 투자가 생애주기별로 이루어질 필요가 있는 이유다. 예를 들면, 학령전기에는 발달을 자극하는 양육환경에 처하지 못함이 대표적인 위험이라면, 학령기에는 스스로 생각하는 능력을 배양할 수 없는 교육방식에 처할 수 있는 것이 대표적인 위험이다. 생산활동기에는 실업 등의 이유로 노동시장에서 배제되는 위험이 대표적인 위험이다. 생애주기별로 처할 수 있는 위험요소의 성격과 특성이 다르고 그러한 위험요인에 대처할 수 있는 인적자본의 구성요소가 다르기 때문에 인적자본에 대한 투자는 생애주기별로 고려될 필요가 있다.

생애주기별 인적자본에 대한 투자에서 또 하나 고려해야 할 점은 각 생애주기에서 계발된 인적자본은 다음 주기의 인적자본 계발의 토대가 된다는 점이다. 가령 학령전기에 부모와의 건전한 애착관계의 형성은 학령기의 사회적 역량, 정서적 역량의 발전에 토대를 이룬다는 점이다. 만약 학령기 전에 부모와의 건전한 애착관계가 형성되지 않으면 그 다음 생애주기인 학령기에서의 사회적 역량과 정서적 역량을 발전시키는 데 심각한 문제가 초래된다. 즉, 각 생애주기별 인적자본은 다음 생애주기들의 인적자본의 축적에 영향을 주게 되므로 생애주기별 인적자본에 대한 투자는 생애주기 간의 연계성에 주목할 필요가 있다.

인적자본은 전 생애를 통하여 계발되고 축적된다. 하지만, 빈곤으로 인한 인적자본의 결핍을 완화시켜주려는 서비스의 개입에 있어서 가장 효과적인 시기는 언제인가? 즉, 인적자본에 대한 투자회수율이 가장 높은 서비스 분야는 어디인가? 인적자본 투자 전략의 다양한 모델을 실증적으로 연구한 Heckman과 Lochner의 연구는 그러한 질문에 직접적인 답을 주고 있다. Heckman과 Lochner(2000)는 연령대별 인적자본 투자 전략의 효과성을 비교하며, 어린 시기, 특히 학령전기의 조기 개입 서비스가 가장 효과적이라고 밝히고 있다. 그 이론적 근거로는 첫째, 어린 시기에의 인적자본에 대한 투자는 수익을 얻을 수 있는 기간이 어린 시기에 시작하였기 때문에 가장 길어 전체 수익률이 높으며, 둘째, 능력은 능력을 낳게 된다는 평범한 진리에 따라 어린 시기에 보강해준 인적자본은 그것을 바탕으로 계속적으로 인적자본을 축적할 수 있는 능력이 자생적으로 생겨 인적자본 축적에의 시너지 효과가 기대된다는 것이다. 최근의 인적자본 발달 연구에서도 생애주기의 각 단계마다 그 단계에서 형성되어야 할 능력이 다르며, 각기 다른 능력마다 가장 원활히 발달할 수 있는 단계가 있음을 강조하고 있다(Shonkoff and Phillips, 2000). 즉, 주요 능력이 형성되어야 할 단계를 놓치게 되면 그 후에 개입을 통하여 능력을 제고시키는 것은 힘들며 그러한 개입에는 더욱 많은 비용이 든다는 것이다. 이러한 점을 살펴볼 때, 인적자본 투자에서 가장 먼저 고려할 분야는 어린 시기, 특히 학령전기의 조기 개입 유형이다.

2) 인적자본의 축적 경로

인적자본의 축적 과정은 하나의 궤적으로 파악될 수 있다. 즉, 한 개인이 지니고 있는 인적자본의 총량은 시간이 지남에 따라 변한다. Heckman은 그러한 인적자본이 축적되는 과정은 독특하다고 주장한다(Heckman, 2000). 인적자본의 증진은 그 다음 시기에 더욱 큰 증진을 가져온다고 설명한다. 예를 들면, 양질의 조기교육 프로그램을 경험한 아동(즉, 인적자본의 증진이 일어나면)은 취학에 대한 준비가 잘 되어 있고, 취학에 대한 준비가 잘 된 아동은 학교생활을 성공적으로 하게 되며,

비행 등 행동적인 문제의 가능성이 적어지고, 보다 좋은 성적으로 고등학교를 졸업하게 된다. 다시 그렇게 고등학교를 좋은 성적으로 졸업한 아동은 대학 진학에서 성공하게 되고 졸업 후에는 높은 임금의 직장을 얻게 된다는 것이다. 다른 말로 하면, 투자의 사이클은 자기강화적이라는 것이다.

자기강화적인 투자는 아마도 복리이자의 개념으로 설명될 수 있을 것이다. 처음에는 이자가 원금에 더하게 되는 정도는 미미하지만, 시간이 지남에 따라 복리이자가 축적됨에 따라 원금은 기하급수적으로 늘게 된다.[1] Heckman은 이러한 인적자본의 자기강화적 효과를 역동적인 상보성의 과정이라고 부른다(Heckman, 2000).

Heckman이 제안한 것과 같은 자기강화적인 과정은 하나의 독특한 함수의 형태를 띤다. 즉, 인적자본의 총량의 변화를 나타내는 궤적은 시간에 따라 하나의 독특한 경로를 따른다. 〈그림 4-1〉은 인적자본의 축적 궤적이 어떻게 나타내질 수 있는지를 보여준다. 이때 인적자본이 노동생산성이라고 가정하면 인적자본의 수준은 취학준비도의 수준을 나타낸다. 출생 시의 아동은 인적자본의 양이 매우 낮기 때문에 취학 준비가 안 된 상태다. 학령전 시기를 거치면서 아동의 선천적인 능력과 인적자본에 대한 투입요소(가령, 부모의 사회적 자본)의 함수로 인적자본은 증가한다. 이때, 투입요소에 따라 얼마나 빨리 인적자본의 수준이 증가하는가가 결정되며, 궁극적으로 취학준비도의 수준이 결정된다. 〈그림 4-1〉은 그러한 인적자본의 증가함수를 로지스틱 함수로 보여주고 있다.

1) 이때, 인적자본의 축적 과정과 복리이자의 개념 사이에는 중요한 차이가 있다. 복리이자의 개념에서는 원금이 한계 없이 늘어난다. 하지만, 인적자본은 적어도 이론적으로는 그 최대치에 한계가 있다. 즉, 인적자본의 증진율은 선천적인 인적자본의 최대한계치에 가까이 가면 감소하게 된다.

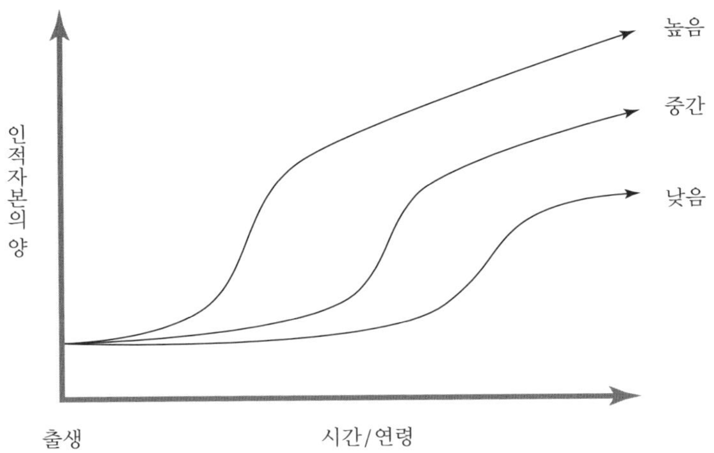

〈그림 4-1〉 인적자본의 축적 함수

x축은 시간/연령을 표시하고 y축은 인적자본의 양을 나타낸다. 〈그림 4-1〉은 각기 3개의 다른 궤적을 보여주고 있다. 각 궤적을 보면 처음에는 인적자본의 증가율이 느리다가 자기강화적 축적 과정이 생기게 되면 증가율이 빨라진다. 후반부에는 각자가 성취할 수 있는 인적자본의 한계치에 도달하면서 증가속도는 다시 낮아지게 된다. 이러한 로지스틱 함수는 크게 기하급수적인 성장 시기까지 도달할 때까지의 시기와 기하급수적인 성장기, 그리고 최대치로 이루어지는 세 시기로 나뉜다. 이때, 인적자본의 축적이 초창기에 더디게 되면 기하급수적인 성장기까지 걸리는 시간이 길어지고 궁극적으로는 일정한 연령에 도달하게 되는 인적자본의 수준은 낮게 형성된다. 즉, 인적자본 형성 궤적의 이러한 특성은 어린 시기에의 인적자본 형성의 불평등이 자기강화적인 성장곡선에 따라 성인기의 보다 큰 인적자본 불평등을 야기하는 과정을 보여준다.

3. 인적자본의 구성요소

인적역량은 인지적 역량과 사회적·행동적·정서적 역량을 포함하는 광의의 개념이다. 종래에는 인적역량을 주로 학업능력, 학력 등의 인지적 능력으로만 파악하는 경향이 있었다. 인적역량이 주로 인지적 능력으로 파악됨으로써 인적자본의 개발을 위한 정책방안도 주로 인지적 능력을 제고하기 위한 좁은 의미의 교육의 확대로 인식되곤 하였다. 하지만 인적역량은 인지적 역량과 비인지적 역량을 포함하는 개념이다(Heckman and Krueger, 2002). 인적자본 이론의 창시자라 할 수 있는 Becker는 학업년수뿐이 아니라 컴퓨터 훈련 교육, 의료비 지출, 시간엄수와 성실성의 중요성에 관한 강의 등도 개인의 건강을 증진시키고 소득을 증가시키는 데 도움이 된다는 의미에서는 하나의 자본이라고 설명하고 있다(Becker, 1993). Weiss 같은 경우는 학력이 높다는 것 자체가 인지적 능력의 증거가 아니라 오히려 인내심이나 목표감과 같이 학업을 끝까지 수행할 수 있는 '인성'의 증거라고까지 설명하고 있다(Weiss, 1995). 즉, 인적자본의 개념은 인지적 능력뿐이 아니라 정서적·사회적 능력까지를 포함하는 광의의 개념으로 이해되어야 한다는 것이다.

최근의 실증연구들도 그러한 비인지적 능력이 생산성에 미치는 영향을 밝혀내는 데 초점을 두어왔다. Duncan과 Dunifon(1998)은 인지적 능력을 통제한 상태에서도 행동적 특성이나 동기심의 정도가 임금수준과 밀접한 관계가 있음을 밝혀냈다. Persico, Postlewaite와 Silverman(2004)은 청소년기에 사회적 활동에의 참여와 자아존중감 수준이 성인기의 임금수준과 정적인 상관관계가 있음을 보고하고 있다. 즉, 청소년들이 사회적 활동에 활발히 참여하는 경험을 통하여 중요한 사회적 기술을 습득하게 되고, 그러한 기술들이 노동시장에서의 성공을 이끄는 중요한 요소라는 것이다. 또 다른 연구들에서는 공격성이나 자아존중감이 임금수준과 관련이 있음을 보고하고 있다(Osborne, 2000).

인적역량을 증진시키고자 하는 프로그램의 효과성 측면에서 보면, 미국의 대표적인 조기 보육/교육 프로그램인 Perry Preschool Program과 청소년 대상의 Big Brother/Big Sister Program도 결국은 비인지적 능력의 형성을 증진하여 경제적인 성공에 중요하게 작용하고 있음이 밝혀졌다(Heckman, 2000; Carneiro and Heckman, 2002). 즉, 이러한 프로그램들에의 참여가 테스트 성적으로 측정된 인지적 능력을 높이는 데는 별로 효과가 없었다. 그렇지만 궁극적으로는 높은 임금수준과 낮은 범죄율에 영향을 미친다는 실증 분석 결과에 착안하여, 그러한 프로그램들에의 참여가 인지적 능력의 향상을 통해서가 아니라 비인지적 능력의 향상을 통해서 생산성에 영향을 주고 있다는 것을 밝혀낸 것이다. 이러한 기존 연구들의 결과를 종합적으로 분석한 Bowels, Gintis와 Osborne(2001)은 학교 교육이 미래의 생산성에 미치는 영향의 상당 부분은 인지적 능력의 제고와는 상관없는 다른 측면에서의 인적자본 형성을 지원하는 학교 교육의 기능에 있다고 결론짓고 있다. Heckman & Rubinstein(2001)의 경우도 인적자본을 규정함에 있어 인지적 능력으로만 협소하게 규정하는 경향은 직장, 학교, 그리고 가정에서 개발될 수 있는 다양한 형태의 비인지적 능력의 경제적 가치를 과소평가하게 할 수 있다고 주장하고 있다.

인적역량은 단순한 인지적 능력뿐이 아니라 행동적·정서적·사회적 능력을 포함한 광의의 개념으로 파악되어야 한다. 그리고 그러한 인적역량의 각 구성요소는 축적되는 과정에서 상호 영향을 미치게 된다(Shonkoff and Phillips, 2000). 즉, 기본적인 인지적 역량이 없이는 사회적 역량의 증진이 어렵고, 사회적 역량이 취약할 때는 정서적 역량도 낮게 형성된다는 것이다.

이상에서 살펴본 바와 같이, 인적역량은 포괄적인 인간발달의 개념이다. 인간발달 영역은 매우 다양한 분야로 세분화할 수 있으나, 이곳에서는 일반적으로 인간발달영역의 기본 틀로 제시되는 신체, 정서, 사회적 역량 영역으로 구분하고(Zastrow and Kirst-Ashman, 2004), 특히 아동기 발달에 중요한 인지와 언어 영역을 추가하여 신체적 건강, 인지·언어 역량, 사회정서적 역량으로 인적자본의 핵심 분야를 설정하고자 한다(Davies, 2004).

1) 신체적 건강 역량

생물학적 측면의 인간발달은 아기가 수정이 되는 태아기 때부터 이미 시작된다. 이 시기는 임산부의 연령, 건강, 약물복용, 정서적 상태까지 태아의 발달에 주요한 영향을 미치게 된다(Zastrow and Kirst-Ashman, 2004). 출산 후 0–2세의 유아는 신체적 발달이 매우 빠른 것이 특징이다. 아기는 태어난 지 1년 사이에 몸무게가 3배가량 증가하며 2세가 되면 기본적인 운동능력이 거의 형성된다(이인정·최해경, 2007). 이와 같은 급격한 신체적 성장발달 시기인 생애 초기에 영양관리나 건강관리가 미흡하게 되면 향후 추가적인 질병이 유발되기도 한다. 더불어 영유아기의 신체적 발달은 생존과 깊은 관련이 있기 때문에 아동에게 필요한 적절한 신체적 보호나 돌봄이 없는 방임과 아동에게 가혹한 행위를 가하는 학대는 이 시기의 아동에게 매우 치명적인 결과를 야기할 수 있으므로 더욱 중요한 사회적 문제로 부각된다(곽형식 외, 2008).

영유아기 이후에도 아동의 신체적 발달은 꾸준히 지속되는데, 청소년기에는 생식능력을 획득함과 동시에 다시 한번 급격한 신체적 성숙을 경험하게 된다. 신장과 체중이 급격이 늘어나 성장급등의 시기로도 부른다(Newcombe, 1996). 소화기, 폐, 심장 등 내부기관의 성장도 급속해진다. 청소년기의 급속한 신체적 변화는 심리·사회적인 발달과 깊은 관련이 있으므로 더욱 관심의 초점이 된다. 예를 들면, 비만한 아동청소년은 자아존중감이나 또래관계에 영향을 받을 수 있으며, 외모로 인한 낮은 자아존중감이나 수치심 등은 섭식장애와 같은 장애를 유발할 수도 있다(홍봉선·남미애, 2007; 이인정·최해경, 2007). 즉, 아동·청소년기의 영양 및 식습관 관리, 일상생활관리, 운동관리 등은 이들의 신체적 발달에 영향을 미칠 뿐만 아니라 더 나아가 심리정서적인 측면이나 사회적인 측면에까지 영향을 미칠 수 있으므로 통합적인 관점을 견지하고 세밀한 영역에까지 민감하게 관심을 기울일 필요가 있다.

2) 인지 · 언어 역량

아동의 인지언어발달은 특히 영유아기에 급격히 발달하는데 Piaget의 인지발달이론에 따르면 대략 2세에 이르기까지 영유아의 인지능력은 감각운동 과정을 통해 발달한다. 유아는 외부세계에 존재하는 사물과 상호작용하면서 대상영속성을 습득하고, 점차적으로 복잡한 사고가 발달하게 된다. 약 7세에 이르기 전까지의 아동은 상상능력과 언어능력이 급속히 발달하는데 특히 아동의 언어능력은 양육자와의 상호작용에 의해 많은 영향을 받는다(Goldfield and Snow, 1984; Cochran-Smith, 1984). 초등학교 시기인 아동기 후기에 접어들면 인지적으로 보존개념, 유목화, 조합 능력을 획득하고 자기중심적 사고에서 벗어나 타인의 관점에서 바라볼 수 있는 시각을 가질 수 있게 되어 타인과의 의사소통이 원활해진다. 청소년기에 이르면 논리적이고 추상적인 사고가 가능해지므로, 이러한 인지적 사고능력은 학교와 같이 더 분화된 환경적 자극에 의해 더욱 발달한다. 한편, 인지적으로 도덕성이 발달하게 되는데, Piaget는 아동의 도덕적 판단의 발달이 타율적인 도덕성에서 자율적인 도덕성으로 점차 전환되어가는 것으로 보았으며, Kohlberg는 6단계의 도덕성 발달모델을 제시하며 대부분의 아동이 인습적 수준의 도덕적 판단이 가능해진다고 보았다(이인정·최해경, 2007; 권중돈·김동배, 2005).

3) 사회정서적 역량

사회정서발달 영역은 영유아기 시기 양육자와의 애착 형성을 기틀로 하여, 자기와 외부세계를 통제하는 능력으로 점차 발전한다. 아동이 2–4세가 되면 자기통제 능력이 향상되는데, 이러한 자기통제력은 충동에 대한 통제와 환경에 대한 지배, 두 가지 양식으로 나타난다. 이 시기 아동은 거의 대부분 가족관계 속에 있지만 4세 이후 아동기에 접어들면 가족을 벗어나 유치원이나 학교에서 또래관계 및 선생님과의 관계 속에서 또 다른 차원의 사회성을 발달시킨다. 초등학교 입학 전후인 아동기 전기에 성 역할 인식이 형성되며 사회적으로 기대되는 성 역할 기준에 따라 행동하는 것을 습득하게 된다. 특히 학교의 영향은 아동에게 매우 특별하다. 학교는 사회적 강화나 사회적 비교의 방법을 통해 아동을 사회화시키는데, 공식적인 평가방법을 통해 자주성, 성취와 같은 자기주도적 사회규범을 익히도록 한다. 한편, 아동은 또래관계를 통해 자기중심적 사고에서 벗어나고, 개인적 목표보다 집단의 목표를 중시하는 사고, 분업의 원리, 경쟁의 여러 측면을 경험하게 된다. 청소년기는 특히 또래집단의 영향력이 매우 크다. 청소년들은 심리적으로 어떠한 집단에 소속되려는 욕구가 크기 때문이다. 아동기 때와 마찬가지로 여전히 동성과의 관계가 중요하지만, 이성에 대한 관심이 증가한다. 이 시기에 성적사회화 과정을 거치며 자신의 성정체감을 확고히 하고, 직업에 대한 준비와 자기 존재에 대한 본질적인 의문을 가지며 자아정체감을 확립해 나간다(이인정·최해경, 2007).

4. 아동기 인적자본 형성에 영향을 미치는 사회경제적 요인

1) 인적자본 축적의 보호요인과 위험요인

인적자본이 어떠한 궤적에 따라 성장하는가는 아동이 가지고 있는 선천적인 능력과 외부환경 간의 역동적인 상호작용에 따라 결정된다. 선천적인 능력은 유전적인 요인으로 결정되는 개인의 역량이다. 하지만, 그러한 선천적인 능력이 발달 궤적을 결정하는 것은 아니다. 인간은 태어나면서부터 외부환경과 끊임없는 상호작용을 한다. 발달 궤적은 그러한 선천적인 능력과 외부환경과의 상호작용과 조화에 의하여 결정된다. 이때 외부환경은 사회자본의 개념으로 설명할 수 있다(김선숙, 2008). 사회자본은 다시 가정내 사회자본과 가정외 사회자본으로 나눌 수 있다. 아동기의 가정내 사회자본은 부모의 사회경제적 지위, 부모의 사회관계망, 가정양육환경 등이다. 가정외 사회자본은 지역사회환경과 가정 외에서 제공되는 사회적 지원 등이다.

인적자본 성장에 있어 외부환경 요인과의 상호작용은 위험요인과 보호요인의 작용으로 파악될 수 있다. 〈그림 4-2〉는 인적자본의 궤적을 결정하는 위험요인과 보호요인의 작동을 보여준다. 그림에서 보듯이 위험요인은 인적자본의 발달 궤적을 억누르는 역할을 한다. 가령, 영유아기에 부정적인 가정양육환경은 인적자본의 발달수준을 억누르는 위험요인이다. 보호요인은 위험요인의 영향을 상쇄해서 인적

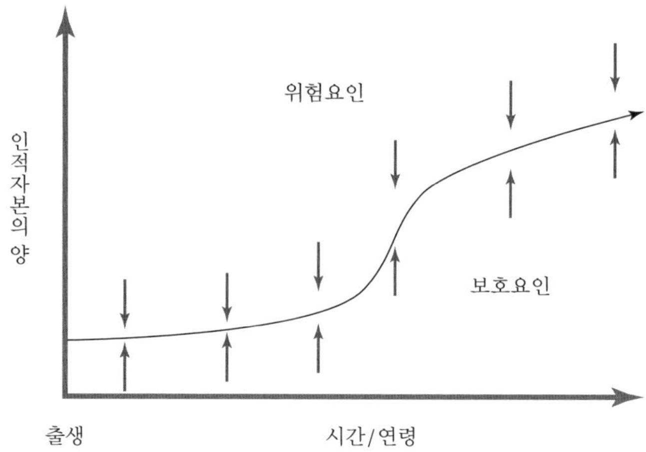

〈그림 4-2〉 인적자본의 축적, 위험요인, 보호요인 간의 관계

자본 발달 궤적을 높은 수준으로 올리는 역할을 한다. 부정적인 가정 양육환경이라는 위험요인을 가진 가정에 가정방문과 부모교육이라는 가정외 사회자본은 가정양육환경 위험요인을 상쇄하는 보호요인으로 작동한다. 즉, 위험요인과 보호요인의 상대적 균형이 인적자본의 발달 궤적을 결정한다. 이때, 인적자본개발을 목표로 하는 사회정책은 한 개인이 가지고 있는 위험요인에 대한 보호요인의 역할을 제공하는 것이다.

2) 아동기의 인적자본 형성에 영향을 미치는 요인

아동기의 인적자본 형성에 영향을 미치는 다양한 외적 요인은 사회자본의 개념으로 설명될 수 있다(김선숙, 2008). 특히 사회자본에 대해 미시적 접근을 시도한 Bourdieu(1986)와 Coleman(1988)의 정의가 인적자본과 사회자본과의 관계를 잘 설명해준다. 이들은 사회자본을, 행위자가 자신이 속한 집단 즉, 사회연결망 속에 있는 여러 자원에 접근함으로써 얻게 되는 자산, 사회적 연결망이나 사회구조의 구성원이 됨으로써 확보할 수 있는 행위자의 능력 등으로 정의하고 있다. 이에 덧붙여, Ferguson(2004)은 사회자본을 가족내 사회자본과 지역사회 사회자본으로 구분하여 설명하고 있다. 이러한 선행연구를 근간으로 하여, 본 연구에서는 아동기 인적자본 형성에 영향을 미치는 요인으로 사회자본의 정의를 적용한다. 가족내 사회자본으로는 가정내 환경적 조건인 가족과정과 가구의 사회경제적 특성이 아동기 인적자본의 수준에 미치는 영향력을 구체적으로 고찰해본다. 가정외 사회자본은 지역사회 사회자본으로 아동을 둘러싼 지역사회체계가 아동기 인적자본 형성 수준에 미치는 영향력에 대해 살펴본다.

(1) 가족과정(family process)과 아동기 인적자본 형성

아동은 연령이 낮을수록 가족과 보내는 시간이 많기 때문에 아동부모의 양육태도나 자기효능감, 아동과 양육자와의 상호작용 등과 같은 가족과정은 특히 영유아와 학령전기 인적자본 형성과 매우 밀접한 관련이 있다. 양육자, 특히 어머니의 양육태도나 정신건강은 아동의 IQ나 언어 및 읽기 능력, 학업성취와 같은 인지적인 면과 공격성 등과 같은 문제행동에 영향을 미친다(Wilson, 1991; 정원식, 1991; 고경은, 2001). 그러나 이와 같은 아동부모의 특성과 가정내 환경적 조건은 앞서 설명한 아동가구의 사회경제적 특성에 많은 영향을 받으므로, 아동가구의 사회경제적 특성이 간접적으로 아동발달에 영향을 미치는 것으로 볼 수 있다. 실제로 Brooks-Gunn(1995)은 연구를 통해 빈곤지역 아동가구 부모들의 양육태도, 정신건강, 사회적 지지가 그렇지 않은 지역에 비해 상대적으로 열악하며 이것이 아동의 정서발달에 직접적인 영향을 미친다는 것을 보여준다. 다양한 선행연구들이 부모의 교육수준

이나 경제적 지위 그리고 그에 따른 아동부모의 양육태도와, 자기효능감, 정신건강 등이 아동기 인적자본 불평등의 정도에 영향을 미친다는 것을 보여주고 있다(Wilson, 1991; Brooks-Gunn, Duncan and Aber, 1997; Gutman and Eccles, 1999; Mcloyd, 1989; 강희경, 2001; 강문희·장연집·정정옥, 1998; 김선숙, 2008).

아동과 부모 간의 관계의 질, 즉 부모가 자녀의 숙제를 도와주거나 주말에 함께 시간을 보내는 등의 상호작용 역시 아동 발달에 지대한 영향을 미치는 것으로 보고되고 있다. 선행연구에 따르면 아동과 부모 간의 관계가 좋을수록 아동이 청소년기에 이르렀을 때 학교를 중퇴하는 경우가 적고, 학업성취도에도 긍정적인 영향을 미치며, 정서와 신체발달에도 영향을 미치는 것으로 나타났다(Coleman and Hoffer, 1987; Teachman et al., 1996, 1997).

(2) 가족의 사회경제적 특성과 아동기 인적자본 형성

아동가구의 사회경제적 특성은 대개 부모의 사회적 위치, 가구소득, 그리고 부모 학력 등으로 규정된다. 이중 빈곤은 아동발달의 주요 측면에 매우 치명적인 영향을 미치는 것이 실증적으로 증명되고 있는데, 아동가구의 빈곤은 아동에게 인생의 기회를 박탈할 뿐만 아니라 더 나아가 빈곤의 악순환을 초래한다는 점에서 매우 치명적인 영향을 미치는 것으로 파악되고 있다(Mcloyd, 1990; Chase-Lansdale and Brook-Gunn, 1995; 류연규·최현수, 2003; 김선숙, 2008). Ferguson(1991)에 따르면 가구소득이 아동의 학업성취도에 가장 큰 영향을 미치는 것으로 나타났으며, 그 외 부모 학력 역시 아동 학업성취도에 유의한 영향을 미치는 것으로 분석되었다. 최근 전국적 조사에 따른 결과를 살펴보면 빈곤은 0–8세 아동의 인지, 언어 역량과 9–18세 아동의 학업성취와 정서적 역량에 다른 영향들을 통제한 후에도 일관되게 부정적인 영향을 미치고 있는 것으로 나타났다(이봉주 외, 2009).

가구빈곤은 아동의 연령대에 따라 그 영향력이 다르게 나타나는데, 영아는 빈곤한 가정환경으로 인해 신체적 발달에 많은 영향을 받으며, 이것이 유아기 이후의 신체와 정서, 인지발달에까지 악영향을 미치게 된다. 빈곤은 초기아동기 때보다 후기아동기 때 더 부정적 영향을 미치는 것으로 보고되고 있다(Brooks-Gunn and Duncan, 1997). 특히 심리정서적인 면에 있어서는 아동의 연령이 낮을수록, 빈곤 정도가 심할수록, 빈곤에 처한 기간이 길수록 부정적인 영향이 더 심각한 것으로 나타나고 있다(Garbarino and Crouter, 1979; Chow and Couloton, 1992; Coulton and Pandey, 1992; Duncan, Brooks-Gunn and Klebanov, 1994). 가족구조도 인적자본 형성에 영향을 미치는데, 빈곤가정의 아동 중 부모 모두가 있는 가정의 아동이 신체적 발달이나 행동발달이 더 긍정적인 것으로 나타났다. 최근 우리나라는 이혼율의 급증으로 한부모가정이 증가하는 추세다. 한부모가정 아동은 상실감이나 스트레스, 그리고 경제적 어려움 등을 경험하지만, 이러한 어려움은 단지 아동이 한부모가정에 있기 때문만이 아니라 여러 요인의 상호작용의 결과이기도 하다(도미향 외, 2006).

(3) 지역사회 사회자본과 아동기 인적자본 형성

지역사회 환경적 차원의 사회자본은 사회적 지지체계, 지역사회 기관 활동 참여, 종교활동, 학교교육에 대한 인식 등으로 평가된다(Coleman and Hoffer, 1987). 많은 선행연구에서 지역사회의 사회자본이 아동의 건강한 발달에 유의한 영향을 미친다는 것을 증명해주고 있다(Boisjoly, Duncan and Hofferth, 1995; Furstenberg and Hofferth, 1995; Garbarino and Sherman, 1980; 김선숙, 2008). 아동양육과 가족의 일상생활을 지지해주는 지역사회 내 인적·물적·사회적 지지체계가 많을수록 아동의 인적자본 형성에 긍정적인 영향을 미치며, 부모의 사회적 지지체계가 풍부할수록 아동의 비행행동이 나타날 가능성이 낮으며, 학업성취가 높고, 성인이 되어서 좋은 직업을 가지게 될 가능성이 높은 것으로 보고되고 있다(Putnam, 2000; Furstenberg and Hughes, 1995). 한편, 지역사회 사회자본은 아동부모가 일방적으로 혜택을 받기보다는 지역사회기관의 활동참여를 통해 상호호혜적 관계를 유지하며, 종교활동은 아동가구의 사회자본이 취약할 때 대체가능한 체계로 작용한다(Coleman and Hoffer, 1987; Teachman et al., 1996, 1997). 아동부모의 지역사회기관 활동참여와 종교활동은 지역사회의 유대감 향상과 사회적 응집력을 도모하는 데 간접적인 영향을 미칠 수 있을 것이다.

5. 아동기 인적자본 불평등에 영향을 미치는 사회경제적 요인: 실증분석[2)]

1) 조사대상과 분석방법

본 연구는 〈한국아동청소년 종합실태조사〉(보건복지가족부·서울대학교 산학협력단, 2009)를 통해 축적된 우리나라 18세 미만 아동과 가구 총 6,923명의 자료를 사용하였다. 조사 표본은 제주도를 포함한 전국 0-18세 아동가구를 모집단으로 확률표집되었다. 특히, 이 조사에서는 저소득층가구에 대한 통계의 신뢰성을 확보하고자 저소득층을 전체

2) 이곳에서 제시된 분석결과는 필자의 「한국 아동 발달에 대한 탐색적 연구: 가구의 사회경제적 특성과 사회자본의 영향을 중심으로」, 『한국아동복지학』, 제31호, 107-141쪽의 분석결과를 재구성한 것이다.

표본의 40% 수준으로 과대표집하였다. 본 연구의 분석에서는 저소득층 통계의 신뢰성을 높이고자 가중치를 부여하지 않고 저소득층이 과대표집된 원자료를 사용하였다. 0-8세 이하 아동까지는 부모를 통해 모든 정보를 수집하였고, 9-18세 이하 아동의 경우는 자기 기입식 설문조사가 가능하므로 부모용 설문지와 아동용 설문지를 별도로 구분하여 조사하였다.

2) 주요변수의 측정

(1) 아동발달

① 인지 역량

본 연구에서는 8세 이하의 아동의 경우, 기본인지기술, 수리적 사고력, 과학적 사고력, 사회적 사고력의 4가지 인지영역 지표 점수를 구하여 사용하였다. 각각의 지표에는 연령별 발달 특성에 맞춘 인지발달의 하위영역들이 포함되어 있다. 각 지표의 점수는 연령별로 이론적으로 가능한 최대점 대비 비율로 환산하여 인지발달을 나타내는 네 가지 영역의 점수를 합산하였다. 4개 항목 간의 신뢰도는 .734로 상당히 높은 것으로 나타났다. 9세 이상 18세 미만의 아동에 대해서는 주관적 학업성취도를 통해 측정하였다. 〈한국아동청소년 종합실태조사〉에서는 10점 척도를 사용하여 측정하였으나 본 연구에서는 각 점수에 0.4를 곱하여 최대점이 4점이 되도록 코딩하여 사용하였다.

② 언어 역량

8세 이하 아동의 언어영역 지표로는 4가지 언어발달의 측면을 사용하였다. 구체적으로 말하기, 읽기, 쓰기, 사회적 의사소통을 포함하였다. 생애 초기에는 말하기를 측정하는 문항들이 포함되었으며, 연령이 높을수록 그 발달적 중요성이 점차 증대되는 사회적 의사소통, 읽기와 쓰기를 측정하는 구체적 문항들을 포함했다. 4개 항목 간의 신뢰도는 .960으로 상당히 높은 것으로 나타났다.

③ 사회·정서적 역량

아동의 사회정서발달은 내재화 행동과 외현화 행동을 사용하였다. 내재화 행동은 위축, 불안, 우울 등의 내면적인 문제행동을 측정하고 외현화 행동은 공격성, 문제행동 등의 외향적인 문제행동을 측정하였다. 8세 미만 아동은 K-CBCL 축약형을 사용하였으며, 9-18세 미만 아동은 K-CBCL의 문제행동 척도를 사용하였다. 척도는 각각 문제가 많을수록 점수가 높게 나타난다.

④ 신체적 건강 역량

아동의 신체적 건강 측면의 인적자본을 측정하기 위해 주관적 건강 상태와 입원 여부를 변수로 사용하였다. 주관적 건강 상태는 아동의 주양육자가 평가한 아동의 건강 상태로 '아주 건강하다'=4에서부터 '건강이 아주 안 좋다'=1의 척도로 측정됐다. 입원 여부 변수는 최근 1년간 입원 경험이 있는지에 대한 질문(있다=1, 없다=0)을 통해 측정하였다. 주관적 건강 상태는 사회과학 분야에서 건강 상태를 측정할 때 사용하는 주요 대리변수다.[3)]

(2) 가정내 사회자본: 사회경제적 특성

① 가족구조

본 연구에서는 가족구조를 양부모 가족 여부만을 측정하여 살펴보았다. 즉, 양부모 가족=1, 기타=0으로 코딩하여 사용하였다.

② 소득계층

소득계층은 각 가구의 경상소득을 측정하여 2008년 보건복지가

3) 장지연·부가청(2006) 등의 연구를 참고하라.

족부가 고시한 최저생계비를 기준으로 100% 미만인 가구, 100-200% 미만인 가구, 200% 이상인 가구로 구분하였다.

③ 부모교육 정도

부모의 교육 정도는 부나 모 중 교육수준이 높은 경우를 선택하여 전문대졸 이상인 경우=1, 기타=0으로 코딩하여 사용하였다.

④ 자기주택 여부

자기주택 소유 여부를 측정하여 사용하였다.

(3) 가정내 사회자본: 가족과정

① 부모효능감

부모효능감은 '나는 현재 자녀를 잘 키우고 있다고 생각한다', '앞으로 자녀를 잘 키울 수 있을 것이라고 생각한다', '나는 자녀와의 관계에 대해 만족한다'의 문항을 통해 4점 척도로 측정하였다. 부모효능감을 측정하기 위해 사용된 3개 문항의 평균점수를 사용하였으며, 각 문항 간 신뢰도는 .750으로 상당히 높은 것으로 나타났다.

② 부모자녀 의사소통

부모자녀의 의사소통 개방성에 대해서는 '아이는 부모와 의사소통(대화)할 때 자유롭게 자신의 의사를 표현한다'는 항목을 통해 4점 척도로 측정하였다.

③ 주양육자의 자녀와 하루 놀이/대화 시간

주양육자가 두 자녀와 놀이나 대화하는 시간에 대해 하루 2시간 이상인 경우와 2시간 미만인 경우를 구분하여 사용하였다.

(4) 가정외 사회자본

① 지역사회환경

지역사회환경은 지역유대감, 비공식적 사회통제, 사회적 응집력의 영역으로 구분하였으며, 총 13개 문항을 4점 척도를 사용하여 측정하였다. 각 문항 간 신뢰도는 .709인 것으로 나타났다.

② 사회적 지원

사회적인 지원은 가정 외에서 얻는 경제적 도움, 정서적 도움, 생활의 도움, 정보제공을 각각 4점 척도로 측정하였으며, 각 영역의 평균을 사용하였다. 사회적 지원의 문항 간 신뢰도는 .722인 것으로 나타났다.

(5) 통제변수

① 아동 성별, 연령

아동의 성별(남자=1, 여자=0)과 연령은 통제변수로 사용하였다.

② 거주지역

거주지역은 대도시, 중소도시와 같은 도시지역과 농촌지역(읍, 면, 동)으로 구분하여 사용하였다.

3) 분석결과

(1) 조사대상자의 특성

조사대상자의 일반적 특성은 아동의 성별과 연령대, 가족구조, 소득계층, 거주지역을 통해 살펴보았다. 〈표 4-1〉에서 제시한 바와 같이 아동의 성별은 남자가 50.8%, 여자가 49.2%였으며, 전체 응답대상은 각 연령대별로 약 20% 내외인 것으로 나타났다. 대상아동의 약 1/4이 기초생계비 기준 100% 미만인 가구에 포함되는 것으로 나타났으며, 100-200% 미만이 약 30%, 200% 이상인 경우가 전체의 약 44.9%인 것으로 나타났다. 이러한 결과는 〈한국아동청소년 종합실태조사〉에서는 저소득층을 과대표집하였기 때문에 빈곤층의 비율이 높

〈표 4-1〉 조사대상의 일반적 특성

변수	집단	빈도(명)	백분율(%)
아동성별	남자	3,035	50.8
	여자	2,937	49.2
가족구조 (양부모 여부)	양부모인 경우	4,280	74.6
	양부모가 아닌 경우	1,455	25.4
아동연령대	0-2세	1,118	16.1
	3-5세	1,151	16.6
	6-8세	1,188	17.2
	9-11세	1,160	16.8
	12-18세	2,306	33.3
소득계층 (최저생계비 기준)	100% 미만	1,768	25.5
	100-200% 미만	2,048	29.6
	200% 이상	3,105	44.9
거주지역	도시지역	5,178	9.7
	농촌지역	5,178	90.3

게 나타난 것을 반영한다.[4] 또한 조사대상아동 중 약 9.7%가 농촌에 거주하고 있으며, 90%의 아동은 도시지역에 거주하는 것으로 나타났다. 가족구조는 양부모 여부로 분류하였으며, 분석결과 전체 응답자 중 양부모 가족의 경우가 74.6%로 약 1/4의 아동은 양부모 가족이 아닌 다른 형태의 가족구조에 포함되어 있는 것으로 나타났다.

〈표 4-2〉는 조사대상의 특성을 소득계층별, 거주지역별로 나누어 살펴본 결과다.

4) 가중치를 부여하여 추정된 최저생계비 미만의 절대빈곤층의 규모는 전체 0-18세 아동의 7.8% 수준이다.

〈표 4-2〉 소득계층별, 거주지역별 분석(단위: 평균[SD])

			소득계층		
			100% 미만	100–200% 이하	200% 이상
0–8 세	아동기 인적자본	인지역량	.83(.67)	.94(.71)	.83(.37)
		언어역량	.73(.37)	.77(.37)	.94(.70)
		내재화 문제	4.92(1.45)	4.87(1.35)	4.88(1.31)
		외현화 문제	4.10(1.33)	4.19(1.32)	4.17(1.24)
		주관적 건강	3.20(.62)	3.34(.60)	3.42(.55)
		입원 여부	.16(.37)	.15(.36)	.13(.33)
	사회경제 요인	부모교육수준	.13(.33)	.30(.46)	.55(.49)
		자기주택 여부	.13(.34)	.28(.45)	.49(.50)
	가족과정 요인	부모효능감	2.88(.53)	3.00(.47)	3.02(.42)
		의사소통개방성	2.96(.73)	2.96(.68)	3.00(.68)
		놀이/대화시간	.55(.49)	.59(.49)	.56(.49)
	사회자본 요인	지역사회환경	.47(.23)	.48(.22)	.48(.22)
		사회적 지원	1.74(.66)	1.92(.62)	1.98(.60)
12–18 세	아동기 인적자본	주관적 학업성취도	2.44(1.88)	2.74(2.88)	2.90(2.20)
		내재화	4.66(1.07)	4.58(1.02)	4.42(.98)
		외현화	4.32(.75)	4.30(.76)	4.16(.72)
		주관적 건강	3.07(.65)	3.24(.59)	3.30(.53)
		입원 여부	.11(.30)	.08(.26)	.04(.19)
	사회경제 요인	부모교육 수준	.08(.27)	.15(.36)	.38(.48)
		자기주택 여부	.11(.31)	.33(.47)	.69(.46)
	가족과정 요인	부모효능감	2.79(.58)	2.90(.50)	3.01(.45)
		의사소통개방성	2.96(.69)	3.00(.65)	3.03(.63)
		놀이/대화시간	.26(.44)	.26(.44)	.32(.46)
	사회자본 요인	지역사회환경	.46(.22)	.49(.22)	.51(.22)
		사회적 지원	1.59(.58)	1.68(.57)	1.83(.57)

소득계층별로 비교해볼 때, 언어, 학업성취도, 내재화 행동문제, 주관적 건강 상태, 입원 여부 등 아동기 인적자본의 대부분의 지표들은 소득수준이 높을수록 높은 수준을 보이는 것으로 나타났다. 이러한 결과는 8세 미만뿐 아니라 18세까지의 모든 연령대의 아동에게서도 같은 양상을 보였다. 특히 12−18세 아동의 경우 8세 미만의 아동에 비해 인지역량(주관적 학업성취도)이나 내재화, 외현화 등의 사회정서적 역량이 소득계층에 따라 더 큰 폭으로 차이를 보이는 것을 알 수 있다. 이것은 경제적 빈곤이 아동기 인적자본 형성의 불평등에 미치는 영향을 보여주는 결과라 할 수 있다.

가족과정과 관련된 항목인 부모의 효능감, 주양육자의 하루 놀이/대화시간 등에서도 소득이 낮은 계층일수록 부모의 효능감은 낮고, 주양육자와 아동의 놀이나 대화시간이 짧으며, 그 결과 부모−자녀 간의 의사소통 개방 정도도 낮은 것을 볼 수 있다. 지역사회환경이나 사회적 지원과 같은 사회자본은 소득이 높을수록 긍정적인 지역사회환경에 속해 있고, 많은 사회적 지원을 받고 있는 것으로 나타났다. 흥미로운 사실은 아동기 인적자본의 수준이나 인적자본에 영향을 미치는 다양한 사회경제적 요인들이 8세 미만의 아동에 비해 12−18세 아동의 경우에 있어서 소득계층에 따른 차이가 더욱 심화된다는 것을 확인할 수 있다. 다시 말해 소득수준이 낮을수록 아동기의 인적자본 형성도 원활하게 이루어지지 않지만, 아동기 인적자본 형성 수준에 영향을 미치는 사회경제적 요인들도 소득수준에 따라 상당히 큰 차이를 보이는 것을 알 수 있다.

(2) 다원분석

이곳에서는 가정내 사회자본인 사회경제적 특성과 가족과정, 그리고 가정외 사회자본 특성이 각 아동기 인적자본 종속변수에 미치는

〈표 4-3〉 한국 아동의 인지, 언어, 사회정서, 건강 역량에 영향을 미치는 요인 분석

	인지		언어	사회정서				건강1)			
	0-8세	9-18세	0-8세	0-8세 내재화	0-8세 외현화	9-18세 내재화	9-18세 외현화	0-8세 주관적 건강	0-8세 입원 여부	9-18세 주관적 건강	9-18세 입원 여부
상수(Constant)	.10	2.70**	-.01	5.76***	4.58***	4.14*	4.46***	2.63**	.27**	2.82**	.21**
아동성별(남자)	.01	.00	.03*	.06	-.12	.05	-.04	.01	-.00	-.02	-.02*
거주지역(도시)	-.02	-.02	.02	.18*	.10	.04	-.01	-.07	-.00	.00	-.02
아동연령	.11***	-.02	.10***	.08***	.23**	.03***	.01	-.01***	-.03**	-.01*	-.00
소득(100% 미만)	-.08*	-.34*	-.09**	.04	-.09	.17*	.12*	-.13***	.02	-.15***	.05*
소득(100-200%)	.03	-.12	-.05**	-.03	.04	.12*	.10**	-.08	.00	.00	.02
부모교육(전문대+)	.08*	.12	.04**	.12	.07	.01	-.03	.04	-.05*	-.04	-.01
주택 소유(자가)	-.04	.05	-.02	-.05	-.03	-.03	-.01	.05	-.02	.05	-.01
가족구조(양부모)	.04	.05	.06*	.11	.14	.08	.02	.10*	-.03	.05	-.00
부모효능감	.01	.03	.03	-.39***	-.34***	-.07	-.09*	.21**	.01	.14***	-.04**
의사소통개방성	.13***	.07	.09***	-.07	-.01	-.02	-.02	.02	.01	.02	.02
하루 중 부모와 대화/놀이시간	.02	.04	.04**	-.11*	-.05	-.07	-.03	.07**	.02	.02	-.00
지역사회환경	.06	.10	.06	-.09	-.01	-.14	-.08	-.06	-.05	.13**	-.00
사회적 지원	-.01	-.03	.00	-.03	-.03	.03	.02	.02	.01	.01	-.01

주: 1) 입원 여부 분석은 종속변수의 성질이 이분변수(dichotomous variable)(있다=1, 없다=0)이므로 로지스틱 회귀분석 방법을 사용하였다. 표에 제시된 수치는 coefficient 베타 값임.
2) *** p<.001, **p<.01, *p<.05

영향을 다중회귀분석을 통하여 살펴본다. 〈표 4-3〉은 한국 아동의 인지, 언어, 사회정서, 건강 역량에 영향을 미치는 요인을 0-8세와 9-18세 연령대별로 보여주고 있다. 0-8세 아동의 인지발달에 영향을 미치

는 주요 요인은 빈곤 여부, 부모의 교육수준, 그리고 부모의 의사소통 개방성인 것으로 나타났다. 절대빈곤층의 경우 인지발달이 상대적으로 낮은 것으로 나타났으며, 부모의 교육수준이 높을수록 그리고 부모가 의사소통에 보다 개방적일수록 인지발달이 높은 것으로 나타났다. 학업성취도를 기준으로 한 9-18세 아동의 인지역량에는 가구의 소득만이 유의미한 영향을 미치는 것으로 나타났다. 〈표 4-3〉에서 볼 수 있듯이 다른 요인들을 모두 통제한 후에도 절대빈곤층의 인지역량 수준은 가구소득이 최저생계비의 200%를 초과하는 경우에 비하여 현저히 낮은 것으로 나타났다. 이러한 결과는 어린시기에는 가구소득과 부모 학력 등의 사회경제적 특성과 더불어 부모-자녀 간의 의사소통 정도 등 가족과정이 인지발달에 영향을 미치고 있지만, 학령기 아동의 경우는 가구소득이 절대적인 영향을 미치고 있음을 보여준다.

언어역량 영역의 경우는 성별과 나이를 통제한 후에는 가구소득, 가족구조, 부모교육 수준, 의사소통개방성, 그리고 부모와의 놀이시간이 아동의 언어발달에 중요한 영향을 미치는 것으로 나타났다. 가구소득의 경우는, 최저생계비 200%를 초과하는 가구에 비하여 절대빈곤층과 가구소득 100-200% 가구가 모두 언어발달이 상대적으로 낮은 것으로 나타났다. 가족과정도 언어역량 수준에 중요한 영향을 미치는 것으로 나타났는데, 양부모 가족의 경우와 부모의 학력이 높을수록 아동의 언어발달 수준이 높은 것으로 나타났다. 0-8세 아동의 인지발달에서와 같이 부모의 의사소통개방성도 언어발달에 중요한 영향을 미치고 있었으며 아동이 부모와 같이 보내는 놀이시간이 많을수록 언어발달 수준이 높은 것을 알 수 있다.

아동의 사회정서 역량에 영향을 미치는 요인의 분석결과를 보면 우선, 0-8세에서는 인지영역이나 언어영역과는 다르게 가구소득이나 부모의 학력은 아동의 사회정서 역량에 유의미한 영향을 미치지 않고 있음을 알 수 있다. 이러한 결과는 어린시기(0-8세) 아동의 사회정서 역량의 경우는, 가구의 사회경제적 특성보다는 부모효능감 등의 가족과정이 영향을 미치는 보다 중요한 요인임을 알 수 있다. 부모효능감이 높을수록 내재화 문제행동과 외현화 문제행동이 모두 낮은 것으로 나타나 사회정서 역량이 상대적으로 높게 나타났다. 보다 높은 연령대인 9–18세 아동의 경우는 가구소득이 내현화, 외현화 문제행동에 모두 영향을 미치는 것으로 나타났다. 두 영역에서 모두 가구소득이 최저생계비의 200%를 초과하는 아동에 비하여 절대빈곤층과 가구소득 최저생계비 100–200% 집단이 문제행동 정도가 높은 것으로 나타났다. 이러한 결과는 비교적 어린시기에는 가구의 사회경제적 특성보다는 가족과정이 아동의 사회정서발달에 영향을 미치지만, 연령이 높아짐에 따라 문제행동이 보다 가시화되고 가구소득의 영향력이 커짐을 보여준다.

건강 역량에 영향을 미치는 요인에 대한 분석결과를 살펴보면 0–8세와 9–18세 아동 집단 모두에서 가구의 소득수준이 낮을수록 주관적으로 인식된 건강 상태는 낮은 것으로 나타났다. 0–8세 아동에서는 최저생계비 200% 초과 가구에 비하여 절대빈곤층과 최저생계비 100–200% 가구 모두가 주관적 건강 상태는 다른 요인들을 통제한 후에도 낮은 것으로 나타났다. 9–18세 아동의 경우는 절대빈곤층의 주관적 건강 상태가 다른 두 집단에 비하여 낮은 것으로 나타났다. 부모효능감도 아동에 대한 주관적 건강 상태에 영향을 미치는 것으로 나타났는데, 0–8세 아동의 경우는 부모효능감이 높을수록 아동의 건강 상태도 좋은 것으로 나타났다. 9–18세 아동의 경우는 지역사회환경이 양호할수록 주관적 건강 상태도 높은 것으로 나타났다. 건강역량의 또 다른 변수인 입원 여부의 분석결과를 살펴보면, 9–18세 집단에서의 가구소득의 영향이 두드러진다. 가구소득에 따른 입원 여부의 차이는

0-8세 아동에서는 없는 것으로 나타났지만, 9-18세 아동 집단에서는 최저생계비 미만 가구의 입원 확률이 다른 집단들에 비하여 현격히 높은 것으로 나타났다. 0-8세 아동 집단에서는 가구소득보다는 부모 교육수준이 입원 여부에 유의미한 영향을 미치는 것으로 나타나, 부모의 교육수준이 높을수록 아동이 입원한 경험은 낮은 것으로 나타났다.

6. 결론 및 아동기 인적자본 불평등 해소를 위한 정책방향

본 연구에서는 우리나라 아동의 인적자본 형성에 영향을 미치는 사회경제적 요인들을 분석하였다. 특히 아동기 인적자본의 상태를 인지·언어역량, 사회정서적 역량, 신체적 건강역량의 3개의 영역으로 살펴보고 그러한 인적자본 형성 수준에 영향을 미치는 요인을 가구의 사회경제적 특성, 가족과정, 그리고 지역사회 사회자본으로 살펴보았다. 본 연구는 우리나라 아동의 인적자본 상태와 그와 관련된 요인들을 전국적인 대표성을 가진 자료를 활용하여 0-18세 전 아동기를 아우르는 기간을 고찰하였다는 데 그 의미가 있다.

본 연구의 분석결과는 한국 아동의 인적자본 불평등 현상을 이해하는 데 몇 가지 유의미한 시사점을 준다. 첫째는 아동의 사회경제적 특성, 가족과정, 그리고 지역사회 사회적 자본은 아동의 인적자본 형성에 중요한 영향을 준다는 사실이다. 특히, 가구소득, 부모의 학력, 부모효능감, 의사소통개방성, 애착, 지역사회환경, 사회적 지원은 아동기의 인적자본 수준에 중요한 영향요인임이 밝혀졌다. 둘째는, 사회경제적 특성, 가족과정, 지역사회 사회적 자본이 아동기 인적자본에 미치는 상대적 영향력은 발달영역에 따라 다르게 나타난다는 점이다. 가구소득의 경우는 아동의 인지발달과 언어발달, 그리고 건강역량에 영향이 큰 반면, 부모효능감, 애착 등의 가족과정 변수들은 아동의 사회정서발달에 영향이 큰 것으로 나타났다. 셋째, 각 영향요인들이 아동기의 인적자본 형성에 미치는 영향은 연령대에 상관없이 고르게 나타나는 부분도 있는 반면 연령대에 따라 다르게 나타나는 부분도 있었다. 가구소득의 영향은 0–8세의 인지발달과 9–18세의 학업성취도에 그리고 주관적 건강 상태로 본 건강역량에 고르게 나타난 반면, 사회정서적 역량에는 9–18세 시기에만 나타나는 것으로 밝혀졌다. 부모교육 수준은 아동의 고른 영향섭취에 전 연령대에서 영향을 미치는 것으로 나타났지만, 부모효능감은 어린시기(0–8세)에서만 유의미한 영향을 미치는 것으로 나타났다.

본 연구의 결과는 아동발달을 지원하기 위한 정책적인 접근의 고려에도 몇 가지 중요한 함의점을 준다. 우선, 첫째는 가구소득이 아동의 인지·언어, 학업성취도, 건강에 미치는 일관적인 영향이다. 즉, 빈곤한 아동일수록 인지, 언어, 학업성취도가 다른 요인들을 통제한 후에도 낮은 것으로 나타난다는 결과는 빈곤아동가구에 대한 적극적인 인지발달, 언어발달, 학업성취도 제고의 대책이 필요하다는 것을 보여준다. 특히, 학령기의 학업성취도를 결정짓는 주요한 요인이 어린시기의 인지발달과 언어발달이라는 점에서 보면 어린시기의 조기개입적인 대책이 필요하다. 그런 점에서 보면 '빈곤의 대물림'을 방지하기 위한 위스타트, 드림스타트 등의 조기개입적, 예방적 대책의 확충이 무엇보다 필요하다. 둘째는 아동의 발달을 지원하기 위해서는 소득지원정책만으로는 부족하다는 사실이다. 아동의 사회정서적 역량과 같은 영역은 오히려 가족과정의 강화를 지원할 수 있는 정책과 프로그램이 필수적이다. 본 연구를 통해서 나타난 결과는 아동의 인적자본 형성을 지원하기 위해서는 가정에 대한 지원이 필수적임을 잘 보여준다. 특히, 부모효능감, 애착 등을 높이기 위한 가정지원정책이 필요한 것으로 보인다. 셋째는 연령대별로 보면 주로 9-18세 기간 동안은 가구소득이 그리고 0-8세 기간 동안은 가족과정이 인적역량의 형성에 미치는 영향이 상대적으로 크다는 결과가 주는 함의다. 이러한 분석결과는 특히 어린시기의 발달에 가정의 역량이 중요한 것을 다시금 일깨워준다. 정책적인 차원에서 보면 특히 어린 시기에 가정에 대한 지원이 더욱 중요함을 알 수 있는 대목이다.

강문희·장연집·정정옥, 1998,『아동정신건강』, 서울: 학지사.

강희경, 2001,「빈곤가족에서의 학령기 아동의 자존감: 제주도내 초등학교 아동을 중심으로」,『아동간호학회지』, 9(3): 301-308.

고경은, 2001,「빈곤아동이 지각한 가족기능과 학교적응과의 관계」, 가톨릭대학교 석사학위논문.

곽형식·백경숙·김민정·김혜금·김혜영·박희현, 2008,『아동복지론』, 경기 고양: 공동체.

권중돈·김동배, 2005,『인간행동과 사회환경』, 서울: 학지사.

김선숙, 2008,「빈곤아동 심리정서발달에 영향을 미치는 요인: WE Start 대상 아동을 중심으로」, 서울대학교 박사학위논문.

도미향·남현희·이무영·변미희, 2006,『아동복지론』, 경기 고양: 공동체.

류연규·최현수, 2003,「우리나라 아동빈곤율 수준과 변화경향: 1982-2002년 도시근로자 가구를 중심으로」,『한국아동복지학』, 16, 135-165.

박기성·송병호, 2002,「한국 근로자의 인적자본 형성에 관한 연구」,『한국경제의 분석』, 8(2): 39-75.

방하남·김기남, 2002,「기회와 불평등: 고등교육 기회에 있어서 사회계층간 불평등의 분석」,『한국사회학』, 36(4): 193-222.

보건복지가족부·서울대학교 산학협력단, 2009,〈한국아동청소년 종합실태조사〉, 보건복지가족부·서울대학교 산학협력단.

여유진·김수정·구인회·김계연, 2007,『교육불평등과 빈곤의 대물림』, 한국보건사회연구원.
이봉주·김선숙·김낭희, 2010,「한국 아동 발달에 대한 탐색적 연구: 가구의 사회경제적 특성과 사회자본의 영향을 중심으로」,『한국아동복지학』, 31: 107–141.
이봉주·김선숙·김낭희, 2009,「한국 아동 삶의 현주소」, 2009 한국아동복지학회 춘계학술대회 자료집.
이인정·최해경, 2007,『인간행동과 사회환경』 개정 2판. 경기 파주: 나남출판.
장지연·부가청, 2006,「우리나라 중·노년인구의 건강상태: 주관적 건강상태의 국가간 비교연구 시론」,『한국인구학』, 30(2): 45–69.
정원식, 1991,『현대교육심리학』, 서울: 교육출판사.
홍봉선·남미애, 2007,『청소년복지론』, 경기 고양: 공동체.

Becker, G. S., 1993, *Human Capital: A Theoretical and Empirical Analysis with Special Reference to Education*, Chicago: The University of Chicago Press.
______, 1962, "Investment in human capital: A theoretical analysis," *Journal of Political Economy*, 70: 8–49.
Bowles, S., Gintis, H., and Osborne, M., 2001, "The determinants of earnings: A behavioral approach," *Journal of Economic Literature*, 39(4): 1137–1176.
Boisjoly, J., Duncan, G. J., and Hofferth, S., 1995, "Access to social capital," *Journal of Family Issues*, 16(5): 609–631.
Bourdieu, P., 1986, "The Forms of capital," J. G. Richardson(ed.), *Handbook of Theory and Research for the Sociology of Education*, NY: Greenwood.
Brooks-Gunn, J., 1995, "Children and families in communities: Risk and Intervention in the Bronfenbrenner tradition," P. Moen, G. H. Elder, and K. Lusher(ed.), *Examining Lives in Context: Perspective on the Ecology of Human Development*, Washington D.C.: American Psychological Association Press.

Brooks-Gunn, J. and Duncan, J., 1997, "The effects of poverty on children," *The Future of Children*, Summer/Fall, 7: 55–71.

Brooks-Gunn, J., Duncan, J., and Aber, J. L., 1997, *Neighborhood Poverty*, Vol. 1: *Context and Consequences for Children*, NY: Russel Sage Foundation.

Carneiro, P. and Heckman, J., 2002, "Human capital policy," J. Heckman and A. Krueger(eds.), *Inequality in America: What Role for Buman Policy?* Massachusetts: MIT Press.

Chase-Lansdale, P. L. and Brook–Gunn, J., 1995, *Escape from Poverty: What Makes a Difference for Children*, NY: Cambridge University Press.

Chow, J. and Couloton, C., 1992, 'Was there a Social Transformation of Urban neighborhoods in the Eighties : A decade of changing structure in Cleveland, Ohio' Center for Urban poverty and social change, Case Western Reserve University, Cleveland, Ohio, unpublished manuscript.

Cochran-Smith, M., 1984, *The Making of a Reader*, Norwood, NJ: Ablex.

Coleman, J. S., 1988, "Social capital in the creation of human capital," *American Journal of Sociology*, 94: 94–121.

Coleman, J. S. and Hoffer, J. B., 1987, *Public and Private Schools: The Impact of Communities*, NY: Basic.

Coulton, C. J. and Pandey, S., 1992, "Geographic concentration of poverty and risk to children in urban neighborhoods," *American Behavioral Scientist*, 35: 238–257.

Davies, D., 2004, *Child Development*, NY: The Guilford Press.

Duncan, G. J., Brooks-Gunn, J., and Klebanov, P. K., 1994, "Economic deprivation and early-childhood development," *Child Development*, 65: 296–318.

Duncan, G. J. and Dunifon, R., 1998, "'Soft-skills' and long-run labor market success," *Research in Labor Economics*, 17: 123–149.

Ellwood, D. and Kane, T., 2000, "Who is getting a college education? family background and the growing gaps in enrollment," S. Danziger and J.

Waldfogel(eds.), *Securing the Future: Investing in Children from Birth to College*, NY: Russell Sage.

Ferguson, R., 1991, "Paying for public education: New evidence of how and why money matters," *Havard Journal on Legislation*, 28: 465–498.

Ferguson, K. M., 2004, "Social capital and children's wellbeing: A critical synthesis of the international social capital literatur," *International Journal of Social Welfare*, 15: 2–18.

Furstenberg, F. F. and Hughes, M. E., 1995, "Social capital and successful development among at-risk youth," *Journal of Marriage and the Family*, 57: 580–592.

Garbarino, J. and Sherman, D., 1980, "Identifying high-risk neighborhoods," J. Garbarino and S. H. Stocking(ed.), *Protecting Children from Abuse and Neglect : Developing and Maintaining Effective Support Systems for Families*(Jossey-Bass Social and Behavioral Science Series), San Francisco, CA: Jossey-Bass.

Garbarino J. and Crouter, A., 1979, "Defining the community context for parent-child relations: The correlates of child maltreatment," *Child Development*, 49(3): 604–616.

Goldfield, B. and Snow, C. E., 1984, Reading books with children: The mechanics of parental influence on children's reading achievement, promoting reading comprehension, NY, DE: International Reading Association.

Gutman L. M. and Eccles, J. S., 1999, "Financial strain, parenting behaviors, and adolescents' achievement: Testing model equivalence between African American and European American families and between single and two-parent families," *Child Development*, 70: 1464–1476.

Heckman, J. J., 2000, "Policies to foster human capital," *Research in Economics*, 54(1): 3–56.

Heckman, J. J. and Krueger, A., 2002, *Inequality in America: What Role for*

Human Capital Policies? Cambridge, MA: The MIT Press.

Heckman, J. J. and Lochner, L., 2000, "Rethinking myths about education and training : understanding the sources of skill formation in a mordern economy," Sheldon Danziger and Jane Waldfogel(eds.), *Securing the Future: Investing in Children from Birth to College*, NY: Russell Sage.

Heckman, J. J. and Lochner, L., Smith, J., and Taber, C., 1997, "The effects of government policy on human capital investment and wage inequality," *Chicago Policy Review*, 1(2): 1–40.

Heckman, J. J. and Rubinstein, Y., 2001, "The importance of noncognitive skills: lessons from the GED testing program," *American Economic Review*, 91(2): 145–149.

Lucas, R., 1988, "On the mechanics of economic development," *Journal of Monetary Economics*, 22: 3–42.

McLoyd, V. C., 1989, "Socialization and development in a changing economy: The effects of parental job and income loss in children," *American Psychologist*, 44: 293–302.

______, 1990, "Maternal behavior, social support, and economic conditions as predictors of distress in children," *New Directions of Child Development*, 46: 49–69.

Newcombe, N., 1996, *Child Development: Change Over Time*(8th ed.), NY: HarperCollins College Publishers.

Osborne, M., 2000, The power of personality: Labor market rewards and the transmission of earnings. Ph.D. diss. Department of Economics, University of Massachusetts.

Persico, N., Postlewaite, A., and Siverman, D., 2004, "The effects of adolescent experience on labor market outcomes: the case of height," *Journal of Political Economy*, 112(5): 1019–1053.

Putnam, R. D., 2000, *Bowling Alone: The Collapse and Revival of American Community*, NY: Simon & Schuster.

Shonkoff, J. and Phillips, D.(eds.), 2000, *From Neurons to Neighborhoods: The Science of Early Childhoold Development*, Washington, D.C.: National Academy Press.

Schultz, T. W., 1961, "Investment in human capital," *American Economic Review*.

Teachman, J. D., Paasch, K., and Carver, K., 1996, "Social capital and dropping out of school early," *Journal of Marriage and the Family*, 58: 773–783.

Teachman, J. D., Paasch, K., and Carver, K., 1997, "Social capital and the generation of human capital," *Social Froces*, 75(4): 1343–1359.

Weiss, A., 1995, "Human capital vs. signaling explanations of wages," *Journal of Economic Perspectives*, 9(4): 133–154.

Wilson, J. W., 1991, "Studying inner city social dislocation: The challenge of public agency research," *American Sociological Review*, 56: 14.

Zastrow, C. H. and Kirst-Ashman, K. K., 2004, *Understanding Human Behavior and the Social Environment*(3th ed.), USA: Brooks/Cole-Thomson Learning.

제5장

교육 불균형 확대와 교육 성과의 저하

김 대 일

1. 서론

교육을 통한 인재 양성은 국가 발전의 기초일 뿐 아니라, 개인의 행복 추구에 있어서 고른 기회를 부여한다는 매우 중요한 기제로서 작용한다. 국가 경쟁력 확보에 있어서 교육을 통한 인적자본(human capital) 확충이 필수적이라는 점은 이미 충분히 강조되어 왔다(Lucas, 1988; Romer, 1990a, 1990b 등). 이에 한 걸음 더 나아가, 교육을 통해 개인이 자신의 잠재력을 충분히 개발하고, 이를 통해 풍요롭고 질 높은 삶을 추구할 수 있는 여건을 제공하는 것이야말로 대부분 국가의 헌법에 명시된 개인의 행복추구권에 대한 가장 기초적인 보장이라고 할 수 있다. 본 연구는 우리나라의 교육이 이 두 가지 목표를 충실히 달성하고 있는지에 대해 다양한 실증자료를 통해 분석하고자 한다.

개인의 사회·경제적 이동성(socio-economic mobility)에 있어서 교육은 가장 일반적이면서도 중요한 수단이다. 교육을 통해 각 개인은, 성장 환경 등 자신의 선택과 무관하게 결정된 환경적 요인에 의해서가 아니라, 본인의 능력과 노력을 통해 자신의 가치를 구현할 수 있는 기회를 부여받는다. 따라서 이미 언급된 바와 같이 교육은 한 국가경제의 성장 동력으로서의 역할뿐 아니라, 사회복지를 구현하는 가장 강력한 제도적 요인이라고 할 수 있다.

우리나라의 경우 전문대학 이상 대학 진학률이 최근 80%를 상회하는 등 교육에서 상당히 빠른 양적 팽창을 달성해왔다. 또한 학생들의 교육 성과에 대한 국제비교에서도 상당히 우수한 수준을 보이고 있어, 일견으로는 우수한 교육체제를 갖춘 것으로 평가할 수도 있을 것이다. 그러나 한편에서는 사교육 팽창, 전반적인 공교육의 질 저하 등의 문제점이 지속적으로 지적되어 왔고, 이에 따라 교육 기회의 소득 의존성이 높아지고, 교육 기회의 형평성이라는 교육의 기본 전제가 훼손되고 있다는 평가도 일반적이다(여유진, 2008).

본 연구에서는 우리나라 공교육의 양적, 질적 평가와, 사교육으로 인한 기회 형평성 문제를 실증적으로 분석하고, 현 교육체제의 문제점을 지적하고자 한다. 종합적인 차원에서 판단할 때, 현재 교육체제는 공교육 부실, 상대평가에 기준한 입시체제 하에서의 사교육 팽창, 가구소득에 따른 사교육 기회의 불평등이라는 연결고리를 통해, 교육 기회 형평성이 심각하게 훼손되고 있어 사회통합에 부정적 영향을 미칠 우려가 높을 뿐 아니라, 매우 높은 교육비 지출에도 불구하고 교육 성과 자체도 오히려 실질적으로는 하락하고 있다고 사료된다. 이와 같이 볼 때 우리나라 교육체제는, 일반적으로 교육이 지향하는 두 가지 목표, 즉, 성장 동력의 확충과 불평등도 해소에 충분히 기여하지 못하고 있는 것으로 평가되어, 교육체제에 대한 획기적인 개선이 요구되는 시점이라고 판단된다.

본 연구의 구성은 다음과 같다. 제2절에서는 우리나라 공교육의 양적 팽창과 교육비 지출 구조에 대해 국내 통계와 OECD 자료를 통해 분석하고 평가한 결과를 제시하고 있다. 제3절에서는 OECD 자료를 통해 우리나라 학생들의 학업 성과를 평가하는 한편 OECD 선진국과 비교하며, 또한 우리나라 대학 졸업 근로자의 노동시장 성과 변화도 소개한다. 제4절에서는 OECD의 교육 서베이를 통해 나타난 우리나라 공교육에 대한 학생, 교장, 학부모의 평가자료를 기초로, 우리나라 공교육의 문제점을 일부 제시한다. 제5절에서는 공교육 부실과 상대평가 입시로 유발된 사교육의 현황을 분석하고, 이로 인해 발생하는 교육 기회의 불평등도와 학업, 노동시장 성과의 불평등에 대해 간략하게 언급하며, 제6절에서는 이상의 결과들을 종합한 결론을 제시한다.

2. 교육 규모의 양적 팽창과 교육비 지출 현황

과거 20여년간 우리나라 교육은 양적인 지표와 질적인 지표에서 모두 빠르게 개선되어왔다는 평가를 받고 있다. 상급학교에 진학하는 비율도 상승하였을 뿐 아니라, 교원 확충을 통해 학생/교원 비율도 상당히 개선되었고, 교육 재정도 계속 증가되어왔다. 이러한 변화는 일견, 우리나라 교육이 지표상으로만 아니라, 실질적인 교육 환경의 개선을 통해 교육 성과의 향상도 도모하였을 가능성을 제시한다. 그러나 실제 이러한 교육 성과의 개선에 대한 평가는 보다 엄밀한 분석을 통해서 가능하다고 판단된다. 따라서 이에 대해서는 개략적이나마 본 연구의 제3절에서 다루기로 하고, 여기서는 교육의 양적·질적 지표 현황을 간단하게 소개하기로 한다.

1) 교육의 양적 팽창

우리나라의 교육 확대는 기본적으로 의무 교육을 넘어선 진학생이 빠르게 증가하고 있다는 점에서 알 수 있다. 현재 의무교육은 중학교까지 9년간을 의미하지만, 의무교육이 종료된 이후에도 고등학교에 진학하는 비율은 〈그림 5-1〉에서 알 수 있듯이 1990년대 중반 이미 100% 수준에 근접하고 있으며, 2006년에는 총 61만 2,936명의 중학교 졸업자 중 61만 1,496명이 고등학교에 진학하는 등 99.8%의 진학률을 보이고 있다.

또한 고등학교 졸업 이후 전문대학과 4년제 대학교에 진학하는 비율도 빠르게 상승하였다. 〈그림 5-1〉에서 볼 수 있듯이 2004년 이후 대학 진학률은 이미 80%를 넘어섰는데, 2006년 기준으로는 56만 8,055명의 고등학교 졸업자 중 46만 6,248명이 전문대학과 대학교에

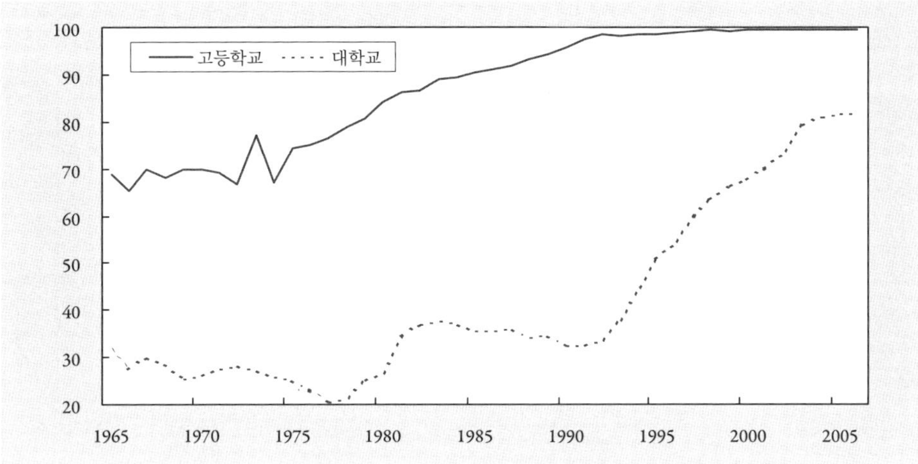

자료: 김대일(2007)에서 재인용. 『교육통계연보』, 각 연도, 교육인적자원부.

〈그림 5-1〉 각 학교급별 진학률

진학하여 82.1%의 진학률을 기록하였다. 고등학교를 졸업한 직후 노동 시장으로 직접 진입하여 취업한 인구는 4만 7,118명으로 전체 졸업자의 8.3%에 불과하였다. 불과 10여년 전인 1995년의 경우 고교 졸업자(64만 9,653명)의 대학 진학률이 51.4%에 그치고 있었으며, 취업한 인구(21만 8,040)의 비중은 33.6%였던 점에 비교하면 1990년대 중반 이후 대학교육의 팽창은 매우 급속하였다고 할 수 있다.

한편 교육환경을 반영하는 대표적인 질적 지표로서 학생/교사 비율도 꾸준한 하락세를 보이고 있어, 교육 여건이 개선되어 왔다고도 평가할 수 있다. 〈그림 5-2〉에서 볼 수 있듯이, 학교급별로 다소의 차이는 있으나, 초등학교의 경우 학생/교사 비율이 가장 먼저 감소하였고, 그 다음으로 1980년 중학교에서, 1982년 고등학교에서 학생/교사 비율이 감소하기 시작하였다. 대학의 경우 학생/교사 비율은 1985년 이후 감소하기 시작하였는데, 1997년과 1998년 사이에 통계 시계열의

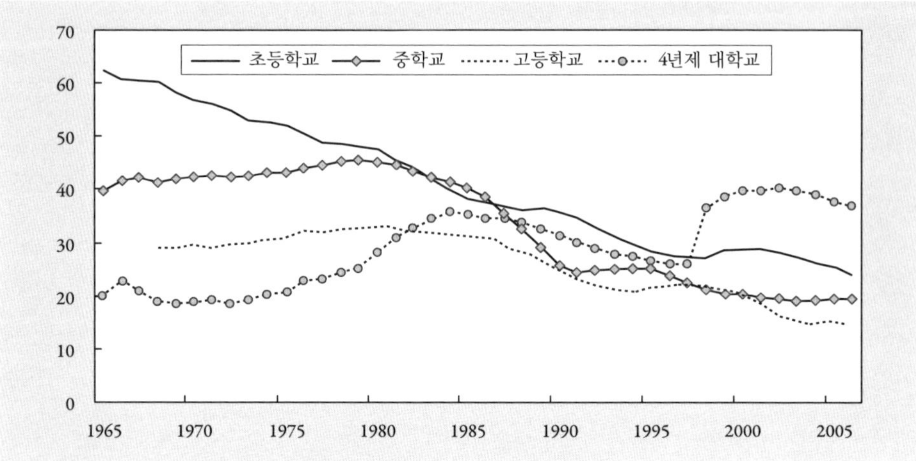

자료: 김대일(2007)에서 재인용, 『교육통계연보』, 각 연도, 교육인적자원부.

〈그림 5-2〉 학급별 교사 1인당 학생수의 추이

단절이 있는 것으로 파악되어 정확한 평가는 어렵지만, 그 이후에도 계속 학생/교수 비율은 다시 하락하는 양상을 보이고 있다.[1)]

이러한 추세에도 불구하고, 아직 OECD 등 선진국과 비교할 때 교사 1인당 학생 수는 많은 수준이다. 〈표 5-1〉에 의하면 1차 교육기관인 초등학교의 경우 교사 1인당 학생수가 OECD 평균보다 68% 높으며, 중학교에서는 52%, 고등학교에서는 23% 높은 수준임을 알 수 있다. 학생/교원 비율이 낮을수록 학업 성과가 개선될 가능성이 높다는 점에 비추어볼 때, 학생/교원 비율이라는 측면에서는, 앞으로도 계속 투자와 개선이 추진되어야 할 것으로 판단된다(Card and Krueger, 1992, 1996, 2000).

1) 1997년과 98년 사이에 대학교 교원 수가 갑자기 감소하는 것으로 교육부 통계가 보고되고 있기 때문이다.

〈표 5-1〉 교사 1인당 학생수의 국제비교(2005년 기준, 단위: 명)

	1차교육	2차교육	중등	고등	3차교육
우리나라(A)	28.0	18.2	20.8	16.0	-
OECD(B)	16.7	13.4	13.7	13.0	15.8
비율(=A/B)	1.68	1.36	1.52	1.23	-

자료: OECD(2007a).

2) 교육비 지출 규모와 지출 구조

교육에 대한 또 하나의 질적 지표라고 할 수 있는 교육비 지출 측면에서 볼 때, 학생 1인당 공교육비 지출액수는 꾸준히 증가하여 왔음을 알 수 있다. 〈그림 5-3〉을 보면, 초등학교의 경우 1985-2006년 기간 동안 학생 1인당 실질 공교육비는 4.6배 증가하였으며, 중학교와 고등학교에서는 각각 5.5배, 5.7배로 증가하였다. 대학교의 경우 동일 기간 동안 2.45배 증가하여 가장 증가폭이 낮은데, 이는 대학 진학자 수가 급격하게 증가한 데서도 하나의 원인을 찾을 수 있다고 판단된다.

교육비 지출이 지속적으로 증대되어왔음에도 절대적 지출 수준에서는 아직 OECD 선진국 수준에 못 미치고 있다. 〈표 5-2〉는 학생 1인당 교육비 지출액을 우리나라와 OECD 평균과 비교하고 있는데, 여기서 정의하고 있는 교육비에 포함되는 항목들은 공적 지출과 사적 지출을 모두 포함한다.[2] 자세한 항목에 대해서는 〈부록표 1〉을 참조할 수 있다. 한편 여기서 사용된 환율은 외환거래상의 환율이 아니라 구

2) 사적지출은 대체로 취학자녀 가구가 학교에 지출하는 등록금, 급식비 등을 포함한 액수로서, 입시대비 및 보습을 위한 사교육비 지출은 여기에 포함되지 않는다.

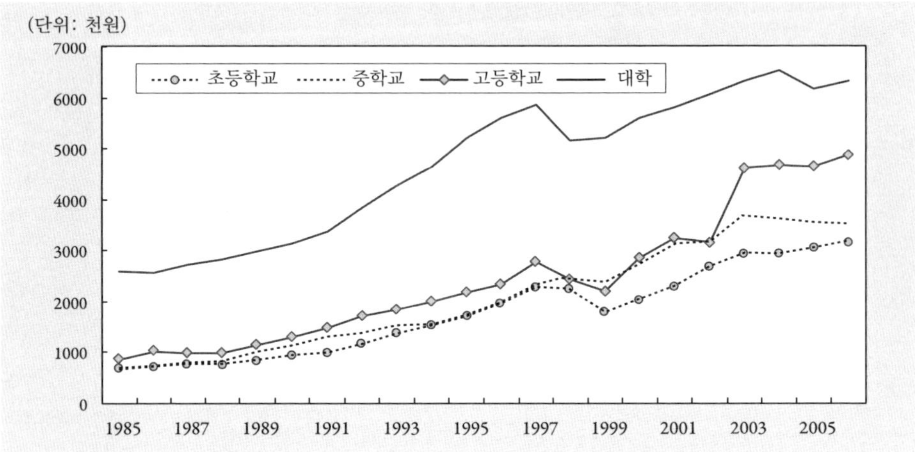

주: 1) 초·중등학교 학생 1인당 공교육비=공교육비(국·공립학교 교육비+국·공립 학교회계 예산액+사립 학교회계 예산액)/재적학생수

2) 대학 학생 1인당 공교육비=공교육비(국·공립학교 교육비+국·공립학교 기성회회계 예산액+사립 교비회계 예산액)/재적학생수

3) 2002년 이전 초·중·고등학교 공교육비에는 국립학교 불포함.

4) 2003-2004년 초·중·고등학교 공교육비에서 국립학교 공교육비의 경우, 국고지원금만 포함됨.

자료: 『교육통계연보』, 각 연도, 교육인적자원부.

〈그림 5-3〉 학생 1인당 실질 공교육비(2000년도 가격)

매력 지수에 의한 환율(Purchasing Power Parity exchange rate)이므로 실제 외환시장에서의 환율보다는 높다. 예를 들어 표에 나타난 2004년을 기준으로 할 때 외환시장 환율은 달러당 1,145.2원이었는데, 구매력 지수 환율은 794.2원으로 구매력 지수 환율은 우리나라 원화를 44.2% 더 강세로 평가하고 있었다. 결과적으로 〈표 5-2〉와 같이 우리나라 교육비 지출액은 외환시장 환율로 환산한 것에 비해 그만큼 더 고평가된 액수라고 할 수 있다. 그럼에도 불구하고 2004년 기준으로 우리나라 학생 1인당 교육비 지출액은 약 6천 달러 수준으로 OECD 평균의 85% 수준이며, 1차 교육기관에서는 OECD 평균의 77.0%, 2차 교육기

〈표 5-2〉 학생 1인당 교육 지출의 국제 비교(2004년도 기준, 단위: US 달러)

	전체	1차교육	2차교육			3차교육
				lower	upper	
우리나라(A)	5,994	4,490	6,761	6,057	7,485	7,068
OECD(B)	7,061	5,832	7,276	6,909	7,884	11,100
비율(A/B, %)	84.9	77.0	92.9	87.7	94.6	63.7

주: 1) 각 국가 화폐로 정의된 교육비 지출액에 구매력 지수 환율을 적용하여 계산.
2) 교육비에 포함된 내역은 〈부록표 1〉 참조.
자료: OECD(2007a).

관에서는 OECD 평균의 92.9%, 그리고 3차 교육기관인 대학에서는 OECD 평균의 63.7%로 특히 낮은 수준을 보이고 있다.

이와 같이 절대액수에서는 낮지만, 경제 수준 등을 감안할 경우 교육비 지출 수준이 낮다고만 할 수는 없다. 〈표 5-2〉에서는 절대액수를 비교하였기 때문에, 상대적으로 국민소득이 높은 국가에 비해 우리나라의 교육비 지출액은 낮은 것이 당연할 수 있기 때문이다. 이러한 관점에서 전체 국내총생산(GDP)에서 교육비 지출이 차지하는 비중을 비교하면, 우리나라는 교육비로 GDP의 7.2%를 지출하고 있는 것으로 평가되어 OECD 평균(5.7%)보다 오히려 1.5%p 높은 수준을 보이고 있다. 즉, 학생 1인당 절대 지출액은 높지 않지만, 경제의 실물 자원배분에 있어서 상대적으로 더 많은 부분을 교육에 투자하고 있다고 평가될 수 있는 것이다.

교육비 지출을 재원별로 구분하면, 〈표 5-3〉에서와 같이 우리나라에서는 사적 지출의 비중이 매우 높다는 점을 알 수 있다. 공공부문의 교육비 지출은 전체 GDP의 4.4%에 불과하고, 이는 OECD 평균 5.0%보다 낮은 수준인 반면, 사적 지출이 2.8%를 차지하고 있어 OECD 평균 0.7%를 크게 상회하고 있다. 1·2차 교육기관에 대한 공적

〈표 5-3〉 재원별 교육기관에 대한 지출의 GDP 비중(2004년, 단위: %)

	전체			1·2차 교육기관			3차 교육기관		
	공적	사적	전체	공적	사적	전체	공적	사적	전체
우리나라	4.4	2.8	7.2	3.5	0.9	4.4	0.5	1.8	2.3
OECD 평균	5.0	0.7	5.7	3.6	0.3	3.8	1.0	0.4	1.4

주: 교육비에 포함된 지출 항목들은 〈부록표 1〉 참조.
자료 : OECD(2007a).

지출은 GDP의 3.5%로서 OECD 평균(3.6%)과 별 차이가 없으나, 사적 지출은 0.9%로 OECD 평균(0.3%)의 3배 수준이다. 사적 지출은 입시학원에 지출되는 사교육 비용을 포함하지 않는 개념이기 때문에, 대부분 등록금을 반영하고 있는 것으로 판단된다.

3차 교육기관(대학)에 대한 공적 지출은 GDP의 0.5%로서 OECD 평균(1.0%)의 절반에 불과하고, 3차 교육에 소요되는 비용의 대부분을 사적 지출이 감당하고 있는 것으로 평가된다. 이는 우리나라 대학 교육에 대해 정부의 지출은 매우 미약한 반면, 대학 재단, 기업체, 학생, 또는 학부모의 등록금 지출이 대학 재정을 대부분 충당하고 있는 취약한 현실을 반영한다. 우리나라 학생들의 대학 진학률이 매우 높은 점을 감안할 때, 이러한 대학 재정의 취약성은 결국 질 낮은 교육으로 연계될 수밖에 없어, 상당히 우려스럽다고 할 수 있다.

비록 학생 1인당 교육비 절대 지출 액수는 낮지만, GDP에서 교육비가 차지하는 비중은 높기 때문에, 학생 1인당 교육비 지출을 1인당 GDP에 비교할 때(〈표 5-4〉) 우리나라가 오히려 OECD 평균(26%)보다 다소 높은 수준(29%)이다. 다만 이는 2차 교육기관인 중학교와 고등학교에서 교육비 지출이 집중되기 때문인 것으로 파악된다. 1차 교육기관에서의 격차는 상대적으로 크지 않지만, 3차 교육기관인 대학에서는 오히려 그 비율이 34%에 불과하여 OECD 평균 40%에 크게

〈표 5-4〉 1인당 GDP 대비 학생 1인당 교육 지출 비율(2004년, 단위: %)

	전체	1차교육	2차교육	중등	고등	3차교육
우리나라	29	22	33	29	36	34
OECD	26	20	25	23	28	40

자료: OECD(2007a).

미달하고 있어 역시 대학교육에 대한 투자가 미흡함을 알 수 있다.

교육비 지출의 양적 비교도 중요하지만, 교육비가 어떠한 내용으로 지출되고 있는지도 교육의 질을 결정하는 데 중요한 변수다. 우리나라와 OECD 평균교육비 지출구조를 비교한 결과, 〈표 5-5〉에서 보이고 있듯이, 1·2차 교육기관의 경우 교육비 지출구조에 큰 차이가 있지는 않으나, 3차 교육기관인 대학의 경우 핵심교육에 지출되는 비용에 비해 연구/개발(R&D)에 지출되는 비중이 상당히 낮은 것으로 추정되고 있다. 즉, 우리나라 대학들이 교육과 연구라는 두 가지 목적을 추구함에 있어서, 교육에는 상대적으로 많은 투자를 하는 반면, 연구라는 기능에는 투자가 상대적으로 위축되어 있음을 알 수 있다.

그런데 1·2차 교육기관에 대한 지출이 OECD와 유사한 구조를 보인다고 해서, 우리나라의 초·중·고등학교 교육에서의 지출구조가 충분히 건전하다고 평가하기는 어렵다. 〈표 5-6〉을 보면 교육비 지출구조에 있어서, 우리나라는 모든 학급에서 자본 지출의 비중이 상대적으로 높고 경상 지출의 비중이 상대적으로 낮다. 자본지출이 높다는 것은 학교 시설물 개·보수 등에 상대적으로 많은 비용이 지출되고 있음을 반영하는데, 물론 교육환경 개선이라는 측면에서 이러한 자본 지출의 중요성이 낮다고 할 수는 없지만, 우리나라의 교육비 지출이 교육 효과성의 개선(software에 대한 개선)보다 시설투자(hardware에 대한 투자)

〈표 5-5〉 교육 서비스 유형별 교육기관에 대한 지출의 GDP 비중(2004년, 단위: %)

	1·2차 교육기관			3차 교육기관			
	핵심[1] 교육	부가[2] 서비스	전체	핵심 교육	부가 서비스	연구/ 개발	전체
우리나라	4.0	0.4	4.4	2.0	0.0	0.3	2.3
OECD	3.5	0.2	3.8[3]	1.0	0.0	0.4	1.4

주: 1) 교육과 직접 관련된 지출.
2) 교육기관의 교통설비, 급식, 기숙사 비용 등 부가 서비스 포함.
3) 교육기관 이외의 교육 서비스에 대한 사적 지출 포함.
자료: OECD(2007a).

에 집중되어 왔음을 반영하고 있기에, 균형 잡힌 투자 구조가 요구된다고 할 수 있다.

한편 경상 지출의 경우 교직원에 대한 보수가 대부분을 차지하고 있다. 우리나라 1·2차 교육기관의 경우 경상 지출에서 교직원 보수가 차지하는 비중은 74.7%이고, 3차 교육기관에서는 그 비중이 52.3%이다. 이와 같이 교직원 보수는 OECD 평균과 비교할 때 낮은 수준이지만, 직원을 제외한 교사의 보수만을 따로 계산할 경우, 교사 보수가 경

〈표 5-6〉 교육기관에 대한 지출의 유형별 구성(2004년, 단위: %)

		자본 지출[1]	경상 지출[2]	교직원 보수	교사	직원	기타 경상지출
1·2차 교육기관	우리나라	18.5	81.5	74.7	66.8	7.9	25.3
	OECD	9.0	91.0	80.1	63.5	15.5	19.9
3차 교육기관	우리나라	19.1	80.9	52.3	38.2	14.1	47.7
	OECD	10.7	89.3	66.2	42.7	23.6	33.8

주: 1) 1년 이상 내구성을 갖는 자본재에 대한 지출로서 학교설비 등에 투자되는 지출.
2) 학교 운영에 소요되는 소모성 지출.
자료: OECD(2007a).

상 지출에서 차지하는 비중은 1·2차 교육기관에서 오히려 우리나라가 높은 수준을 보이고 있다. 즉, 교사가 아닌 직원에 대한 보수 비중이 우리나라에서 특히 낮다는 의미인데, 이는 교사를 지원하는 행정직원 규모가 상대적으로 적음을 반영하고 있다. 즉, 교사들에게 주어지는 교육 이외의 행정업무 부담이 높을 가능성을 반영하는 것이다.

3) 교사 보수와 업무 부담

교육비 지출구조를 분석한 결과, 우리나라는 경상 지출도 낮고, 교직원 보수가 차지하는 비중도 낮음을 알 수 있었다. 그러나 교사 보수 총액이 전체 지출과 경상 지출에서 차지하는 비중이 낮다고 해서 우리나라 교사들의 급여 수준이 낮다는 의미는 아니다. 왜냐하면 학생/교사의 비율은 아직도 OECD 국가들에 비해 높은 편이고, 이는 교사 수가 상대적으로 적다는 의미이기 때문이다. 실제 15년 경력 중등 교사의 급여 수준을 구매력 지수 환율로 전환하여 비교한 〈그림 5-4〉를 보면, 우리나라 중등 교사의 급여는 OECD 국가들 가운데 세 번째로 높은 수준임을 알 수 있다.

〈그림 5-4〉의 결과는 시장 환율이 아닌 구매력 지수에 의존한 수치이므로, 각 국가별로 교사 급여가 물가 수준에 비해 얼마나 높은지의 의미, 즉, 교원 급여의 상대적 수준을 반영하고 있는 결과라고 할 수 있다. 경제 수준을 감안하여 1인당 GDP 대비 중등 교사의 급여를 비교하여도 유사한 결과를 얻을 수 있다. 〈그림 5-5〉에 의하면 우리나라는 그 비율이 2.3으로 OECD 국가 중 가장 높은 수준이다.[3] 즉 1인

3) 〈부록표 2〉와 〈부록표 3〉에서는 1인당 GDP 대비 교사 급여 수준과 급여 상승률, 시간당 임금률 등을 OECD 국가별로 자세하고 보이고 있다.

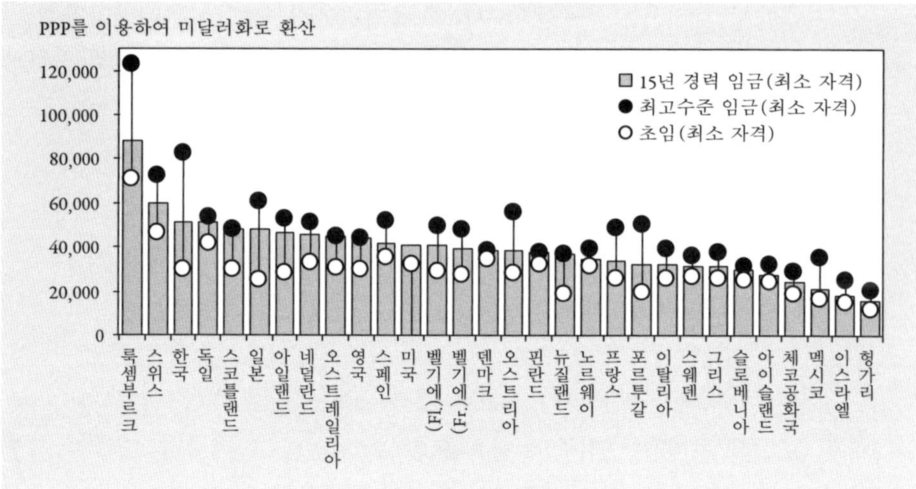

주: 구매력 지수 환율을 사용하여 각국 교사 보수를 달러화로 변환.
자료: OECD(2007a), Chart D3.2.

〈그림 5-4〉 15년 경력 중등(lower secondary) 교사 급여의 국제비교(2005년)

당 국내 총생산으로 가늠한 경제 수준을 고려할 때, 우리나라 중등 교사의 급여는 선진국에 비해서도 훨씬 높다고 할 수 있는데, 결과적으로 교원 보수가 차지하는 비중이 낮은 것은 교사의 급여가 낮아서가 아니라 교사의 수가 적다는 점을 반영한 결과라고 판단할 수 있다.

우리나라 교육 현실에서 교사의 수가 많지 않다는 점도 중요한 개선 과제지만, 교사의 학생 교습시간도 상대적으로 길지 않다는 점도 개선되야 할 부분으로 판단된다. 우리나라의 경우 모든 학급 교사의 연간 정규근로시간은 1·2차 교육기관에서 모두 1,613시간으로 OECD 평균(1,687-1,695시간)에 비해 약 4.4% 짧은데, 〈그림 5-6〉을 보면 학생 교육에 투입되는 교습시간은 훨씬 짧은 것으로 추정된다. 1차 교육기관인 초등학교 교사의 경우 연간 교습시간은 810시간으로 OECD 평균 803시간과 거의 차이가 없으나, 중등교사의 교습시간(570시간)과 고

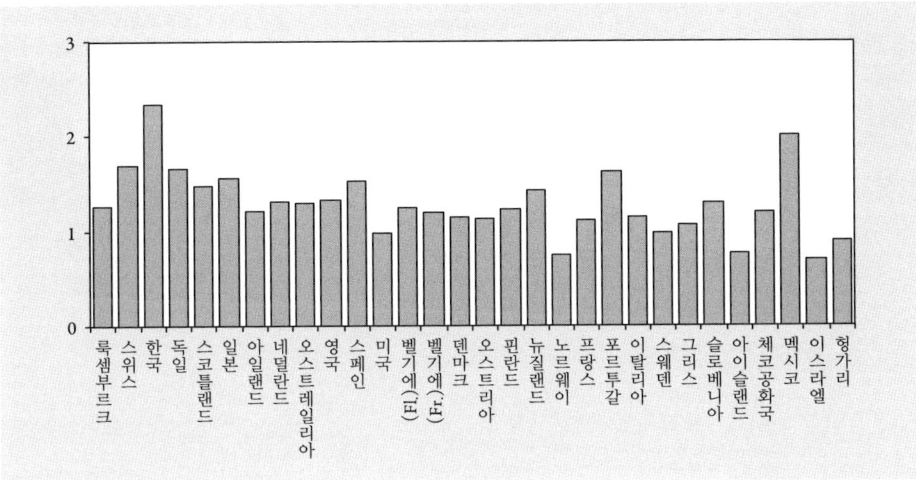

자료: OECD(2007a), Chart D3.2.

〈그림 5-5〉 1인당 GDP 대비 15년 경력 중등교사 급여 비율(2005년)

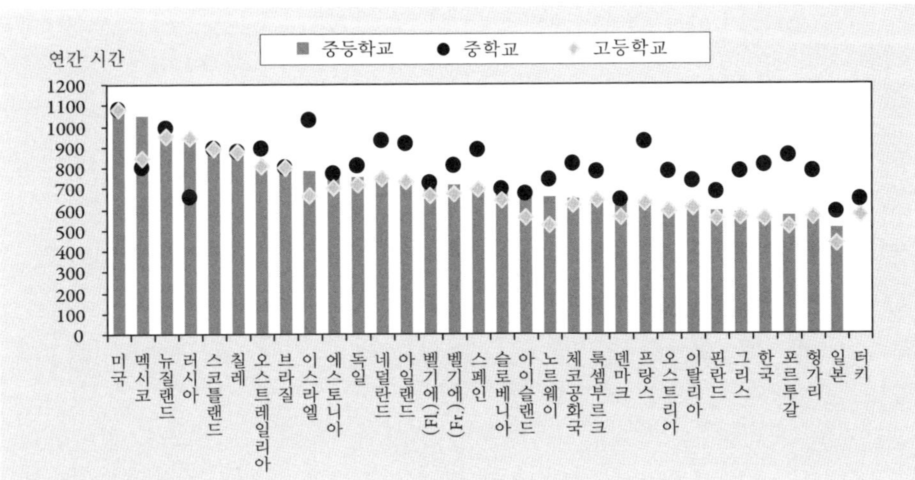

자료: OECD(2007a), Chart D4.2.

〈그림 5-6〉 학교급별 교사의 연간 교습시간(2005년)

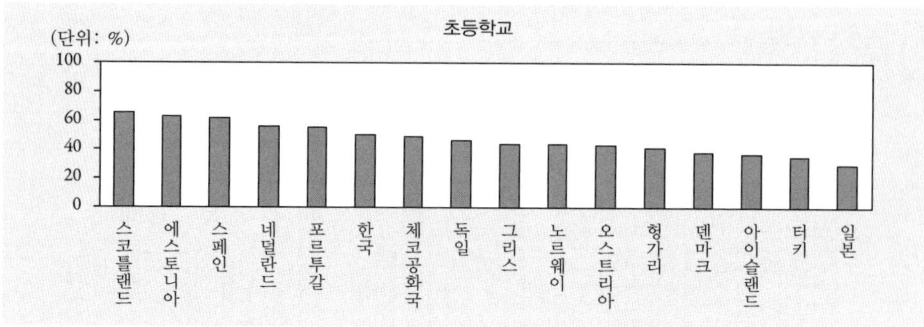

자료: OECD(2007a), Chart D4.4.

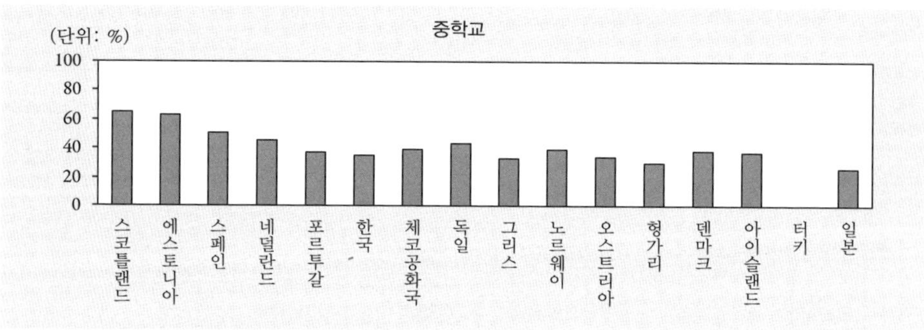

자료: OECD(2007a), Chart D4.4.

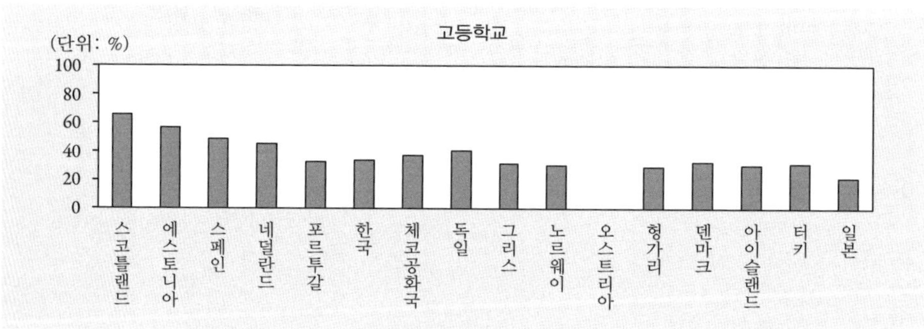

자료: OECD(2007a), Chart D4.4.

〈그림 5-7〉 교사의 근로시간에서 교습 시간이 차지하는 비중(2005년).

등학교 교사의 교습시간(553시간)은 각각 OECD 평균 707시간과 664시간에 비해 상당히 짧다. 결과적으로 중등교사가 학생 교습에 투입하는 시간은 OECD 평균의 80.6%에 불과하고, 고등학교 교사가 교습에 투입하는 시간은 OECD 평균의 83.3%에 불과하다(〈그림 5-7〉 참조).

즉, 우리나라의 경우 교사 1인당 학생 수도 많을 뿐 아니라, 교사가 교습에 투입하는 시간도 짧아 수업의 몰입도(intensity)가 매우 높지 않은 한, OECD 선진국들에 비해 교습 총량은 오히려 적다고 할 수 있다. 그러나 이미 본 바와 같이 교사들을 행정적으로 지원하는 직원 규모가 상대적으로 작고, 결과적으로 교사들이 교습 이외의 행정업무에 많은 시간을 할애하는 것으로 평가되므로, 교육의 실질적 성과가 상대적으로 위축되어 있을 가능성이 높다고 판단된다.

3. 우리나라 학생들의 학업 성과

학생의 교육 성과를 객관적으로 국제 비교할 수 있는 자료는 그렇게 흔하지 않다. 교육의 질적 성과를 가늠하기 위해서는 우선 교육이 지향하는 목표를 식별하고, 이 목표들이 얼마나 잘 달성되었는가를 분석하여야 한다. 하지만, 교육이 지향하는 목표라는 것이 워낙 다양할 뿐 아니라, 추상적인 개념도 많이 포함하고 있기 때문에 실질적으로 이를 모두 비교하는 것은 비현실적이다. 따라서 여기서는 가장 간단하면서도 객관성이 유지되는 학업성취도와 노동시장 성과라는 두 가지 지표에 대해 분석한 결과를 제시한다.

OECD의 산하기관인 PISA에서는 OECD 회원국들과 일부 비회원 국가들의 15세 학생들을 대상으로 매 3년마다 학력 평가를 실시하고, 이에 대한 분석결과를 제시하고 있다(OECD, 2001). 2000년도의 경우 15세 학생들의 언어능력(reading literacy), 수리능력(mathematical literacy), 과학능력(scientific literacy)을 측정하고 평가하였다. 그 결과 OECD 27개국 중 우리나라 학생들의 언어능력 평균점수는 6위, 수학능력 평균점수는 2위, 과학능력 평균점수는 1위의, 상대적으로 높은 성과를 거두었다.

평균적으로는 우리나라 학생들의 성과가 낮지 않지만, 성적의 분포를 분석하면 다른 OECD 국가들에 비해 상당히 독특한 양상을 보이고 있다. 〈그림 5-8〉의 결과에 따르면 우리나라 학생들이 모든 영역에서 높은 평균점수를 얻은 이유는 상위권의 성적이 높아서가 아니라 하위권 학생들의 성적이 다른 나라에 비해 상대적으로 월등히 높기 때문인 것으로 드러났다. 그림에서는 각 국가별로 학생들을 성적순에 따라 100분위(percentile)로 구분하여 아래에서 다섯 번째 분위(5th percentile), 전체 평균, 그리고 위에서 다섯 번째 분위(95th percentile)에 속한 학생들의 평균 성적을 보이고 있다.[4] 하위권(5th percentile) 학생들만을 비교할 때 우리나라 학생들은 27개국 중 언어능력과 과학능력 성적에서 1위, 수리능력에서는 2위에 위치하고 있어 하위권의 성과는 상대적으로 가장 높은 편에 속하고 있다. 반면 상위권(95th percentile) 학생들만 비교할 경우 우리나라 학생들의 평균성적은 27개국 중 언어능력에서는 20위, 수리능력과 과학능력에서 모두 5위에 위치하여 평균과 하위권 성적 등수에 비해 매우 낮음을 알 수 있다. 즉, 모든 영역에서 하위권 학생들은 OECD 국가들 가운데 상대적으로 잘 하는 편이지만, 상위권 학생들은 OECD 국가들에 비해 최상위권에 들지 못하고 있다는 현실이며, 이는 우리나라 학생들의 성과가 평균을 중심으로 밀집되어 있음을 의미한다. 다른 방식으로 해석한다면, 우리나라 학생들은

4) 구체적인 점수는 〈부록표 4〉에 수록되어 있다.

(A) 종합언어능력(combined reading literacy)

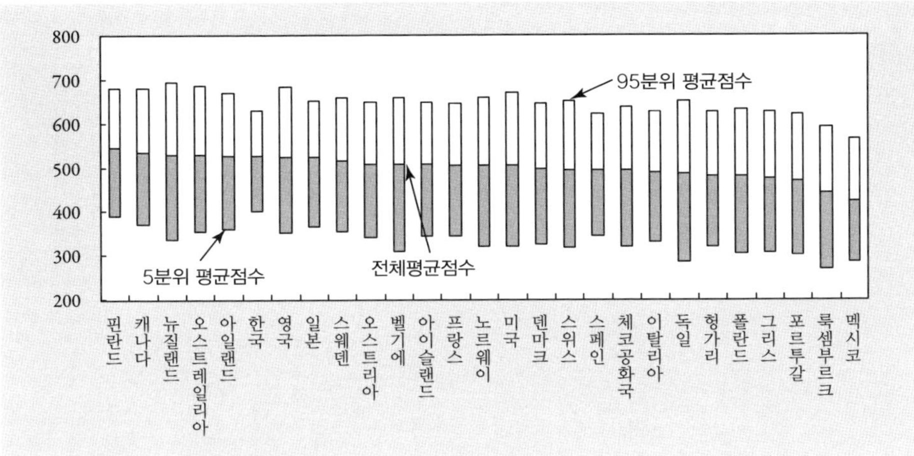

자료: OECD(2001). Table 2.3a.

(B) 수리능력(mathematical literacy)

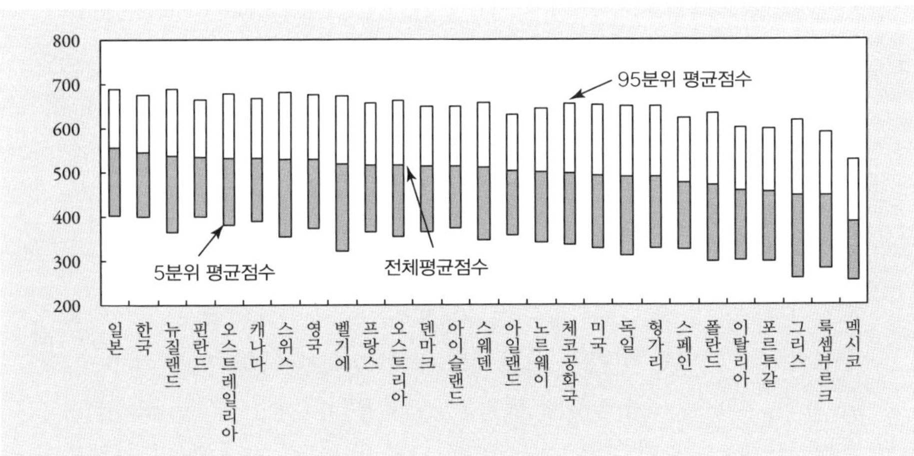

자료: OECD(2001). Table 3.1.

(C) 과학능력(scientific literacy)

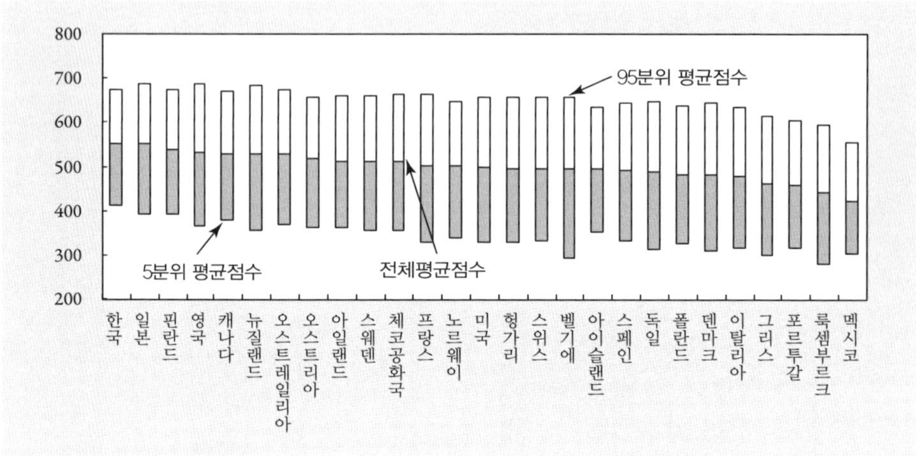

자료: OECD(2001), Table 3.3.

〈그림 5-8〉 OECD PISA 2000 학력평가결과

아주 못하는 학생도 드문 반면, 아주 뛰어난 학생도 없다는 뜻이다. 현대 사회에서 국가 경쟁력이 창의적인 소수에 크게 의존하는 현실을 감안하면, 상위권의 성과가 상대적으로 낮다는 점은 시급히 개선되어야 할 과제라고 판단된다.

한편 OECD PISA는 2003년과 2006년에도 유사한 방식의 학력평가를 실시하였는데, 2003년도 보고서에서는 수리능력을 중점적으로 분석한 결과를 제시하고 있으며, 2006년도 보고서에서는 과학능력을 중점적으로 분석한 결과를 제시하고 있다(OECD 2004, 2007b). 〈표 5-7〉을 보면, 2003년도 수리능력 평가의 결과 우리나라 15세 학생들의 평균점수는 542점으로 핀란드(544점)에 뒤진 2위지만, OECD 파트너 국가로 참여한 비회원국들까지 고려하면 홍콩(550점)에도 뒤지고 있다. 점수 분포를 볼 때, 최상위권인 level 6 이상 비중은 8.1%로 OECD 29

〈표 5-7〉 2003년과 2006년 OECD PISA 학력평가 결과: 성적 수준별 분포(단위: %)

		성적 수준						
		1 미만	1	2	3	4	5	6
수리 (2003)	우리나라	2.5	7.1	16.6	24.1	25.0	16.7	8.1
	OECD	8.2	13.2	21.1	23.7	19.1	10.6	4.0
과학 (2006)	우리나라	2.5	8.7	21.2	31.8	25.5	9.2	1.1
	OECD	5.2	14.1	24.0	27.4	20.3	7.7	1.3

자료: OECD(2004). Table 2.5a. OECD(2007b). Table 2.1a.

개국 중 벨기에(9.0%), 일본(8.2%)에 뒤진 3위인데, OECD 파트너 국가들 가운데에서는 역시 홍콩(10.5%)이 우리나라에 앞서고 있다. 반면 최하위권인 level 1 미만의 비중은 2.5%로 OECD 평균 8.2%에 비해 매우 낮아, 2000년도 수리능력 평가결과와 유사하게 하위권은 상대적으로 잘하고 있다는 평가를 내릴 수 있을 것이다.

2006년도 과학능력 평가의 결과 평균점수는 522점으로 OECD 국가 중 7위에 위치하여 1위였던 2000년도 평가에 비해 많이 하락한 것으로 나타났다. 파트너 국가들까지 감안하면 홍콩(542점), 타이완(532점)에도 뒤지고 있어 과학 교육 성과가 심각하게 후퇴한 것으로 평가되며, 일본은 531점으로 OECD 국가 중 3위에 올라 있는 것에 잘 비교되고 있다. 더욱이 최상위권인 level 6 이상 비중은 1.1%로 OECD 평균 1.3%에 못 미치고, OECD 30개국 중 13위에 불과하며, 또한 파트너 국가들과 비교할 때 홍콩(2.1%)과 타이완(1.7%) 등에도 뒤지는 실정이다. 일본은 2.6%로 뉴질랜드 4.0%, 핀란드 3.9%, 영국 2.9%, 오스트레일리아 2.8%에 뒤진 5위에 올라 있으며, 미국도 1.5%로 우리나라보다 높은 실정이다.

이와 같이 전반적으로 평균은 상위권에 속하지만, 하위권이 잘해서 그런 것이지 상위권은 상대적으로 우수하지 못한 상황이 계속될

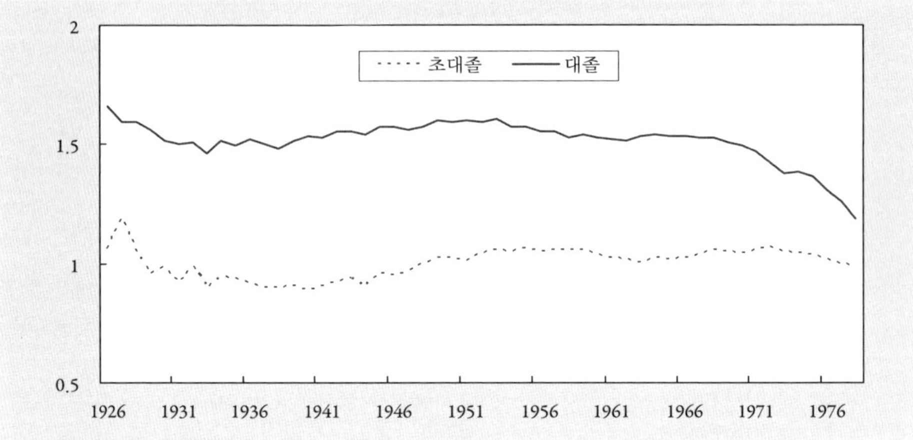

주: 초대졸 학력 근로자들의 전체 평균 생산성을 1로 정규화(normalize)하여, 상대적인 비율을 보인 결과임.
자료: 김대일(2007).

〈그림 5-9〉 고학력 남성 근로자의 출생연도별 생산성 변화

뿐 아니라, 과학에서는 평균도 하락하고 있어 우리나라 과학 발전에 있어서 상당히 우려스러운 상황이 아닐 수 없다. 특히 경쟁국이라고 할 수 있는 일본, 홍콩, 타이완 등에 뒤지고 있는 점은 국가경쟁력 확보 차원에서 우려스럽고, 최근 IT, BT, NT 등 과학기술의 중요성이 급속하게 확대되고 있는 상황에서 학생들에 대한 과학능력 교육 성과가 빠르게 후퇴하고 있는 점에 대해서는 신속한 대응책이 필요하다고 판단된다.

우리나라 교육 성과 지표 가운데 하락하고 있는 것은 비단 학생들의 성적뿐만은 아니다. 〈그림 5-9〉에서는 김대일(2007)이 평가한 대학 졸업자들의 평균적인 생산성 추이를 보이고 있는데, 1970년대 이후 출생한 대학 졸업자들에게서 노동생산성은 상당히 빠르게 하락하고 있는 양상을 보인다. 그런데 〈그림 5-10〉을 보면, 이러한 대학 졸업자의 생산성 하락 양상이, 앞서 본 학업 성과의 양상과 일치하게 상위권과 중

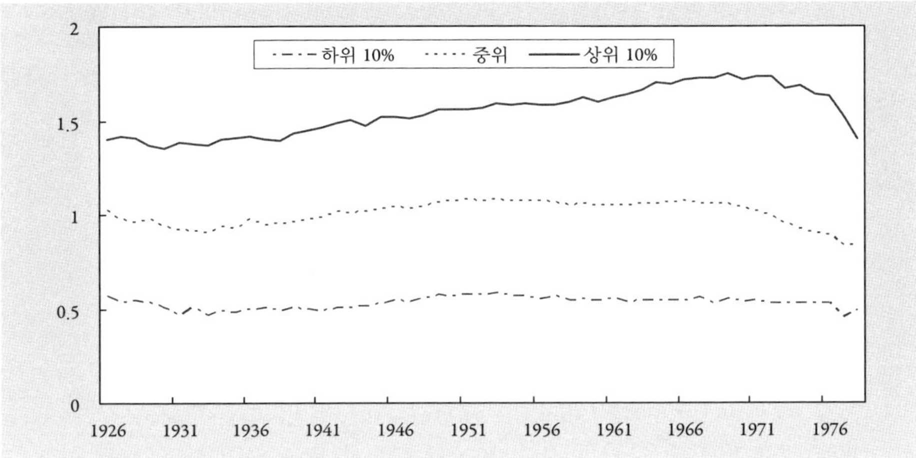

주: 대졸 학력 근로자들의 전체 평균 생산성을 1로 정규화(normalize)하여, 상대적인 비율을 보인 결과임.
자료: 김대일(2007).

〈그림 5-10〉 대졸 학력 남성의 생산성 분위별 생산성 변화 추이

위권에서 두드러지고 있어, 상위권 학생들의 상대적인 학력 성과 저하가 노동시장 성과의 저하로 연계되고 있음을 알 수 있다.[5)]

4. 공교육 현실에 대한 평가

지금까지의 결과를 요약하면, 우리나라 교육을 통한 학업 성과는 상대적으로 높은 수준이지만, 그 성과가 일부 과목에서는 하락하는 양

5) 〈그림 5-10〉에서는 대졸 학력 근로자들을 출생연도별로 노동생산성 순에 따라 100분위(percentile)로 구분한 뒤, 위로부터 10번째 분위(90th percentile)를 상위권, 가운데 분위를 중위권(50th percentile), 아래로부터 10번째 분위를 하위권(10th percentile)으로 구분하여 각각의 생산성 변화 추이를 보이고 있다(김대일, 2007).

상을 보인다. 특히 상위권의 성과가 하락하다 보니, 최고 학력인 대졸 근로자의 노동생산성도 하락하고 있어 우리나라 교육이 개선될 필요가 있다는 시사점을 얻을 수 있었다. 그런데 이러한 시사점을 고려함에 있어서, 현재의 교육의 성과가 과연 우리나라 공교육의 성과라고 할 수 있는지에 대해 먼저 답이 있어야 할 것이다.

우선 현재 OECD 평가 결과 우리나라 학생들의 평균 성적이 상대적으로 높은 수준에 있다는 것을 공교육의 성과라고 볼 수 있는지 의문스럽다. 왜냐하면 학교 교육에 대한 학생과 교장 설문조사 결과는 매우 부정적이기 때문이다. 이미 언급한 바와 같이 우리나라 공교육에 대한 교육비 지출은 공적 지출과 사적 지출을 합쳐 GDP의 7.2%에 이르고 있어 OECD 평균을 크게 상회하고 있으며, 중등교사를 기준으로 평가한 교사의 급여 수준도 상대적으로 매우 높은 편이다. 그럼에도 불구하고 사교육이 광범위하게 확산되어 있으며, 공교육의 실효성에 대해서는 부정적인 의견이 많고, 이는 교육 예산의 효율성에 대한 부정적인 평가로 이어지고 있다.[6)]

공교육의 실효성을 과학적으로 평가하기는 매우 어렵지만, 우리나라 공교육의 현실에 대해 어느 정도 가늠할 수 있는 자료가 OECD에 의해 제시되고 있기 때문에, 이를 간단하게 소개하고자 한다. 우선 본문에서는 다루고 있지 않지만 〈부록표 5〉에 나타난 OECD의 2000년도 학생과 학교장 설문조사 결과에 따르면 교사의 학습 지원 노력 수준, 학생들이 학교 숙제에 투입하는 시간, 교사의 사기와 사명감 등의 지표에서 모두 OECD 평균을 크게 밑도는 결과를 보이고 있다

6) 2000년도 OECD의 설문 조사 결과 보습학원(remedial courses outside school)에 다닌 경험이 있는 학생의 비중은 57.5%로 OECD 국가 중 가장 높았다. 사교육의 규모 등에 대해서는 다음 절에서 더 상세히 다루도록 한다.

(OECD, 2001). 여기서 교사의 학습 지원이라고 함은 첫째, 교사가 모든 학생의 학습에 관심을 보이는지의 여부, 둘째, 교사가 학생들에게 의견을 표출할 기회를 제공하는지의 여부, 셋째, 교사가 학생들의 공부(work)를 직접 도와주는지의 여부, 넷째, 교사가 학생들이 이해할 때까지 반복 교습하는지의 여부, 다섯째, 교사가 학생들을 도와주기 위해 많은 노력을 하는지의 여부, 여섯째, 교사가 학생들의 지식습득(learning)을 도와주는지의 여부 등을 반영하는 개념으로 정의되고 있는데, 2003년도 학생들을 설문조사한 결과에서도 〈표 5-8〉에서와 같이 학교에서의 수학과목 학습에 대해 부정적인 평가결과가 얻어지고 있다(OECD, 2004). 2003년도 설문조사는 수학학습(mathematics learning)에 대해 집중적으로 조사하고 있는데, 우선 수학에 대한 흥미를 측정한 4개 질문에 있어, 긍정적으로 평가한 학생의 비중이 OECD 평균에 모두 못 미치고 있어 학생들의 수학성적은 높지만, 수학을 재미있어 하는 학생의 비중은 매우 낮아 수학 공부에 대한 자발적인 동기가 충분히

〈표 5-8〉 수학과목에 관련하여 학생들이 동의한 비중(단위: %)

수학공부에 대한 흥미 척도	우리나라	OECD
1. 수학 관련 서적 읽기를 좋아한다	29	31
2. 수학시간이 기다려진다	22	31
3. 수학을 즐기기 때문에 수학공부를 한다	31	38
4. 수학시간에 배우는 것들에 흥미를 느낀다	44	53
수학에 대한 동기유발 요인 (수학을 열심히 하는 이유는?)	**우리나라**	**OECD**
1. 앞으로 할 일(work)에 도움이 될 것이기 때문	57	75
2. 다른 과목 학업에 도움이 되기 때문	60	78
3. 졸업 후 학업에 도움이 되기 때문	58	66
4. 취업할 때 도움이 될 것이기 때문	46	70

자료: OECD(2004). Figures 3.2 & 3.3a.

〈표 5-9〉 학교와 수학교사에 대해 학생들이 동의한 비중(단위: %)

학교에 대한 태도	우리나라	OECD
1. 학교는 사회생활에 대해 준비하도록 도와준 것이 거의 없다	28	32
2. 학교는 시간낭비다	10	8
3. 학교는 내가 결정을 해야 할 때의 자신감을 키워주었다	68	72
4. 학교는 취업해서 필요할 것들을 가르쳐주었다	66	72
학교에의 소속감	우리나라	OECD
1. 나는 이방인처럼 느낀다	8	7
2. 친구를 쉽게 사귈 수 있다	79	89
3. 학교의 일원으로 소속감을 느낀다	76	81
4. 어울리지 않는 곳에 와있는 느낌이다	9	10
5. 학교에서 외롭다	7	8
수학교육에서 교사의 역할 평가	우리나라	OECD
1. 교사가 모든 학생의 학습에 관심을 갖는다	58	58
2. 필요한 경우 추가 학습지도를 한다	56	66
3. 대체적으로 학생 학습에 도움이 된다	79	73
4. 학생들이 이해할 때까지 계속 지도한다	40	62
5. 학생들이 의견을 발표할 기회를 준다	49	59

자료: OECD(2004). Figures 3.4. 3.5 & 5.1.

제고되지 못하고 있는 것으로 판단된다. 실제 수학 공부의 동기유발 요인을 분석한 4개의 질문에서도 우리나라 학생이 긍정적으로 평가한 비중이 낮아 OECD 국가 학생들에 비해 학습에 대한 동기유발이 취약한 것으로 평가된다.

비록 OECD에서 제시한 결과만으로 인과관계를 직접 규명하기는 어려우나, 위와 같은 결과는 학생들이 학교와 수학교사에 대해 부정적인 평가를 하고 있는 것과 무관하지 않다고 판단된다. 〈표 5-9〉

를 보면 학교에 대한 갖는 학생들의 인식과 태도에 관한 4개 질문 중 3개에서 OECD 평균보다 부정적인 응답이 도출되었고, 학교에의 소속감에 대한 5개 질문 중 3개에서 역시 OECD 평균보다 부정적인 응답이 도출되었다. 한편 수학교사의 열의에 대한 5개 질문 중 3개에서 역시 OECD 평균에 비해 부정적인 응답이 도출되었는데, 그 질문들이 추가학습 여부, 학생들이 이해할 때까지 지속적인 교습의 여부, 그리고 학생들의 의견표출 허용 여부에 대한 내용이어서, 학교의 수학교사가 학생들과의 상호작용을 통해 학습성과를 제고하려는 노력이 부족하다는 평가도 가능하다고 판단된다.

한편 OECD에서 각 학교의 교장들을 설문조사한 결과에서도 유사하게 부정적인 응답이 많이 제기되고 있어, 학교교육의 문제점에 대해 수요자인 학생들뿐 아니라 공급자인 학교 교사와 교장들도 같은 인식을 공유하고 있는 것으로 판단된다. 〈표 5-10〉을 보면 학교의 교장들은 교사들이 학생에 대해 기대 수준을 낮게 잡고 있다는 점, 교사들이 학생들에게 충분히 동기를 부여하지 못하고 있다는 점들이 학교 학습 분위기를 훼손시킨다는 데 OECD 평균에 비해 더 많이 동의하고 있으며, 교사들의 사기와 자부심, 그리고 교육에 대해 부여하는 가치 등이 높다고 대답한 교장의 비중도 OECD 평균에 비해 낮아, 2000년도의 설문조사 결과와 크게 달라진 것이 없음을 알 수 있다. 또한 학생들의 사기와 사명감과 관련된 7개 질문 중 학생들이 학교 수업에 협조적인지와 학업에 최대한 노력하는지를 제외한 5개 항목에서 OECD 평균보다 부정적으로 평가하고 있어, 학생들이 갖는 학교에 대한 부정적인 태도가 실제 교육 현장에서의 학습에 부정적인 영향을 미치고 있음이 확인되고 있다.

과학학습(scientce learning)에 중점을 두어 조사한 2006년 설문조사 결과도 별로 긍정적이지 못한 것으로 나타났다(OECD, 2007b). 학생들을

〈표 5-10〉 교사와 학생에 대해 교장들이 동의한 비중[1](단위: %)

학교 분위기에 영향을 미치는 교사 관련 요인	우리나라	OECD
1. 교사의 학생에 대한 낮은 기대 수준	32	22
2. 학생/교사 관계가 부적절	14	17
3. 개별 학생의 필요에 부응하지 않는 교사	28	33
4. 변화에 부정적인 교사 및 직원	17	26
5. 지나치게 엄격한 교사	8	9
6. 학생들에 대한 동기 부여 부족	27	23
교사의 사기와 사명감	**우리나라**	**OECD**
1. 사기 높음	80	87
2. 열정적으로 지도함	93	90
3. 자부심 높음	85	90
4. 교육 성과에 높은 가치를 부여함	87	93
학생들의 사기와 사명감	**우리나라**	**OECD**
1. 학교를 즐김	86	92
2. 열의를 가지고 공부함	65	73
3. 자부심이 높음	81	86
4. 교육성과에 가치를 부여함	73	83
5. 협조적이고 남을 존중함	93	89
6. 현재 학교에서의 교육에 대해 높은 가치를 부여	81	87
7. 최대한 노력함	70	65

주: 1) 각 질문에 대해 "그렇다"고 대답한 교장의 학교에 속한 학생들이 차지하는 비중.
자료: OECD(2004), Figures 5.4, 5.5 & 5.6.

대상으로 과학에 대한 흥미를 가지고 있는지에 대한 5개 질문 중 4개 질문에서 긍정적으로 답한 학생들의 비중이 OECD 평균보다 낮게 나타났으며, 과학학습에 대한 동기 유발 요인에 대해서 긍정적으로 평가한 학생의 비중은 5개 항목 모두에서 OECD 평균보다 낮아, 학생들이 자발적으로 과학을 공부할 동기가 충분히 제고되지 못하고 있음을 알

〈표 5-11〉 과학과목에 관련하여 학생들이 동의한 비중(단위: %)

과학에 대한 흥미	우리나라	OECD
1. 새로운 과학지식을 얻는 것을 즐긴다	70	67
2. 과학 주제를 배울 때 재미있다	56	63
3. 과학을 배우는 데 관심이 많다	47	63
4. 과학 관련 독서를 좋아한다	45	50
5. 과학 문제를 푸는 것이 재미있다	27	43
과학에 대한 동기유발 요인 (과학을 열심히 하는 이유는?)	우리나라	OECD
1. 과학지식이 내게 도움이 될 것 같아서	55	67
2. 향후 내가 할 일(work)에 도움이 될 것 같아서	57	63
3. 더 좋은 직업을 택할 수 있을 것 같아서	52	61
4. 취업에 도움이 될 것 같아서	46	56
5. 향후 공부를 계속하는 데 도움이 될 것 같아서	45	56
직업 관련 동기	우리나라	OECD
1. 과학과 관련된 직업을 희망	27	37
2. 대학에서 과학 전공을 희망	23	31
3. 성인이 된 뒤 과학 프로젝트에 참여 희망	17	27
4. 평생 직종으로 고급과학자 희망	12	21

자료: OECD(2007b), Figures 3.10, 3.12 & 3.13.

수 있다. 특히 장래 직업과 관련해서도 과학과 관련된 직업을 택하려는 학생의 비중이 OECD 평균보다 크게 낮아, 일반적으로 과학에 대한 열의와 학습 동인이 위축되어 있음을 알 수 있다.

이와 같이 과학에 대한 무관심은 언어, 수학과 과학 관련 과목들이 학생들 본인에게 얼마나 높은 중요성을 갖는가에 대한 평가에서도 잘 나타나 있다. 〈그림 5-11〉을 보면 우리나라 학생들의 경우 언어(reading) 과목에서 잘하는 것이 중요하다고 생각하는 학생들의 비중이

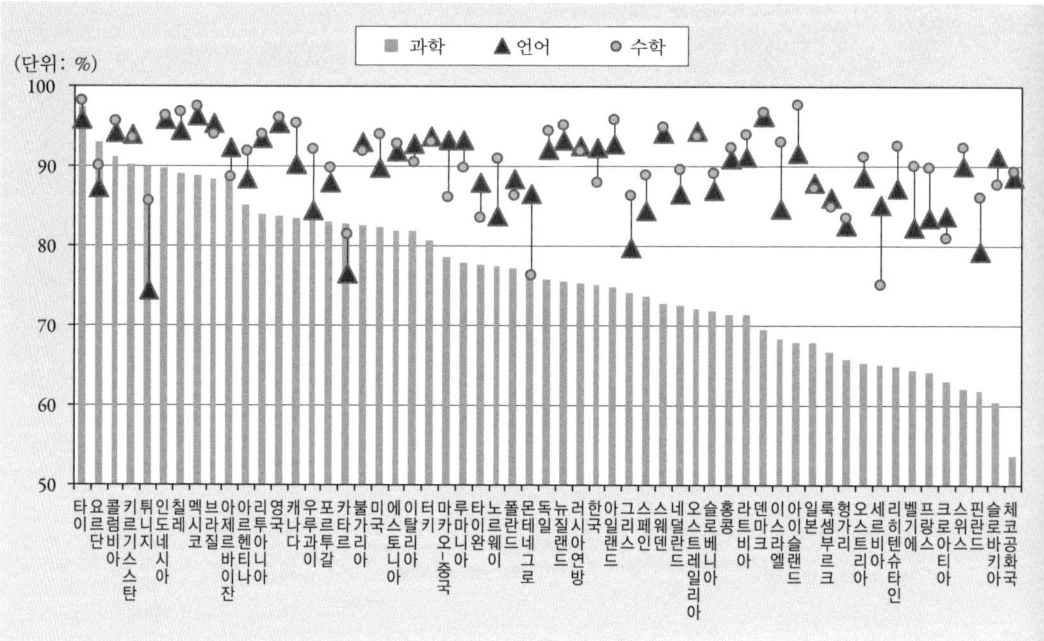

주: 각 과목이 중요하다고 평가한 학생들의 비중.
자료: OECD(2007b), Figure 3.11.

〈그림 5-11〉 학생들에 의한 과목별 중요성 평가

92.4%, 수학 과목에서 잘하는 것이 중요하다고 생각하는 학생들의 비중은 87.8%이지만, 과학 과목에서 잘하는 것이 중요하다고 생각하는 학생들의 비중은 75.2%에 불과하다. 이와 같이 과학 과목에 대한 흥미도 낮고, 동기유발도 불충분하며, 학습에 있어서 과학의 중요성에 대한 평가도 낮은 편이라는 점은, 2000년에 비해 2006년 OECD PISA 평가에서 과학 성적이 급락한 결과에 대한 하나의 설명이 될 수 있을 것이다.

학교에 대해 부정적 견해를 가지고 있는 것은 학생들에 국한되는 것이 아니라 학부모들도 동일한 견해를 갖고 있는 것으로 평가된다.

〈표 5-12〉 학부모들이 학교에 대해 동의한 비중(단위: %)

학부모의 학교에 대한 평가	우리나라	OECD
1. 교사들이 대체로 능력과 열정을 겸비	83	89
2. 교육 성과가 높은 편	71	76
3. 교과 내용과 방식에 대해 만족	77	82
4. 학생규율에 대해 만족	78	81
5. 학교가 자녀의 성취도에 대해 관심을 가지고 주시	66	78
6. 자녀의 성취도에 대한 유용한 정보를 주기적으로 제공	63	74
7. 학생교육을 잘 하고 있음	79	86

자료: OECD(2007b). Figure 5.8.

2007년 OECD 분석결과에 따르면, 〈표 5-12〉에서와 같이 학교에 대한 7개 평가 항목에 있어서 긍정적인 견해를 보인 학부모의 비중은 모든 항목에서 OECD 평균에 미달하고 있다. 특히 학교에서 자신들의 자녀의 성과에 대해 관심을 갖고 주시하고 있다고 동의한 비중과 학교에서 자녀의 성취도에 대해 유용한 정보를 제공하고 있다고 동의한 비중은 70%에 못 미치고 있을 뿐 아니라, OECD 평균에 비해 각각 12%p, 11%p나 낮은 수준을 보이고 있어 우리나라 학교 교육에 대한 수요자(학생과 학부모)의 불신이 심각함을 알 수 있다.

또한 교장들도 개별 학생의 학업성취도 자료를 충분히 활용하여 학생들에 대한 교육 성과를 개선하는 노력이 부족함에 대해 동의하고 있다. 〈표 5-13〉을 보면, 학업성취도 공개와 활용에 대한 5개 질문 항목에 있어서, 교장들이 동의한 비중은 4개 항목에서 확연하게 OECD 평균에 못 미치고 있어, 우리나라 공교육에서 개별 학생에 대한 맞춤형 지도가 충분히 이루어지고 있지 않음을 반영하고 있고, 교육 자원의 경우에도 시청각 교육자료, 도서관 자료, 과학 실험 자료가 부족하

〈표 5-13〉 교장들이 성취도 자료와 교육자원 활용에 대해 동의한 비중[1](단위: %)

성취도 자료에 대한 활용 여부	우리나라	OECD
1. 성취도를 공개(publicly posted)	17	38
2. 교장에 대한 성과평가에 활용	23	32
3. 교사에 대한 성과평가에 활용	34	43
4. 교육재정 배분에 활용	30	30
5. 교육당국에 의해 계속적으로 자료 축적	52	65
교육자원 활용도	**우리나라**	**OECD**
1. 시청각 자료와 시설 부족	54	37
2. 도서관 자료 부족	52	34
3. 소프트웨어 부족	36	38
4. 인터넷 연결 부족	17	20
5. 컴퓨터 부족	32	37
6. 교과서 등 교육매체 부족	15	25
7. 과학 실험 시설 부족	49	42

주: 1) 각 질문에 대해 "그렇다"고 대답한 교장의 학교에 속한 학생들이 차지하는 비중.
자료: OECD(2007b), Figures 5.9 & 5.15.

다고 답한 교장의 비중이 OECD 평균을 상회하고 있어 우리나라 교육이, 다수의 학생을 대상으로 한 교실에서의 집합적·주입식 강의 위주로 진행되고 있는 현실을 반영하고 있다.

이상의 논의는 비록 주관적 설문조사 결과에 의존하기는 하였지만, 우리나라 공교육의 실상에 대해 대체로 부정적 결과를 제시하고 있다는 점에서 주목할 필요가 있다. 우리나라 학생들은 OECD의 학력평가에서 대체로 상위권에 속해 있으면서도, 학교에서의 교육에 대해서는 상당히 부정적인 평가를 내리고 있다. 이는 학부모뿐 아니라 학교장들도 공유하고 있는 인식으로 드러났다. 이와 같이 볼 때 우리나라 학생들의 학업 성과가 상대적으로 높은 배경에, 우리나라 공교육의 실효성이 높이 유지되고 있기 때문이라고 판단하기는 어려울 것 같다. 오히려 초·중·고등학생에 광범위하게 확산되어 있는 사교육이 실제 학생들의 학업 성과를 결정하는 데 더 큰 역할을 하였을 것이라는 추론도 충분히 제기될 수 있을 것 같다. 이에 대해서는 다음 절에서 보다 상세히 다루겠지만, 우리나라의 교육 현실을 통해 길러진 학생들의 능력이, 그것이 공교육에서 길러졌든 사교육에 의해 길러졌든, 평균적으로 점점 하락하는 양상을 보이고 있을 뿐 아니라, 특히 상위권 학생의 학업 성과와 노동시장 성과가 상대적으로 저조한 양상이라는 점은 매우 우려스럽다.

5. 사교육 현황과 시사점

우리나라 학생들의 평균적인 학업 성과가 비록 다소 하락하는 추세를 보이고는 있으나, 아직 OECD 국가들 가운데 상위권에 속하는 것은 사실이다. 그런데 공교육에 대한 수요자와 공급자의 실상 평가는 상당히 부정적이어서, 우리나라 공교육이 학생들의 학업 성과에 크게 기여하고 있다고 판단하기는 어렵다. 결과적으로 우리나라 학생들의 학업 성과에 있어서 사교육이 차지하는 비중을 무시할 수 없고, 사교육이 학생들의 교육 성과에 큰 영향을 미치는 만큼, 교육 기회의 불평등은 확대될 수밖에 없다. 본 절에서는 이에 대해 간략하게 논의하고자 한다.

사교육과 공교육 간의 인과관계에 대해서 다양한 의견이 제기되고 있으나, 대학 교육 및 일류 대학 진학에 대한 시장과 비시장적 보수(market and non-market returns)가 매우 큰 상황에서는, 그리고 상대평가를 기본으로 하는 입시제도 하에서는, 남보다 더 높은 성적을 얻어 상위권 대학에 진학하려는 유인은 항상 존재한다(Kim and Rhee, 2004). 이러한 유인은 이론적으로는 누구에게나 동일하게 제공되는 공교육을 넘어 남보다 더 배워서 더 좋은 입시 성과를 얻으려는 사교육 수요로 자연스럽게 귀결될 수밖에 없다.

특히 상대평가 입시에서 공교육의 교육 성과가 부실할 경우 사교육에 대한 투자 유인은 상대적으로 더 높아질 수밖에 없다. 공교육이 대학 입시에서 충분히 좋은 성과를 얻을 수 있는 수준까지 효과적인 교육을 제공할 수 있다면, 남보다 더 잘하려는 유인에 의존한 사교육에 대한 수요가 완전히 없어지지는 않더라도, 사교육을 통해 추가로 배우는 것의 효용가치가 줄어들기 때문에 사교육에 대한 수요는 줄어들 수 있을 것이다. 그러나 공교육이 입시에서 높은 성과를 올릴 수 있는 수준까지 충분한 실효성을 갖지 못할 경우, 사교육에 대한 수요는 가히 폭발적으로 증가할 수밖에 없다.

이미 GDP의 7.2%라는 높은 공적·사적 지출이 공교육에 투입되고 있는 상황에서, 공교육에 대한 교육 수요자(학생과 학부모)의 불신은 둘째치고라도, 교육 공급자인 교장들도 공교육의 부족함에 대해 인정하고 있는 상황에서, 학생들의 입시 성과가 사교육에 크게 의존하고 있다는 점은 심각한 교육예산의 낭비를 의미하는 등, 큰 문제라고 아니할 수 없다. 이에 더하여 전적으로 학생 개인별 사적 지출에 의해 결정되는 사교육 기회는, 전반적인 교육기회의 불평등을 초래하여 학력 세습과 부의 세습을 유발할 가능성이 높다는 우려가 현실에서 증명되고 있다. 사교육이 교육 성과와 학력, 임금 등에 미치는 효과가 없으면 별 문제가 아닐 수도 있으나, 실제로는 사교육 효과가 상당한 것으로 밝혀지고 있기 때문이다(김경근, 2005; 김미란, 2005; 오호영, 2006; 이명헌·김진영, 2005). 이는 교육을 통한 사회 이동성이라는 공교육의 기본 목적이 심각하게 훼손되고 있다는 의미다. 결국 불평등도의 고착과 확대, 그리고 사회 통합 저해 등으로 이어지는 악순환을 초래하는 원인이 되고 있다고 해도 과언이 아니다(여유진, 2008).

1) 사교육 규모와 불평등도

우리나라 초·중·고등학교 학생들 사이에 사교육이 만연하고 있는 상황은 심각하다. 우선 〈표 5-14〉에서 볼 수 있듯이 2008년을 기준으로 할 때, 전체 학생의 75.1%가 사교육에 노출되어 있으며, 이 비율은 초등학생이 87.9%로 가장 높고, 학교급이 올라갈수록 다소 감소하여 중학생의 경우 72.5%, 고등학생의 경우 53.4%에 이른다.[7] 즉, 사교육을 받지 않는 초등학생은 10명 중 1명 남짓 된다는 현실이며, 결과적으로 우리나라 학생들의 대부분은 초등학교에 입학한 후 고등학교를 졸업하기까지 12년간 사교육에 노출되고 있다고 할 수 있다.

한편 지출면에서 볼 때, 통계청 조사에 따르면 2008년도 전국 초·중·고등학생 가구의 사교육비 지출 총액은 20조 9천억 원으로 2007년 20조 400억원에 비해 4.3% 증가하였고, 이는 이미 공교육에 지출되고 있는 것에 추가로 약 GDP의 2%가 사교육에 지출되고 있다는 의미다. 〈표 5-14〉에서 보듯이, 학교급별 사교육비는 초등학생 10조 4천억원, 중학생 5조 8천억원, 고등학생은 4조 7천억 원에 달한다(통계청, 2009). 그 결과 학생 1인당 사교육비는 월 23만 3천원에 이르고 있으며, 사교육을 실제로 받는 학생의 1인당 사교육비 지출액은 월 31

7) 최상근 외(2003)에서 정리된 결과에 따르면 1990년대 초반 중등학생 가운데 사교육을 받는 비중은 21.8%(신세호 외, 1991)이었으나, 1997년 이후 거의 모든 조사에서 사교육 비중은 50%를 상회하고 있으며, 2003년 교육부 설문조사에 따르면 초등학생의 83%, 중학생의 75%, 고등학생의 57%가 사교육을 받고 있는 것으로 나타나, 사교육은 계속 증가 추세에 있는 것으로 판단된다.

〈표 5-14〉 2008년도 사교육 규모와 참여율

	총사교육비 (억원)	학생 1인당 사교육비(만원)	참여 학생 1인당 사교육비(만원)[1]	참여율 (%)
전체	209,095	23.3	31.0	75.1
초등학교	104,307	24.2	27.5	87.9
중학교	58,135	24.1	33.2	72.5
고등학교	46,652	20.6	38.6	53.4
일반계열	42,973	24.9	41.2	60.6
전문고	3,679	6.9	2.3	30.3

주: 1) 참여학생 1인당 사교육비=학생 1인당 사교육비/참여율
자료: 통계청(2009).

만원으로 추정되고 있다. 학교급별로는 초등학생 1인당 월 평균 사교육비가 24만 2천원(참여학생 1인당 비용은 27만 5천원), 중학생은 24만 1천원(33만 2천원), 일반계 고등학생은 24만 9천원(41만 2천원)으로 추정되어, 학교급이 올라갈수록 더 높은 지출을 하는 것으로 드러났다.

이와 같이 가구의 사교육비 지출이 증가하는 것과 비례하여 사교육의 규모도 매우 빠르게 증가하고 있다. 사교육 학원강사는 1985년 4,470명에서 2005년 11만 3,086명으로 25배 이상 증가하였고, 수강생은 12만 6,456명에서 289만 7,523명으로 23배 증가하였다. 동일 기간 동안 초·중·고등학교 교원수도 1985년 26만 5,884명에서 2005년 38만 8,497명으로 증가하였으나, 그 증가율은 46%에 불과하였고, 그 결과 〈그림 5-12〉에서와 같이 재학생 100명당 교원수는 1985년 2.7명에서 2005년 4.9명으로 80% 증가하는 데 그쳤으나, 재학생 100명당 학원강사 수는 동일기간 0.05명에서 1.5명으로 가파르게 증가하였다. 반면 학원에서 강사/수강생 비율은 1985년 수강생 100명당 3.5명, 95년 2.7명, 2005년 3.9명으로 큰 변화가 없어 학원과 강사의 증가는 결국 수강생 증가를 반영하고 있으며, 이는 사교육이 교육 수요자의 수요에

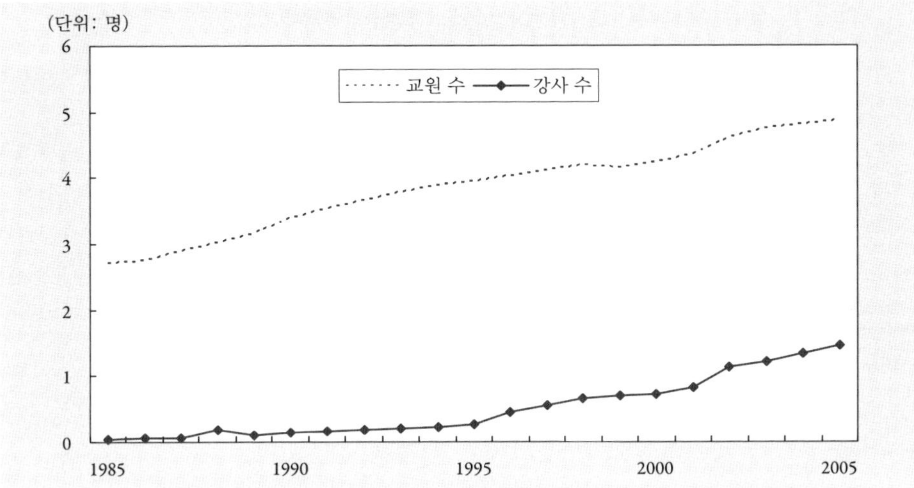

자료: 교육인적자원부, 『교육통계연보』, 각 연도.

〈그림 5-12〉 재학생 100명당 교원과 학원강사 수

의해 확대되어왔음을 의미하고 있다.

공교육의 실효성이 저하되어 있는 상황에서 사교육비의 불평등도는 결국 교육 기회와 성과의 불평등도로 이어질 수밖에 없다. 이와 같은 사교육비 등 교육비 지출의 불평등도에 대해서는 많은 연구결과가 존재하는데, 유경준·김대일(2004)은 도시가계조사를 통해 자녀 교육비가 가구소득별로 상당한 불평등도를 보임을 밝힌 바 있고, 한국교육개발원의 설문조사에서도 사교육비가 가구소득 수준에 크게 의존하고 있다는 점을 보이고 있다. 일례로 월평균소득 100만원 미만 가구의 경우 연간 167만원을, 100-199만원 가구는 178만원을 사교육비로 지출하는 반면, 400-499만원 가구는 371만원, 500만원 이상 가구에서는 436만원을 지출하는 것으로 추정되었다(최상근 외, 2003). 한편 채창균(2005)도 한국교육고용패널을 통해 월평균 가구소득이 100만원 미만인

가구의 경우 사교육비는 월평균 6만 1천원, 100-200만원인 가구의 경우 10만 9천원에 불과하지만, 반면 400-500만원인 가구에서는 42만 4천원, 500만원 이상 가구에서는 61만 9천원으로 100만원 미만 가구의 10배에 해당하는 등 사교육비는 가구소득에 따라 일관되게 증가한다는 점을 재확인하고 있다.

삼성고른기회장학재단(2007)에 따르면 1999년의 경우 최상위 20%와 하위 20%의 사교육비 지출비율은 미취학 아동의 경우 2.6배, 초등학생의 경우 2.7배, 중학생의 경우 4.9배, 고등학생의 경우 7.7배에 이르고 있었는데, 2001년에는 이 비율이 각각 3.0배, 6.0배, 5.6배와 14.4배로 크게 증가하였고, 2002년에는 각각 4.4배. 6.3배. 6.6배와 25.6배로 급속히 증가하고 있어 사교육비 불평등도는 계속 확대되고 있음을 알 수 있다. 특히 저학년 자녀에 대한 사교육비 지출 격차도 빠르게 증가하고 있다는 점은 대학입시를 위한 사교육이 이미 저학년부터 시작되고 있다는 점을 반영하며, 결과적으로 소득 계층간 학력 격차는 빠르게 확대되고 있을 가능성을 의미한다.

최근의 통계청 분석에서도 사교육 빈도와 지출이 부모의 교육 수준과 소득 수준에 따라 증가하고 있음을 알 수 있다. 〈그림 5-13〉과 〈그림 5-14〉에 나타난 바와 같이, 아버지의 교육 수준이 대학원 졸업인 경우 사교육 참여율은 87.3%로 중졸 이하인 경우(44.8%)에 비해 거의 2배 높으며, 사교육비 지출은 4배 높은 것으로 추정되었다. 또한 어머니의 교육 수준이 대학원 졸업인 경우 사교육 참여율은 88.4%로 중졸 이하인 경우(45.5%)에 비해 역시 거의 2배 높으며, 사교육비 지출도 유사하게 4.1배 높은 것으로 추정되었다(통계청, 2009).

이와 같이 사교육 참여율과 사교육비에 큰 격차가 존재하는 양상과 함께 그 격차는 자녀의 학교급에 따라 또 차이를 보인다. 〈표 5-15〉를 보면 초등학생의 경우 100만원 미만 소득 가구에서도 48.3%가 사

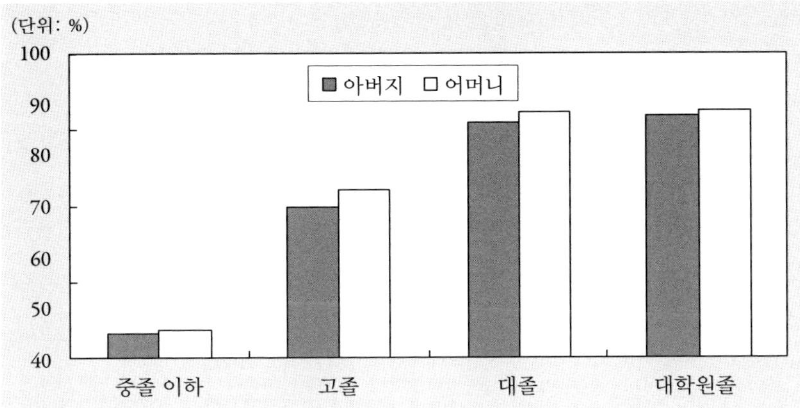

자료: 통계청(2009).

〈그림 5-13〉 부모 교육 수준별 사교육 참여율(2008년)

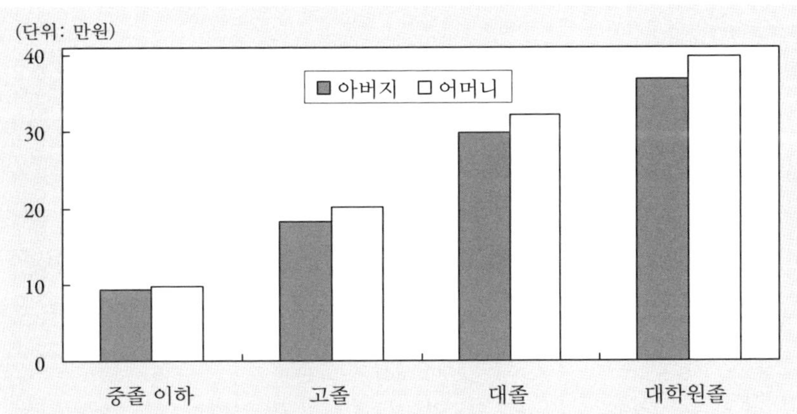

자료: 통계청(2009).

〈그림 5-14〉 부모 교육 수준별 월 사교육비(2008년)

교육을 받고 있어 700만원 이상 소득 가구의 사교육 참여율(96.4%)의 절반 수준이지만, 학교급이 올라갈수록 이 격차는 확대되고 있다. 중

〈표 5-15〉 가구 소득수준별 사교육 참여율(2008년, 단위: %)

가구소득 수준	전체	초등학생	중학생	고등학생	일반고	전문고
100만원 미만	34.3	48.3	31.7	19.8	24.1	15.4
100-200만원 미만	55.3	72.9	51.5	32.0	38.6	22.0
200-300만원 미만	73.7	89.0	70.2	47.7	53.1	31.4
300-400만원 미만	82.2	92.8	81.6	60.7	64.3	42.5
400-500만원 미만	87.2	95.3	87.1	70.0	73.3	48.0
500-600만원 미만	89.7	96.3	90.1	74.8	77.6	50.9
600-700만원 미만	90.5	96.4	90.4	77.8	80.0	56.7
700만원 이상	91.8	96.4	93.2	80.7	82.5	59.8

자료: 통계청(2009).

학생의 경우 100만원 미만 가구의 참여율은 31.7%로 700만원 이상 가구(93.2%)의 1/3 수준이며, 고등학생의 경우 100만원 미만 가구의 참여율은 19.8%로 700만원 이상 가구(80.7%)의 1/4 수준이다. 즉, 소득 수준이 높을수록 상급학교로 감에 따라 사교육 참여율이 하락하는 정도가 낮고, 소득 수준이 낮을수록 상급학교 진학과 함께 사교육 참여율이 빠르게 하락하는 것으로 판단되는데, 고소득 가구의 자녀일수록 꾸준하고 지속적으로 사교육을 받고 있다는 점을 의미한다. 달리 표현하면, 저소득층에서 사교육을 더 빨리 포기하고 있다고 할 수 있다.

1인당 사교육비 지출에서도 사교육 빈도와 유사한 양상이 관측된다. 〈표 5-16〉을 보면 초등학생의 경우 최상위 소득(700만원 이상)과 최하위 소득(100만원 미만) 가구의 사교육비 지출 비율은 6.7인데, 중학생의 경우 이 비율이 8.5로 증가하고, 고등학생의 경우에는 15.3(일반계 고등학생의 경우 11.2)으로 크게 증가한다. 그 배경에는 저소득층의 경우 상

〈표 5-16〉 가구 소득수준별 월평균 1인당 사교육비(2008년, 단위: 만원/월)

가구소득 수준	전체	초등학생	중학생	고등학생	일반고	전문고
100만원 미만	5.4	6.4	6.0	3.5	5.0	2.0
100-200만원 미만	10.8	12.5	11.7	7.5	10.0	3.6
200-300만원 미만	17.7	19.3	18.4	13.7	16.2	6.4
300-400만원 미만	24.5	25.0	26.2	21.7	23.9	10.6
400-500만원 미만	30.6	30.3	32.1	29.6	32.1	13.2
500-600만원 미만	35.6	34.2	37.7	36.4	38.8	16.5
600-700만원 미만	40.2	37.9	43.1	42.2	44.3	22.6
700만원 이상	47.4	42.7	51.0	53.5	55.9	24.4

자료: 통계청(2009).

급학교로 진학함에 따라 사교육비가 감소하는 반면, 고소득 가구에서는 오히려 사교육비가 증가하는 양상을 반영하고 있다. 그러나 최상위 소득 가구와 최하위 소득 가구의 참여 학생 1인당 사교육비 비율은 초등학생의 경우 3.3, 중학생의 경우 2.9, 고등학생의 경우 3.8(일반계 고등학생의 경우 3.3)로 학교급에 따라 상대적으로 작은 차이를 보인다. 이러한 결과는 사교육에 참여하는 가구는 소득수준과 무관하게 유사한 비율로 지출을 유지하지만, 저소득층에서 사교육을 포기(참여하지 않는 비율)하는 경향이 강함을 의미한다. 이는 삼성고른기회장학재단(2007)에 보고된 결과와도 일치한다.

사교육비 격차는 지역별로도 상당히 크게 나타나고 있어, 지역간 불균형도 심각한 수준이라고 판단된다. 〈표 5-17〉을 보면 서울과 읍면지역의 학생 1인당 월평균 사교육비 격차는 약 2.4배인데, 참여율도 차이가 크다. 서울지역의 경우 참여 학생 1인당 사교육비는 37만 4천

〈표 5-17〉 지역·학교급별 사교육 참여 실태(2008년, 단위: %, 만원)

	계		초등학교		중학교		고등학교			
							일반계고		전문계고	
	참여율	비용[1]	참여율	비용[1]	참여율	비용[1]	참여율	비용[1]	참여율	비용[1]
서울	79.1	29.6	89.4	27.2	75.9	31.5	73.6	37.5	21.7	5.3
광역시	76.6	22.8	90.3	25.2	74.9	23.7	60.1	21.1	35.3	6.2
중소도시	75.8	24.2	88.7	25.9	73.1	24.3	60.7	24.8	27.3	7.1
읍면지역	64.0	12.5	79.2	13.9	59.8	13.3	32.2	8.3	35.3	8.7

주: 1) 전체 학생 1인당 월평균 사교육비임
2) 2007년 대비 2008년 증감
자료: 통계청(2009).

원이며, 읍면지역은 19만 5천원으로 서울 지역 사교육비가 1.9배에 달하고 있으며, 학교급별로는 서울/읍면 지역 참여 학생 1인당 사교육비 비율이 초등학생의 경우 1.7배, 중학생의 경우 1.9배, 일반계 고등학생의 경우 2.0배로 고학년으로 올라갈수록 격차가 조금씩 확대되는 양상을 보인다. 이와 같이 볼 때, 사교육 기회의 불평등도는 매우 심각하다고 볼 수 있으며, 고학년으로 갈수록 사교육 격차가 확대되고 있는 점은 결국 고등교육 기회에 소득 수준 및 지역별로 상당한 격차를 초래할 수 있다는 점에서 우려스러운 현실이라고 할 수 있다.

2) 사교육의 성과

사교육은 교육의 일부라는 측면에서 사회적 성과(social returns)도 있을 수 있으나, 기본적으로는 상대평가에 기초한 입시에서의 성적 제고에 초점이 맞추어져 있기 때문에, 사교육으로부터의 수익은 사적 성과(private returns)의 성격이 더 강하다고 할 수 있다. 따라서 본 절에서 제시하는 사교육 성과에 대한 결과는 대부분 사적 성과에 대한 분석 결과이며, 사회적 성과, 또는 사회적 효율성에 대한 분석 결과가 아니라는 점을 우선 밝히고자 한다.[8)]

사교육이 학교와 입시 성적에 미치는 효과에 대해서는 다양한 연구결과가 있다. 이명헌·김진영(2005)에 따르면 사교육을 통해 수학 수능 성적이 제고되는 효과는 수학과목에 집중되어 있는데, 그 크기는 21점까지로 추정되었고, 김미란(2005)도 수학과외시간이 길수록 수학 성적이 높다는 유사한 결과를 제시하고 있다. 또한 학교 성적 상위권 학생들 가운데 사교육을 받은 비중이 높아 사교육과 성적에 정(正)의 상관관계가 있음을 의미한다는 결과도 제시되었다. 중학생의 경우 성적 상위권 학생의 사교육 비중은 국어, 수학, 영어 교과에서 각각 60.6%, 80.6%, 80.8%인 반면, 하위권에서는 35.9%, 49.1%, 48.9%에 불과한 것으로 나타났다(채창균 외, 2004b).

통계청의 분석 결과(통계청, 2009)에서도 유사하게 성적과 사교육이 비례관계를 보인다. 〈표 5-18〉에서 보듯이, 초등학생의 경우 성적 상위 10%의 사교육 비중은 94.5%로 하위 20%의 사교육 비중(69.2%)에 비해 25.3%p 높은데, 중학생의 경우 그 격차가 44.1%p로 급격히 증가하고 있으며, 고등학생의 경우는 22.9%p(일반계 고등학생의 경우에는 24.9%p)로 격차가 다소 감소하였지만, 아직 상당히 큰 값을 보이고 있다.

사교육 지출이 가구소득에 크게 의존하는 만큼, 학업 성과, 나아가 수능성적도 가구소득에 크게 의존한다. 한국교육고용패널 1차 조사를 활용한 자료에 따르면 가계소득에 따라 수능 점수에 상당한 차

8) 사교육의 사회적 성과를 추정하기는 상당히 어렵다. 일단 공교육의 사회적 성과를 추정하기도 어렵기 때문에 이에 대한 신뢰성 있는 결과도 별로 없고, 사교육의 경우 교육 성과를 공교육과 사교육으로 분리하여 추정하기는 더욱 어렵기 때문에, 이에 대한 논의는 여기서 다루지 않기로 한다.

〈표 5-18〉 성적 순위별 사교육 비중(2008년, 단위: %)

성적 수준	전체	초등학생	중학생	고등학생	일반고	전문고
상위 10%	87.7	94.5	89.1	63.2	71.7	36.0
11−30%	84.9	92.6	84.8	60*.5	68.1	36.0
31−60%	75.6	86.9	76.5	54.7	62.1	30.3
61−80%	62.2	78.3	62.4	48.2	54.2	27.7
하위 20%	51.6	69.2	45.0	40.3	46.8	22.5

자료: 통계청(2009).

이가 존재하는데, 2003년도 수능을 치른 1,081명을 대상으로 할 때, 월 소득 200만원 이하 가구 자녀의 수능평균은 287점에 불과하였으나, 500만원 이상 가구의 경우 317점으로 30점 높다는 결과도 제시되고 있다(김경근, 2005). 이 외에도 거주 지역에 따른 차이도 높아, 광역시 학생의 평균(310점)은 읍면지역(269점)에 비해 41점 높은 것으로 추정되었고, 가구소득과 밀접히 연관된 아버지 학력에 따른 격차도 높아, 중졸 이하 아버지를 가진 학생의 평균은 279점인 데 반해, 대학원 이상 아버지를 가진 학생의 평균은 328점으로 나타났다(김경근, 2005). 한국교육고용패널 2차 조사를 활용한 오호영(2006)에서도 유사한 결과가 제시되고 있는데 학교별 평균 가구소득을 기준으로 최상위 10% 학교와 최하위 10% 학교 간에 표준화된 수능성적에 있어서 언어 22.2점, 수리 16.7점, 외국어 20.7점의 격차가 존재하는 것으로 추정되었다.

한편 가구소득의 효과만을 분석하기 위해 다른 변수를 통제하고 난 후에도 소득이 수능성적에 미치는 효과는 매우 큰 것으로 추정된다. 한국노동패널(KLIPS)에서 추정한 결과에 따르면 가구소득에 따라 수능성적이 높아지는 효과는 매우 크게 나타나고 있다. 수능성적을 회

〈표 5-19〉 가구소득에 따른 수능점수 효과

설명변수	모형(1)	모형(2)	모형(3)
실질가구소득(항상소득, 만원)	.169(.026)***	.148(.026)***	.078(.029)***
성별(남성=1, 여성=0)	−13.838(4.163)***	−12.508(4.154)***	−12.616(4.113)***
가구원 수	−6.281(2.284)***	−4.877(2.281)**	−3.901(2.293)
아버지 학력	통제 안 함	통제 안 함	통제
어머니 학력	통제 안 함	통제 안 함	통제
입시년도	통제	통제	통제
거주지역	통제 안 함	통제	통제
Adjusted−R^4	.107	.148	.179
관측치 수	695	695	695

주: 1) ***는 1%에서 통계적으로 유의, **는 5%에서 통계적으로 유의함을 의미.
2) 1997년 이후 400점 만점의 수능을 치른 인구를 대상.
자료: 삼성고른기회장학재단(2007)에서 인용.

귀분석한 〈표 5-19〉를 보면, 가장 단순히 분석할 경우 가구의 항상소득이 100만원 높을수록 수능점수는 17점 높아지는 것으로 추정되었고, 부모의 학력, 지역 등 다양한 결정요인을 모두 통제하여도 가구소득이 100만원 높을 때 수능점수가 높아지는 효과는 8점에 달하고 있음을 알 수 있다(삼성고른기회장학재단, 2007).

〈표 5-19〉의 결과를 토대로 추정하면, 고등학생 자녀를 둔 가구의 소득분포에서 상위 10%와 하위 10%의 평균 (항상)소득 격차를 감안할 때 이로 인한 수능점수 격차 효과는 1999년 20.8점으로 추정되는데, 소득분포가 확대됨에 따라 2001년 소득 분포에서 상위 10%와 하위 10%의 점수 격차는 25.4점으로 확대되는 것으로 추정되었다. 이는 수능 점수 표준편차의 33−47%에 해당하는 규모로 추정되어 매우 큰 효과라고 할 수 있다(삼성고른기회장학재단, 2007).

한편 수능점수가 임금에 미치는 효과도 대단히 높은 것으로 확인되고 있다. 장수명(2002)은 수능성적에 기초한 입학 성적순으로 상위 10%의 대학 출신이 하위 50% 대학 출신에 비해 31-39% 높은 임금을 받는다는 결과를 제시하고 있으며, 채창균 외(2004a)는 수능성적 상위 20%는 하위 20%에 비해 41%(남성은 39%, 여성은 48%)의 임금프리미엄을 받는다는 추정결과를 제시하고 있다.[9]

또한 수능점수는 임금뿐 아니라 취업률과 근속기간 등에도 높은 효과를 갖는데, 채창균 외(2004a)에 따르면 4년제 대학 졸업생의 경우 수능성적 상위 20%는 하위 20%에 비해 청년층 취업률에서 15.8%p(남성은 14.1%p, 여성은 16.7%p) 높은 것으로 추정되었다. 그리고 취업률에 영향을 미치는 다른 요인들을 통제하여도 이 효과는 10.6%p에 달하는 것으로 추정되고 있다. 이와 함께 수능성적 상위 20%의 현 직장 근속년수는 하위 20%에 비해 6.2개월(남성 7.7개월, 여성 3.6개월) 긴 것으로 추정되어 고용 안정성이 높은 직장에 취업하는 것으로 판단되며, 하향취업의 가능성, 실직 가능성도 수능 고득점자에게서 현격하게 낮은 것으로 추정된다.

6. 결론

교육은 경제와 사회 발전에 요구되는 우수한 인재를 길러냄과 동시에, 개인이 자신의 선택과 무관하게 처한 환경에 의해서가 아니라, 노력을 통해 자신의 행복을 추구하는 기회를 제공할 수 있는 가장 효과적이면서 중요한 수단이다. 일반적으로 사회의 각 구성원이 자신의

9) 임금에 영향을 미치는 다른 요인들을 통제하여도 이 효과는 19.8%에 달하는 것으로 추정된다.

환경에 관계없이 보편적으로 제공되는 교육을 통해 자신의 능력을 개발하고, 더 높은 소득과 삶의 질을 추구하는 기회를 부여받을 수 있을수록, 빈곤으로부터의 탈출, 사회적 지위의 상향 이동, 그리고 세대간 소득 이동성 등이 활성화되어 그 사회의 통합성과 안정성은 제고될 수 있다. 반면 교육의 이러한 기능이 활성화되지 못하면 빈곤 및 사회계층의 구분이 고착화될 가능성이 높기 때문에, 계층 간 반목과 질시가 심화되고, 사회안정성은 훼손될 우려가 높다.

이러한 관점에서 볼 때, 우리나라 교육체제의 실효성에 대해서 의문을 품지 않을 수 없다. 현실적으로 볼 때 공교육은 고등학교까지 상당히 보편화되어 있다. 비록 등록금을 포함한 공교육 비용에 대한 사적 지출이 OECD 국가들에 비해 높아 가계 부담이 되기는 하지만, 의무교육인 중학교를 마친 이후 거의 모든 학생이 고등학교까지 진학하는 것으로 판단할 때, 공교육비 부담을 위한 사적 지출 자체가 교육기회의 불평등도를 유발하는 중요한 원인으로 작용하고 있는 것은 아니라고 판단된다. 따라서 우리나라 공교육 체제의 문제점은, 공교육이 보편적으로 제공되고 있지 않다는 점이 아니라, 공교육 성과의 부실로 인해 학업 성과를 결정함에 있어서 사교육의 중요성이 상대적으로 더 심각하게 부각되어 있다는 점에서 찾을 수 있다.

사교육은 그 비용이 상당하기 때문에, 공교육에 비해 보편성이 확연하게 낮다. 즉, 사교육 비용이 높기 때문에, 소득이 높은 가구일수록 자녀에게 더 많은 사교육 기회가 주어지고, 또한 고학급으로 올라갈수록 이러한 사교육 기회의 불평등도는 더 심화되고 있다. 이러한 사교육 기회의 불평등도는, 사교육으로 인한 학업 성과 제고효과가 클수록 더 문제라고 할 수 있다. 왜냐하면 학업 성과, 더 나아가 노동시장 성과가 사교육에 의존할수록, 개인의 소득 이동성, 세대간 소득 이동성이 위축되어 소득 불평등도와 사회 계층간 구분이 고착화될 우려가 높기 때문이다.

공교육이 비록 보편적이긴 하지만, 공교육의 성과가 낮다는 점은 사교육의 사적 부가가치(private returns)를 크게 만드는 원인으로 작용하고 있다. 상대평가 입시체제 하에서는 이미 언급한 바와 같이 공교육의 성과가 제고된다고 해서 사교육에 대한 수요가 완전히 소멸되지는 않는다. 그러나 공교육의 성과가 제고될수록 입시 성과의 사교육 의존도는 축소될 것이고, 그 결과 현재와 같이 사교육으로 말미암아 교육기회와 성과의 불평등도가 소득 격차에 의해 고착화되는 양상은 크게 완화될 것이라는 점이 중요하다.

이와 같은 관점에서 공교육의 성과 제고는 매우 중요한 당면 과제라고 할 수 있다. 사교육 의존도 심화에 따른 교육 불평등도 해소를 위해서도 매우 중요한 과제일 뿐 아니라, 우리나라 사회와 경제의 지속적 발전을 위한 우수한 인재 양성이라는 점에서도 매우 중요하다. 현재 우리나라 교육비 지출은 사교육비를 포함하지 않아도 OECD에서 매우 높은 수준이며, 사교육비까지 포함하면 GDP의 9% 수준을 지출하고 있다. 학생들은 초등학교부터 이미 사교육에 노출되어 12년간 학교 교육 이외에 학원 학습을 받고 있는데, 이와 같이 높은 비용과 많은 시간을 들여 교육된 학생들의 학업 성과와 생산성은 오히려 하락하는 양상을 보이고 있다는 점은, 현재 우리나라 교육의 문제가 비단 비통합적이라는 데 국한된 것이 아님을 의미한다. 즉, 공교육 정상화는 사교육을 통해 유발되는 불평등도, 비통합성을 해소하기 위해서뿐 아니라, 우리나라의 전반적인 교육 성과와 인재 양성의 효율성을 제고하기 위해서라도 매우 시급한 과제라고 할 수 있다.

〔부 록〕

〈부록표 1〉 OECD 교육비 자료에 포함된 지출 항목

		교육기관에 대한 지출	비교육 기관에 대한 지출
핵심 교육 서비스	공적 재원	교육기관의 교육 서비스에 대한 예산 지원	
	사적 부담	가구 부담 등록금	교재비 등
	사적 부담에 대한 정부 지원	정부지원 하 교육 서비스에 대한 개인 지출(바우처 등)	개인 부담 교재비 등에 대한 정부 지원
연구/개발	공적 재원	대학연구에 대한 예산 지원	
	사적 부담	기업의 대학 연구 지원	
핵심 교육 이외 교육 관련 부가 서비스에 대한 지출	공적 재원	부가 서비스에 대한 예산 지원(급식, 학교 버스비 등)	
	개인 부담	부가 서비스에 대한 개인 부담(급식비, 학교 버스비 등)	생활비, 교통비 등 개인 부담
	사적 부담에 대한 정부 지원		생활비, 교통비 등 개인 부담에 대한 정부 지원

자료: OECD(2007a).

〈부록표 2〉 15년 경력 공립학교 교사의 급여 수준과 1인당 GDP 대비 비율(단위: US달러)

	1차 교육기관		중학교		고등학교	
	급여 수준	1인당 GDP 대비 비율	급여 수준	1인당 GDP 대비 비율	급여 수준	1인당 GDP 대비 비율
오스트레일리아	44,423	1.30	44,526	1.30	44,526	1.30
오스트리아	35,823	1.04	38,805	1.13	39,531	1.15
벨기에(Fl.)	41,007	1.24	41,007	1.24	52,451	1.59
벨기에(Fr.)	38,901	1.18	39,335	1.19	50,601	1.53
체코공화국	24,423	1.19	24,423	1.19	24,868	1.21
덴마크	38,911	1.14	38,911	1.14	47,374	1.39
영국	43,835	1.33	43,835	1.33	43,835	1.33
핀란드	32,406	1.05	38,159	1.23	43,346	1.40
프랑스	31,224	1.03	33,723	1.11	33,974	1.12
독일	49,930	1.62	51,240	1.66	55,195	1.79
그리스	31,439	1.06	31,439	1.06	31,439	1.06
헝가리	15,622	0.89	15,622	0.89	19,541	1.12
아이슬란드	27,295	0.75	27,295	0.75	31,966	0.88
아일랜드	46,709	1.20	46,709	1.20	46,709	1.20
이탈리아	29,301	1.04	31,917	1.14	32,813	1.17
일본	47,855	1.56	47,855	1.56	47,863	1.56
한국	51,641	2.34	51,516	2.33	51,516	2.33
룩셈부르크	67,779	0.96	88,634	1.26	88,634	1.26
멕시코	16,784	1.58	21,347	2.01	m	m
네덜란드	41,835	1.19	45,960	1.31	61,511	1.75
뉴질랜드	36,894	1.42	36,894	1.42	36,894	1.42
노르웨이	35,058	0.74	35,058	0.74	37,778	0.80
폴란드	m	m	m	m	m	m
포르투갈	32,275	1.62	32,275	1.62	32,275	1.62
스코틀랜드	48,205	1.47	48,205	1.47	48,205	1.47
슬로바키아	m	m	m	m	m	m
스페인	37,056	1.35	41,588	1.52	42,552	1.55
스웨덴	30,802	0.96	31,585	0.98	34,108	1.06
스위스	52,743	1.48	60,061	1.68	70,300	1.97
터키	19,577	2.54	a	a	19,847	2.57
미국	40,734	0.97	41,090	0.98	41,044	0.98
OECD 평균	37,603	1.28	40,322	1.30	43,239	1.41

주: m=missing data, a=data is not available because the category does not apply.
자료: OECD(2007a), Table D3.1.

〈부록표 3〉 공립학교 교사의 급여 상승폭과 시간당 임금

	임금 정점과 초임의 비율			임금 정점까지의 근무 기간 (중학교)	15년 경력 교사의 교습 시간당 임금 (US 달러화, PPP)		
	1차 교육 기관	중학교	고등 학교		1차 교육 기관	중학교	고등 학교
오스트레일리아	1.44	1.43	1.43	9	50	55	55
오스트리아	1.99	1.98	2.07	34	46	64	67
벨기에(Fl.)	1.71	1.71	1.74	27	51	57	78
벨기에(Fr.)	1.71	1.73	1.76	27	54	54	76
체코	1.56	1.56	1.56	32	30	38	40
덴마크	1.13	1.13	1.40	8	61	61	85
영국	1.46	1.46	1.46	5	m	m	m
핀란드	1.17	1.18	1.25	16	48	64	79
프랑스	1.98	1.89	1.89	34	34	53	54
독일	1.30	1.28	1.28	28	62	68	77
그리스	1.46	1.46	1.46	33	40	63	66
헝가리	1.75	1.75	1.86	40	20	28	35
아이슬란드	1.32	1.32	1.31	18	41	41	57
아일랜드	1.88	1.88	1.88	22	51	64	64
이탈리아	1.47	1.50	1.57	35	40	53	55
일본	2.39	2.39	2.46	31	83	95	112
한국	2.75	2.75	2.75	37	64	90	93
룩셈부르크	2.04	1.74	1.74	30	88	138	138
멕시코	2.18	2.16	m	14	21	20	m
네덜란드	1.45	1.54	2.02	18	45	61	82
뉴질랜드	1.93	1.93	1.93	8	37	38	39
노르웨이	1.24	1.24	1.22	16	47	53	72
폴란드	m	m	m	m	m	m	m
포르투갈	2.57	2.57	2.57	26	38	57	63
스코틀랜드	1.60	1.60	1.60	6	54	54	54
슬로바키아	m	m	m	m	m	m	m
스페인	1.46	1.45	1.45	38	42	58	61
스웨덴	m	m	m	a	m	m	m
스위스	1.57	1.56	1.53	26	m	m	m
터키	1.21	a	1.20	a	31	a	35
미국	m	m	m	m	w	w	w
OECD 평균	1.69	1.70	1.71	24	47	59	68

주: m=missing data, a=data is not available because the category does not apply, w=회원국의 요청에 의해 자료 삭제

자료: OECD(2007a), Table D3.1.

〈부록표 4〉 OECD PISA2000 학력평가 결과

		평균	성적분포 백분위(percentile)					
			5th	10th	25th	75th	90th	95th
언어	우리나라	525	402	433	481	574	608	629
	OECD	500	324	366	435	571	623	652
수학	우리나라	547	400	438	493	606	650	676
	OECD	500	326	367	435	571	625	655
과학	우리나라	552	411	442	499	610	652	674
	OECD	500	332	368	431	572	627	657

자료: OECD(2001), Tables 2.3a, 3.1, 3.3.

〈부록표 5〉 PISA2000 학생 및 교장 설문조사 결과

	평균	하위 25%	중위 50%	상위 25%
교사의 학습 지원	−0.67(27)	−1.03(27)	−0.68(27)	−0.31(27)
학교숙제에 투입하는 시간	−0.16(23)	−1.84(26)	−0.15(−)	0.30(5)
교사의 사기와 사명감	−0.72(27)	−1.79(27)	−0.77(27)	0.47(25)

주: 각 숫자는 OECD 평균을 0로 정규화하고 점수분포의 분산을 1로 정규화한 z-score 값임.
자료: OECD(2001), Tables 7.1, 7.5, 7.6.

참고문헌

김경근, 2005, 「한국사회 교육격차의 실태 및 원인」, 제1차 한국교육고용패널 학술대회 발표논문.

김대일, 2007, 「교육의 양적확대와 신규노동력의 질적 변화」, 한진희 편, 『경제위기 이후 한국의 경제성장: 평가 및 시사점』, 한국개발연구원 연구보고서 #2007-05, pp. 273-337.

김미란, 2005, 「교육생산함수의 추정: 학업성취도에 대한 회귀분석」, 제1차 한국교육고용패널 학술대회 발표논문.

삼성고른기회장학재단, 2007, 『교육소외계층 인적자본 개발 모형 연구』, 고른기회연구, 2007-2.

신세효·강무섭·임연기·김흥주·김재웅, 1991, 『과외수업 실태분석연구』, 한국교육개발원.

유경준·김대일, 2004, 『소득분배와 빈곤연구』, 한국개발연구원.

오호영, 2006, 「소득계층과 학업성취도」, 제2차 한국교육고용패널 학술대회 발표논문.

여유진, 2008, 「한국에서의 교육을 통한 사회이동 경향에 대한 연구」, 『보건사회연구』, 28(2): 53-80.

이명헌·김진영, 2005, 「사교육(과외)의 학습 성취도 향상 효과에 대한 연구」, 제1차 한국교육고용패널 학술대회 발표논문.

장수명, 2002, 「대학교육의 경제학」, 『노동정책연구』, 2(1): 47-79.

채창균, 2005, 『청년층의 노동시장 이행과 인적자원개발(I)』, 한국직업능력개발원.
채창균·김미숙·김안국·옥준필·김미란, 2004a, 『청년층 교육·훈련과 고용(I)-교육·훈련기관 유형별 분석』, 한국직업능력개발원.
채창균·최지희·정지선·이상준·김승연·류지영·신동준·최기산, 2004b, 『한국교육고용패널조사』, 한국직업능력개발원.
최상근·김양분·유한구·김현진·이희숙, 2003, 『사교육 실태 및 사교육비 규모 분석 연구』, 한국교육개발원.
통계청, 2009, 『2008년 사교육비 조사보고서』.

Card, D. and Krueger, A. B., 1992, "Does school quality matter? Returns to education and the characteristics of public schools in the United States," *Journal of Political Economy*, 100, issue 1: 1–40.
______, 1996, "School resources and student outcomes: An overview of the literature and new evidence from North and South Carolina," *Journal of Economic Perspectives*, 10, issue 4: 31–50.
______, 2000, "Labor market effects of school quality: Theory and evidence," *Education Matters: Selected Essays by Alan B. Krueger*, pp. 105-148, Cheltenham, U.K. and Northampton, Mass.: Elgar.
Kim, Dae Il, and Rhee, Changyong, 2004, "Does easier test reduce efforts?" *Korean Economic Journal*, 43(1–2): 401–429.
Lucas, R. E. Jr. 1988, "On the mechanics of economic development," *Journal of Monetary Economics*, 22, issue 1: 3–42.
OECD, 2001, *Knowledge and Skills for Life: First Results from PISA 2000*, Paris: Programme for International Student Assessment (PISA).
______, 2004, *Learning for Tomorrow's World, First Results from PISA 2003,* Paris: Programme for International Student Assessment (PISA).
______, 2007a, *Education at a Glance 2007*, Paris.
______, 2007b, *PISA 2006 Science Competencies for Tomorrow's World,* Paris: Programme for International Student Assessment (PISA).

Romer, P. M, 1990a, "Human capital and growth: Theory and evidence," *Carnegie-Rochester Conference Series on Public Policy*, 32: 251–286.

______, 1990b, "Endogenous technological change," *Journal of Political Economy*, 98, issue 5 Part 2: 71–102.

찾아보기

[ㅇ]

[ㅈ]

[ㅊ]

Abstract

The Integration of Korean Society under a Free Enterprise Economy

Keum Ju Kwak, Dae Il Kim, Bong Joo Lee,
Hae Ran Lim, and Duk Jin Jang

This book is the result of the second year of research of the five-year research series entitled "Future Development and Growth Engines in the 21st Century." In knowledge-based economies of the 21st century, economic and social polarization is a major barrier to sustainable development. As the title suggests, this book deals with how the concept of social integration can be applied as a policy response to the problem of increasing social and economic polarization in Korea. The authors deal with the themes of social quality development, psychological group conflicts, gaps between large and small-medium enterprises, inequality in human capital during childhood, and deteriorating education systems from the perspective of social integration.

The first three chapters of this book are related to sustainable development with regard to social quality. Because social integration is a key ingredient for social quality, the book first examines the development level of Korean society from the social quality perspective and provides policy proposals to increase social quality. Next, we examine psychological group conflicts and the gap between large and small businesses as barriers to social integration. Policy proposals to reduce group conflicts and gaps between large and small enterprises are provided. The subsequent two chapters then deal with human capital as a main growth engine for sustainable development in knowledge-intensive economies of the 21st century. Social integration ultimately depends on reducing gaps in human capital across different social and economic groups. In particular, we focus on providing equal opportunity for human capital development during childhood and strengthening public education as a means to promote social integration.

In the first chapter, in order to examine the level of social quality of Korean society, Professor Jang compares the level of social quality among 33 countries using 10 key variables representing various aspects of social quality. The international comparative study provides empirical evidence to evaluate the level of social quality of Korean society. Based on the study results, Professor Jang provides policy recommendations of alternative ways of social development to increase social quality. He argues that upgrading the development model from the economic quantity perspective to the social quality perspective is needed for Korea to become a true member of the advanced societies in the world.

In the second chapter, Professor Kwak examines the current status and future challenges of social integration in Korean society from the psychological group conflict perspective. She analyzes the increasing polarization phenomena across political, social, and cultural arenas beyond economic polarization from the perspective of dichotomous psychology. She defines gender, geographical area, economic class, race/ethnicity, culture, education, and disability as the dichotomous categories related to increasing the polarization phenomena in Korean society. She further analyzes ingroup and outgroup formation psychology in each of the areas. Based on study results, Professor Kwak recommends decategorization, ecategorization, reducing outgroup biases, increasing empathy, self control, and early education during childhood as psychological measures to ease the polarization phenomena in Korean society.

In the third chapter, Professor Lim explores the political economy context of polarization based on an examination of the increasing gaps between large and small-medium enterprises in Korea. She analyzes the trend of increasing polarization between large and small-medium enterprises from 1980 to the present. She also provides political economy explanations of such a trend by focusing on government policy, the role of small-medium business interest groups, and the system of sub-contracts. Professor Lim emphasizes the importance of effective and feasible policies considered from the political economy perspective and win-win collaboration efforts between large and small-medium enterprises in order to promote more balanced development of industry structure and to prevent large-small business polarization.

In the fourth chapter, Professor Lee examines gaps in human capital of children across different family income groups and provides policy proposals to reduce the gaps. Using the human capital theory, he analyzes the risk factors to child development using nationally representative data on children from 0 to 18 years old in Korea. More specifically, he examines the level of child development in the development areas of cognitive-language abilities, social-emotional capacity, and physical health. The analyses show how socioeconomic family backgrounds, family process, and social capital affect child development. Based on the study results, Professor Lee argues for more preventive early intervention policy efforts to support child development for low income families. He also suggests that there is a need for more family support programs for young vulnerable families beyond simple income assistance programs.

In the last chapter, Professor Kim provides an in-depth analysis of the connection between the current education system and social integration problem in Korean society. He provides an evaluation of public and private education systems from the equal opportunity perspective using empirical data. It is his conclusion that the current education system characterized by deteriorating public education and the expansion of private education significantly affects the level of educational opportunities across different family income groups. He further suggests that inequality in educational opportunity leads to the overall deterioration of educational performances despite the increasing amounts of money spent for educational purposes. Professor Kim suggests that a deteriorating public education system is a major barrier for social integration and future growth. Based on the study results, Professor Kim argues for a fundamental reform of the current education system in order to strengthen grow engines and to increase equality in Korean society.

As mentioned, this book is the result of the second year research efforts for a 5 year research series to explore future development models and growth engines for Korea. While each chapter of this book provides its own conclusion, we will have to wait for overarching conclusions and policy recommendations for a future development model for Korean society until the fifth year publication, which will mark the completion of the series of our research efforts.

저자 소개

곽금주(郭錦珠)

현재 서울대학교 심리학과 교수로 재직하고 있으며, 서울대(학사 석사)를 거쳐 미국 죠지워싱턴대학교에서 수학한 후 연세대학교에서 심리학 박사학위를 받았다. 미국 NIH(국립보건 연구원) 겸임 연구원을 거쳐, 미국 청소년 학회에서 "세계적인 젊은 학자 상"을 수상한 바 있다. 한국심리학회 부회장, 한국발달심리학회 회장을 거쳐 현재 한국인간발달학회 회장을 맡고 있다. 『한국영아발달』, 『아동의 심리 평가와 검사』 등 10여 편의 저서와 발달심리학 관련한 국내외 학술지에 다수의 논문을 출판하였다.

김대일(金大逸)

현재 서울대학교 경제학부 교수로 재직하고 있으며, 미국 시카고대학교에서 경제학 박사학위를 받았다. 라이스 대학에서 경제학을 가르쳤고, 한국개발연구원에서 연구위원으로 근무한 바 있다. 노동시장과 관련하여 고용, 임금 및 실업 등의 주제와 빈곤과 교육에 대해 연구하고 있으며, 배무기학술상을 수상하였다. 주요 업적으로는 『경제개방이 우리나라 노동시장에 미친 효과』 등의 저서가 있고, 국내외 학술지에 다수의 논문을 발표하였다.

이봉주(李奉柱)

현재 서울대학교 사회과학대학 사회복지학과 교수로 재직하고 있으며, 서울대학교 대학신문사 주간을 맡고 있다. 미국 시카고대학교에서 사회복지학 박사학위를 받았고, 미국 보스턴대학교와 시카고대학교에서 가르쳤다. 국내에서는 한국아동복지학회 회장, 한국사회복지학회 학술기획분과 위원장, 보건복지부 아동정책실무위원회 위원 등을 역임했으며, 국제적으로는 *Child Indicators Research*의 공동편집위원장, *Asian Social Work and Policy Review* 편집위원, *Asian Pacific Journal of Social Work and Development* 편집위원 등으로 활동하고 있다. 주요 저서로는 *Measuring and Monitoring Children's Well-being*(공저), 『아동과 가족: 통합적 접근』(공저) 등이 있고, 10여 편의 SSCI 논문을 포함하여 국내외 학술지에 30여 편의 논문을 발표했다.

임혜란(林惠蘭)

현재 서울대학교 사회과학대학 정치학과 교수로 재직하고 있으며, 미국 캘리포니아대학교(데이비스)에서 정치학 박사학위를 받았다. 가톨릭대 국제학부 교수, 외교통상부 자체평가위원회 정책자문위원, 한국국제정치학회 출판이사, 경제·인문사회연구회 기획평가위원회 위원, 미국 부르킹스 연구소 초빙연구원 등을 역임한 바 있다. 현재는 한국국제정치학회 국제정치논총 편집위원 및 서울대학교 한국정치연구 편집위원장을 맡고 있다. 주요 업적으로는 *Korea's Growth and Industrial Transformation* 등 10여 편의 저서와 동아시아 정치경제 분야에 30여 편의 논문이 있다.

장덕진(張德鎭)

현재 서울대학교 사회학과 교수로 재직하고 있으며, 미국 시카고대학교에서 사회학 박사학위를 받았다. 이화여자대학교 교수와 하버드대학교 방문교수, *Development and Society* 편집위원장을 역임했고, 한국사회학회 논문상, 제3회 OECD World Forum 최우수논문상을 수상했다. 네트워크 이론을 중심으로 경제사회학, 사이버공간의 사회학, 정책 네트워크 및 사회운동 분야의 연구를 진행해왔다. 2008년부터 한국연구재단이 서울대학교 사회발전연구소에 지원하는 중점연구소 사업("사회발전과 사회의 질 연구")에 세부연구과제 책임자로 참여하면서 아시아태평양 지역 사회의 질에 대한 비교연구를 수행하고 있다. 주요 업적으로는 『경제위기의 사회학』(공저), 『대한민국 파워엘리트』(공저), 『위험사회, 위험정치』(공저) 등 10여 편의 저서와 20여 편의 논문이 있다.